잃어버린
근대성들

잃어버린 근대성들

중국, 베트남, 한국 그리고 세계사의 위험성

2012년 12월 3일 제1판 제1쇄 인쇄
2012년 12월 10일 제1판 제1쇄 발행

지은이   알렉산더 우드사이드
옮긴이   민병희
펴낸이   이재민, 김상미

편집   박환일
디자인   studio.triangle

종이   페이퍼릿
인쇄   천일문화사
제본   강원제책

펴낸곳   너머북스
주소   서울시 마포구 서교동 375-13 성지빌딩 201호
전화   02)335-3366, 336-5131 팩스 02)335-5848
등록번호 제313-2007-232호

ISBN 978-89-94606-16-3 93910
너머북스와 너머학교는 좋은 서가와 학교를 꿈꾸는 출판사입니다.

Lost Modernities

중국, 베트남, 한국 그리고 세계사의 위험성

잃어버린 근대성들

알렉산더 우드사이드 지음 | 민병희 옮김

너머북스

일러두기

- 원주는 책의 말미에 미주로 처리하였고, 내용 이해를 돕기 위한 역주는 본문 아래 각주로 두었다.
- 베트남어의 영자 표기는 원서에서 사용한 대로 표기했다.
- 중국어 인명에 대해서는 신해혁명 이전인 경우 한국한자음 표기로 하고, 그 이후의 경우는 중국어 현지 발음으로 하며, 지명의 경우에는 모두 한국한자음으로 통일했다.
- 'Mandarinate'는 용어상의 낯설음을 고려하여 '만다린 관료제'로 번역하지 않고, '중국식 관료제'로 번역했다. 그러나 이 용어가 중국이라는 특정한 문화에 국한된 것이라거나 그 기원이 중국임을 강조하는 것이 아님을 밝혀둔다.

차 례

한국어판 서문

　이 책을 한국어로 번역한 민병희 교수의 정성과 노력에 매우 감사드린다. 민병희 교수와 필자는 각각 한국인과 캐나다인으로서 하버드 대학교에서 역사를 공부한 경험이 있다. 필자는 하버드 대학교에서 1960년대 초부터 1970년대의 상반기를 박사과정 학생(1960~1968)으로 보냈고, 다시 교수(1968~1975)를 맡았었다. 당시 필자의 전공은 중국과 베트남 근대사였지만, 한국에 대해서도 늘 관심을 가지고 있었다. 비록 한국에 관한 지식은 부족했으나, 당시 하버드 대학교에서 한국학을 가르쳤던 에드워드 와그너(Edward W. Wagner) 교수의 강의를 듣는 것으로 비공식적으로나마 한국사를 배우려 노력했다.

　2001년에 영예롭게도 하버드 대학교가 필자를 라이샤워 강연(Reischauer Lectures)의 강연자로 초청했을 때, 필자는 아시아 3개국의 '과거제' 정체(政體)들—영어로는 'mandarinate'(중국식 관료제)라고 일컫는—의 역사적 면모를 비교사적으로 살펴보는 작업에 뛰어들기로 결심했다. 만약 현 시점에서 이 강연을 맡았다면, 이 세 국가의 1300년대 말에서 1400년대 말에 걸친 기간의 역사를 살피는 데 더욱 더 많은 시간을 들여야 했을 것이다. 이 시기의 100년 동안 중국과 한국, 베트남의 새로운 왕조들은 서로 유사하게, 능력에 기초한 과거제를 가장 성숙한 형태로 구축했던 것이다.

비록 이 강연에 피상적이고 불충분한 면이 있을지라도, 이 강연을 통해 중국과 한국, 베트남의 역사를 비교하여 연구함으로써 우리는 세계사, 특히 세계의 정치사에 대해 생각하는 방식을 바꿀 수 있을 것이라는 영감을 받았고 그러한 느낌은 지금도 이어지고 있다. 그러나 기존의 지적 관행을 극복하기 위해서는 적절한 진입 전략이 필요하다. 자본주의자들 및 그들과 연계된 산업과 과학 부문만이 근대성의 유일한 창출자라고 보는 식의, 실질적으로 또는 암묵적으로 세계사를 자본주의의 역사로만 축소시키는 접근방식을 버리지 않는 한, 우리는 제대로 된 진입 전략을 찾을 수 없을 것이다. 특히 '근대성'의 영역에서 '전통'을 제외시키고, '국가'의 범주에서 '제국(帝國)'을 빼버리는 개념적 고립화를 뛰어 넘어야 하며, 그것을 위해 더욱 깊이 있는 정치사상의 연구 항목들을 구비해야 한다. 그리고 이를 위해서는 과거 한국사에서 중요한 사상을 남긴 인물들에 대한 연구가 필요하다. 그들의 독창성에 더욱 가까이 다가갈 수 있도록, 그들을 산업화 이전 및 자본주의 이전 사회의 전통에 얽매인 사람으로 함부로 규정하지 않는 열린 마음가짐으로 그들의 사상을 연구하는 것이 필요하다.

1700년대에 위대한 영국의 철학자 데이비드 흄(David Hume, 1711~1776)은 '시민의 자유'에 대해 쓴 에세이에서, 정치에 있어 많은 일반적 진리를 수립하기엔 세계는 아직 너무 젊다고 말하고 있다. 필자는 흄의 이 말을 오늘날에도 그대로 적용할 수 있다고 생각한다. 인류가 배움의 세계에서 중대한 돌파구를 찾아내야 하는 과제는 여전히 우리 앞에 놓여 있다.

알렉산더 우드사이드

옮긴이 서문

이 책의 제목은 '잃어버린 근대성들'(*Lost Modernities*)이고, 부제는 '중국, 베트남, 한국, 그리고 세계사의 위험성'(China, Vietnam, Korea, and the Hazards of World History)이다. 잃어버린 근대성들의 면면을 중국, 베트남, 한국의 전근대 사회가 공통적으로 경험하고 발달시켜 온 중국식 관료제(mandarinate)의 경험을 통해 펼쳐낸 것이 이 책의 주된 내용이다.

포스트모더니즘에 대한 논의가 유행하던 것도 지나 '포스트-포스트모더니즘' 혹은 '메타모더니즘'이라는 용어마저 쓰이는 지금, 근대와 근대성에 대한 비판은 더 이상 새롭지 않다. 그러나 이 책은 전근대에서 근대로의 이행과정을 '세계사의 위험성'과 연결시켜 살펴보았다는 점에서 매우 흥미롭다.

저자는 현재 인류가 직면해 있는 많은 위급한 문제들이 최근 몇 백년 사이에 만들어진 소위 '근대사회'만의 문제가 아니라는 것을 강조하고 있다. 그와 같은 문제들 중에는 소위 전근대사회 또는 비서구사회에서 이미 경험했던 것도 있기 때문이라는 것이다.

과거 동아시아에는 수 세기에 걸쳐 혁신적인 제도와 정책을 입안하고 시행했던 경험이 있으며 그 결과에 대한 내부적 비판과 대안들까지 축적해두고 있었다. 그렇지만 우리는 그와 같은 경험의 보물창고를 방치한 채 최근의 짧고 국한된 서구의 경험과 이론에만 의지하려 하고 있다.

이 책은 이미 확고히 굳어져버린 것처럼 보이는 '근대성'이란 개념에 대해, 그 기원과 전개를 기존과는 다른 방식으로 이해할 것을 역설하고 있다. 그것은 권력관계에 대한 이념적 대항뿐 아니라, 우리가 바로 현재 처해 있는 현실에 적절히 대응하기 위한 더욱 풍부한 자원과 도구를 갖기 위한 것이다.

여기에 나오는 논의의 시각과 방향성에서 특히 세 가지가 역자의 눈길을 끌었다. 첫 번째는, 어떻게 그리고 왜 비서구, 더 정확히는 동아시아의 경험으로 근대를 다시 생각해야하는지의 문제이다. 현재까지 동아시아와 근대의 문제에 대해 서구 중심주의를 넘어서야 한다는 당위를 넘어, '어떻게' 생각해야 하는지를 구체적으로 보여준 책은 드물다. 그러한 점에서 이 책은 구체적인 사례로 '어떻게'의 문제에 답변을 하고 있으며, 이를 더욱 근본적인 '무엇을 위해', '왜'라는 질문에까지 연결시키고 있다.

두 번째로 주목한 것은 기존의 지적 관행들에 대해 이의를 제기하고 있다는 점이다. 그 중에서도 근대와 전근대라는 이분법에 대해, 과연 근대란 그 이전의 시기와 완전히 단절되어 있는지를 되짚어보려는 시각이 두드러지게 나타난다. 인류가 걸어온 길에 대한 기존의 시각에서 멀리 벗어나 있는 것이다. 그뿐만 아니라 저자는 '자본주의의 역사'로 환원되는 세계사에 대해 강하게 반박하고 있으며, 단순한 비판에 그치지 않고 그 대안의 방향까지 제시하고 있다.

세 번째로 이 책은 한국학과 동아시아학이 인류의 지식에 공헌할 지점과 지향성을 매우 폭넓은 시각에서 제시한다는 점에서, 특히 한국에서 역사를 공부하는 사람들에게 많은 생각거리를 제공해주고 있다.

이 책은 화려한 '포스트' 이론과 담론이 아닌, 구체적 사실(史實)을 바탕으로 한 서술로 자연스럽게 근대와 전근대, 서구와 비서구의 구분에 대해 근본적인 의문을 가지게 하며, 역사학이 어떻게 학술적이면서도 참여적일 수 있는지를 보여준다.

저서의 배경과 저자 소개

우선 간단히 이 책의 배경과 저자에 대해서 소개하기로 한다. 이 책은 알렉산더 우드사이드(Alexander Woodside) 교수가 2001년 하버드 대학의 라이샤워 강연(The Edwin O. Reischauer Lectures)에서 강연한 원고를 수정하여 2006년에 출간한 것이다. 그 강연은 라이샤워 교수(1910~1990)의 동아시아 연구에 대한 공헌을 기념하기 위해 하버드 대학교에서 1985년부터 매년 "동아시아와 세계의 관계와 유대"에 대한 주제로 이 분야의 최고 권위자들을 초청하여 개최하고 있다.*

2001년에 역자는 우드사이드 교수의 강연을 직접 들었었다. 당시 그는 동아시아사와 기존의 서구 중심의 근대성의 시간표와의 불일치를 설명하면서 특유의 위트와 날카로운 문제의식을 던져 청중을 사로잡았다. 특히 "도대체 동아시아는 몇 시인가?"라는 질문을 던지는 장면이 강한 인상으로 남아 있는데, 강당과 복도를 가득 메우고 있던 청중들 역시 깊은 관심을 보였던 것이 기억에 남는다.

---

* 최근 2012년에는 미시간 대학의 도널드 로페즈 교수가, 2011년에는 프린스턴 대학의 벤자민 엘만 교수가, 2010년에는 브리티시 컬럼비아 대학의 티모시 브룩 교수가 강연을 했다.

우드사이드 교수는 중국사와 동남아시아사, 비교사의 권위자로서 지대한 공헌을 가지고 있다. 1968년 하버드 대학에서 「베트남과 중국의 제도적 모델: 응우옌 황제와 관료제, 1802-1847」(Vietnam and the Chinese institutional model: Nguyễn emperors and their civil bureaucracy, 1802-1847)라는 논문으로 박사학위를 받은 이후, 베트남사와 중국사, 비교사 분야의 많은 논문과 저작을 발표하였고, 하버드 대학에서 교수로 재직하다가 캐나다의 브리티시컬럼비아 대학으로 옮겼으며 현재는 은퇴하여 명예교수로 있다.*

우드사이드 교수는 방대한 사료에 대한 꼼꼼한 고증과 사회과학적인 분석력을 바탕으로 아시아의 경험을 보편적인 이론으로 구성해내기 위해 노력해왔다. 그와 같은 두 가지의 장점을 동시에 갖춘 역사학자를 찾는 것은 쉽지 않다는 점에서, 그의 지식과 시각은 많은 학자들에게 귀감이 된다고 생각한다.

---

* 은퇴 후에도 여전히 활발한 저작과 강연 활동을 벌이고 있어, '지구적 자본주의와 농업 사회의 미래'라는 주제로 2008년 국제학술회의를 개최하고 이를 바탕으로 Arif Dirlik과 Roxann Prazniak와 함께, *Global Capitalism and the Future of Agrarian Society* (Paradigm Publishers, 2011)를 공편하여 출판했다. 대표저작으로는 *Vietnam and the Chinese Model : A Comparative Study of Nguyen and Ch'ing Civil Government in the First Half of the Nineteenth Century* (Harvard University Asia Center, 1988)이 있으며, *Daedalus, Modern China* 등의 저널에 동남아시아사, 중국사, 비교사 방면에서 영향력 있는 많은 논문을 발표했다. 또한 Benjamin Elman 교수와 *Education and Society in Late Imperial China, 1600-1900* (University of California Press, 1994)를 공동 편집한 것을 비롯하여, *Community and revolution in modern Vietnam* (Houghton Mifflin, 1976), *Moral Order and the Question of Change: Essays on Southeast Asian Thought* (Yale University, 1982)등의 저서를 함께 편집하기도 했다.

어떻게 그리고 왜, 우리는 근대를 다시 생각해야 하는가?

오늘날 동아시아사는 세계사적 차원에서 어떻게 자리매김 되고 있는가? 과거 중국과 베트남, 한국 등 '과거제 정체(政體)'들은 중국식 관료제사회라는 역사적 유산을 공유하고 있었다. 이러한 점에서 저자는, "최소한 형식적으로는 세습적 권리와 무관하게 명확한 규정에 입각하여 능력주의적인 시험을 통해 관료를 선발하는" 제도인 과거제를 세계사적 차원으로 끄집어내고 있다.

과거제는 해럴드 퍼킨이 인류의 세 번째 혁명이라고도 한, "직업적 엘리트에 의해 귀족제가 대체된 것"과 상당히 유사한 양상을 일찍이 세계사에 나타나게 했고 세습적 권력이 아닌 인재들의 교육을 바탕으로 한 통치를 현실에 실현하기 위한 오랜 노력들을 포함하고 있다는 점에서 명백히 인류의 이성이 일궈낸 합리화의 과정이라 할 수 있다. 따라서 과거제와 그에 바탕을 둔 관료제사회는 현재의 근대성 개념에 아주 근접해 있다.

개인의 능력에 따라 공정하게 사회적 지위와 권리를 가지는 소위 능력주의 사회는 우리에게 너무나 당연한 것으로 보여서 과거 한국과 중국, 베트남이 천 년을 넘게 유지·발전시켜왔던 관료제, 곧 능력주의 사회가 그다지 혁신적으로 느껴지지 않을 수도 있다. 그러나 세계사의 관점에서 바라보자면, 이는 상당히 예외적이고 독특한 양상이었다. 유럽사회는 1차 세계대전까지 귀족주의적인 세습적 권력을 바탕으로 한 통치가 유지되었던 사회였다. 버트란트 러셀이 1922년 『중국인의 문제』라는 책에서 중국이 오래된 낡은 제도와 관습에서 벗어나기를 충고했을 당시에도 여전히 영국은 세습적인 상원이 존재하고 있었다.

또한 러셀 자신도 귀족 출신으로서 여전히 귀족적 원칙이 지배하는 사회에서 살았다. 그러나 중국에서는 인재를 모집하는 획기적인 과거 제도를 통해 세습적 권력에 기반을 둔 통치가 막을 내린지 이미 천 년이 지나고 있었다. 능력주의의 성향이 이미 주류가 된 사회로 변화한 동아시아에서 시계바늘을 거꾸로 돌리는 것은 불가능해진 지 오래였던 것이다. 또한 이와 같은 동아시아의 과거시험과 관료제는 실제로 예수회 선교사 등을 통해 서구에 전해져 오히려 서구의 '근대성'의 형성에 역사적으로 기여했던 것이다. 그럼에도 불구하고 아시아사회는 '봉건적'이라고 묘사되는 인격적이고 사적 감정에 기반을 둔 통치를 했던 반면에 유럽사회에 대해서는 사적 감정을 배제한 규칙과 이성에 기반을 둔 통치 질서를 가졌다는 이미지가 아직도 강하게 남아 있다.

이처럼 동아시아의 과거제나 관료제는 매우 근대적인 제도였으며 따라서 과거 동아시아에도 유럽과 같은 근대성이 존재했다는, 아니 유럽보다도 훨씬 더 일찍 이를 선취했다는 것은 분명하다. 그러나 만약 이 책이 그러한 점만을 강조하는 데 그쳤다면 기존의 서구 중심주의에 도전하는 국지적 논의와 다를 바 없었을 것이다. 물론, 그동안 동아시아의 후진성의 근본 원인처럼 비난 받았던 과거제와 관료제에 대해 근대성의 관점에서 새롭게 분석하는 일도 중요하다. 그러나 이 책은 단순히 찬탄과 자부심을 표현하는 '승자의 관점'에서 서술하거나 오리엔탈리즘에 대항하여 정치적으로 올바른(politically correct) 시각을 제시하는 것을 목적으로 하지 않았다. 바로 그 점이 이 책이 기존의 연구들을 뛰어넘고 있는 지점이다. 즉, 비서구의 근대성 문제를 서구와의 우열 문제로 몰아가는 식의 수준을 뛰어 넘은 것이다.

일찍이 동아시아가 경험한 능력주의 사회의 성취뿐 아니라, 그것에 수반되었던 부작용, 즉 '위험성'에 주목하고 이에 대한 비판과 대안들이 어떻게 논의되었는지를 이해할 때, 그 근대성의 진정한 면모를 찾을 수 있다는 것이다. 더욱이 저자는 동아시아 내부에서의 꾸준한 비판의 전통 자체가 곧 근대성의 중요한 측면이자 자산으로 평가받아야 한다고 강조한다.

이 책에서 우리는 과거 중국식 관료제사회에서 경험했던 문제들이 "산업화 이전의 '전제주의' 시기의 통치의 과제와 그 위험성에 대한 것이 아니라 바로 지금 우리가 경험하고 있는 근대적 통치의 과제와 위험의 문제"와 동일한 문제들이었다는 점을 자연스럽게 알게 된다. 단순히 동아시아에 어떠한 근대적인 요소가 존재하였는지, 또는 얼마나 일찍 나타났는지와 같은 질문에 집중하는 것이 아니라, 그것을 지적 자산으로 삼아 오늘날 인류가 봉착하고 있는 문제 해결의 실마리로 활용할 수 있는지에 초점을 맞추고 있는 것이다.

우리는 서구 중심주의적 시각에 물든 나머지 마치 기억상실증에라도 걸린 것처럼 과거의 경험을 망각하고 있다. 그러나 그 경험의 풍요로운 자원을 활용할 수 있다면 우리뿐만 아니라 인류 전체에 큰 이익이 될 것이고, 반대로 그것을 망각해버린다면 큰 손실이 될 것이다. 이러한 점에서 저자는, 특히 중국식 관료제사회의 중요한 유산이었던 비판의식이 실종된 채, 오늘날의 세계화된 경영이론에 관료제적 행정의 전통이 재결합하면서 나타나는 위험성에 대해 경고하고 있다.

근대와 전근대의 이분법, 자본주의 중심적 역사관,
그 외의 여러 지적 관행들을 넘어서서

　오늘날의 세계는 기존의 '근대' 혹은 '전근대(전통)'라는 구분이나
'동아시아적' 혹은 '서구적'이라는 구분이 점차 모호해지는 방향으로
흘러가고 있다. 이 책은 바로 그 점에서 근대와 근대성의 문제에 대해
더욱 근원적인 질문을 던진다. 인류사는 오직 '근대'에 그 이전의 시기
와 완전히 다른, 또는 돌이킬 수 없는 혁명적인 변화를 경험했는가? 더
나아가 우리가 근대와 전근대를 이분법적으로 나누어 보는 시각 자체
가 과연 인류사를 이해하는 데 유효한 것인가?

　저자는 9세기 유럽에서 나온 '근대'라는 용어 자체가 태생적으로
지역주의적 편향성을 지닌다고 보았다. 그래서 "서구의 역사에서 지나
치게 단순화된 근대의 계보는 '전근대 사회로 간주되었던 시기'의 '근
대적 특성들'을 살펴보는 노력을 통하여 수정되어야 한다"고 주장한
다. 이는 비서구의 경우뿐 아니라, 서구의 역사에서도 마찬가지이다.
우리가 '전근대사회로 간주되었던 시기'의 '근대적 특성들'에 관심을
기울인다면, 서구의 역사조차 일반적으로 통용되고 있는 근대화의 계
보와 전혀 다른 양상으로 전개되어 왔음을 깨달을 수 있다.

　비서구 또는 동아시아의 역사를 살펴본다면 이러한 이분법은 더욱
그 유용성을 의심받게 된다. 동아시아의 일정 시기를 살펴보면, 그 시
기의 성격은 서구의 역사에서 아주 다른 시기들에 발전해왔던 여러
가지 특징들을 서로 결합시킨 양상으로 나타나고 있는 경우가 많다.
그러나 이러한 현상을 볼 때 우리는 여전히 서구적 근대의 시간표를
기준으로 판단해버리고 만다. 과연 그와 같은 현상을 근대적인 것으

로 보아야 하는가, 아니면 전근대적인 것으로 보아야 하는가? 막스 베버는 이러한 난감한 시간의 착종 현상을 일찍이 대면했지만 회피해버렸다. 그러나 더 이상 우리는 서구 중심의 시간표를 고수하면서 그러한 현상에 대한 질문을 회피할 수는 없다.

저자는 "베버와 마르크스를 넘어서" 근대의 문제, 비서구의 문제를 새롭게 볼 수 있는 방법은 무엇인지를 묻고 있다. 그리고 그에 대한 해답으로 결국 서구, 비서구의 '전근대 사회로 간주되었던 시기'의 '근대적 특성들'을 충분히 고려하여 다시 근대의 계보를 작성하라고 한다.

그럴 경우, '근대'라는 용어 자체가 더 이상 의미가 없을 수도 있다. 그러나 근대라는 구분을 무의미하다고 보든, 단순히 학습법적(heuristic) 필요에 의한 것으로 보든, 아니면 이렇게 확장된 '근대'가 결국은 인류의 창의성, 합리성의 문제로 대체되어야 한다고 보든지 간에, 이 책은 단순히 시대구분을 위해서가 아니라 근대에 대한 새로운 인식이 왜 필요하며, 인류가 현재 직면한 많은 위험요소들에 더 적절한 대처를 하는데 어떠한 도움이 되는지에 대해 설득력 있는 제시를 하고 있다.

이 책은 서구 중심의 근대의 계보는 필연적으로 자본주의 또는 산업화의 성장의 역사로 환원될 수밖에 없다고 보고, 이를 강력히 비판하고 있다. 과연 근대화 과정, 혹은 인류의 합리화 과정에서 자본주의와 산업화가 그렇게 필수적인 것이었는가? 과거 동아시아의 과거제와 관료제를 놓고 보면, 인류의 합리화 과정이 단순히 자본주의의 역사만으로 귀결되지는 않으며 여러 가지 다른 방식으로도 진행되었음을 알 수 있다. 그런 점에서 자본주의 역사와 무관한 세계사의 이해야말로 진정 현재 인류가 도달하고 또 나아가고 있는 방향에 대해서 새로운 대안을 제시할 수 있다는 저자의 주장은 설득력을 얻고 있다. 특히 최근의 서구 중심의 근대화 이론에 대한 동아시아의 시각에서의 도전이 대체로 경제사 위주의 논의로 국한되는 것에 비해 이 책은 제도와 문화, 사상 등의 보다 다채로운 측면을 제시하고 있다.

이 밖에도 저자는 많은 면에서 기존의 지적 관행에 대해 과감한 질문을 던지고 있다. 그 중에서도 우리가 일반적으로 한국, 중국, 일본의 조합으로 생각하는 '동아시아'라는 도식을 깨고 한국, 중국, 베트남을 한 단위로 엮어 분석하고 있다는 점은 신선하기까지 하다. 저자는 현 학계의 동아시아, 동남아시아의 구분이 역사적 실재와 내적 논리 구조에 의한 것이 아니라, 2차 세계대전 이후 미국의 전략적 지역구도에 의한 자의적인 구분에 따른 것이라고 하면서, 이는 잘못하면 지적인 탐구를 마비시킬 수 있는 잘못된 관행이라고 지적하고 있다. 저자는 East Asia 대신 Eastern Asia라는 표현을 사용하기도 하는 등 이러한 관행에 날카로운 의문을 제기한다. '동아시아'라는 지역 단위가 중요한 화두로 떠오르고 있는 오늘날 우리가 꼼꼼히 따져봐야 할 과제가 아닐 수 없다.

이 책은 일종의 동아시아 정치이론에 대한 책이다. 보통 우리가 '사상사'의 영역에서 다루곤 했던 동아시아 정치사상은 유교와 불교, 도교 같은 분류나 그 외 학파의 분류에 의해 자리매김 해왔다. 그러나 이 책은 동아시아의 중요한 정치사상 또는 이론에 대한 연구가 이러한 범주나 학파의 고찰을 넘어서 진행될 필요가 있음을 보여준다. 실제로 과거 동아시아에는 '유교'나 봉건주의 등의 단순화된 이름표를 붙일 수 없는 수많은 중요한 아이디어와 논쟁들이 존재하고 있었으며, 이들이 다룬 많은 문제들은 여전히 현재의 언어로도 호환될 수 있는 유효한 문제들이다. 저자는 왕휘조의 『학치억설』과 같이 지방행정관으로서의 경험담을 담은 문서나 동아시아에서 '시스템이론' 등 경영학 이론의 수용을 동아시아의 정치이론의 논의에 있어 중요한 자료로 다루고 있다. 이는 동아시아 지성사가 다루어야 할 자료와 시각이 어떻게 확장되어야 하는지에 큰 시사점을 준다.

한국학, 동아시아학의 지향점

"일국사를 넘어선 초국가적 시각에서 한국사, 동아시아사에 접근"해야 한다는 것은 요즘 거의 유행처럼 이야기되고 있지만, 구체적으로 이런 시각으로 주목해야 할 문제의 지점들은 어디인가, 그리고 궁극적으로 한국학, 동아시아학은 어떤 지향점을 가져야 하는가에 대한 질문에 거시적이면서도 구체적인 시각에서 해답을 제시한 예는 그리 많지 않다.

우드사이드 교수는 서문에서 한국사에 대해 제한적인 지식을 가지고 있음을 밝히고 있다. 실제로 이 책에서 한국사에 대한 부분은 영어로 번역된 한정된 자료들과 구미권에서 쓰인 한국학 저술에 의존하고 있다. 그래서 어떻게 보면 너무나 일반적이고 단편적인 지식만을 바탕으로 쓰였다고 느껴지기도 한다. 그러나 이 책은 한국학이 세계 학계에 공헌할 수 있는 부분이 무엇인가라는 점에 대해 많은 생각을 하게한다는 점에서 매우 중요하다. 한국에 대한 연구가 세계 학계에서 보편적 의의를 가지기 위해서는, 전체 인류사회에서 한국의 경험이 어떻게 자리매김 될 수 있는지를 생각해보아야 한다. 저자는 원사료에 근거해 입론을 해야 하는 역사학자로서는 상당히 위험한 시도임을 알고 있으면서도, 세계사와 근대의 문제를 새로운 시각으로 바라보기 위해 한국사를 포함시켰다. 이는 한국사가 세계사를 이해하는데 그만큼 중요하다는 확신이 있었기 때문이다. 세계사의 관점에서 볼 때, 한국사의 경험은 어떠한 문제를 제기하며, 전체적으로 어떤 논의의 틀에서 이야기될 수 있는가에 대해 시론적이나마 방향성을 제시해 주고 있다는 점에서, 이 책의 구체적인 내용에 대해서는 찬성하든 비판하든 한국사를 바라보는데 있어서 많은 시사점을 얻을 수 있다고 생각한다.

저자는 한국어판 서문에서, "인류사의 일반적 진리를 수립하기엔 세계는 너무 젊으며 인류의 배움의 세계에서 중요한 돌파구를 찾아내야 하는 과제는 여전히 우리 앞에 놓여 있다"고 하여 더욱 열린 마음과 자세로 연구에 임해야 한다는 것을 강조하고 있다. 저자가 말한 그 일반적 진리에 이제 한국과 동아시아의 귀중한 경험과 시행착오, 그리고 이에 대한 자성이 포함되도록 우리는 노력해야 할 것이다. 왕안석과 주희, 유형원과 정약용의 이론이 몽테스키외, 루소, 홉스의 이론만큼 인류사의 수많은 위험요소를 제어해 나가는데 도움이 되지 않을 이유는 없다. 이러한 전통이 동아시아인은 물론 세계인과 소통할 수 있도록 만드는 것이 한국, 동아시아를 연구하는 사람들의 과제일 것이다.

끝으로 상당한 우여곡절 끝에 뒤늦게 나오게 된 이 책을 함께 토론해주시고 출간에 도움을 주신 많은 분들께 감사드린다. 특히 처음 책의 출간을 상의해주셨던 김호동 선생님, 초고를 읽어 준 송진 학형, 그리고 베트남어 표기를 검토해주신 윤대영 선생님께 감사드린다.

2012. 11.

'근대'의 시간표 다시 보기

'근대'를 합리화의 과정이라고 본다면, 그 합리화 과정은 흔히 생각하는 바와는 달리 아주 다양한 것이었다. 그것은 여러 갈래로 진행되었으며 서로 별개의 것들로 나타나기도 하고, 경우에 따라서는 자본주의 또는 산업화의 성장과 같은 근대화의 과정에서 필수적이라 여겨졌던 획기적 사건들과도 전혀 무관하게 발생했다.

이러한 주장을 뒷받침하기 위하여, 이 책은 중국과 한국, 베트남의 역사에 공통되는 한 가지 사항을 주의 깊게 살펴보려 한다. 이러한 공통 사항이 나타나는 시기는 중국을 기준으로 당(唐, 618~907)대부터이며, 한국과 베트남에서는 중국의 예속에서 벗어난 후의 주요 왕조들에 해당한다. 한국의 고려(918~1392)와 조선(1392~1910) 왕조, 그리고 오늘날 베트남이라고 부르는 곳의 리(李, 1010~1225), 쩐(陳, 1225~1400), 레(黎, 1428~1788) 왕조와 응우옌(阮, 1802~1945) 왕조이다. ('고대 그리스인'이 자신을 그리스인이라고 부르지 않았던 것처럼, 베트남인 역시 20세기 이전에는 스스로를 '베트남인'이라고 부르지 않았다. 그러나 여기서는 부득이 이 시대착오적 용어를 사용하기로 한다.)

여기서 주의 깊게 살펴보려는 세 나라의 공통 사항은 맹아적 관료제(embryonic bureaucracy)의 출현에 관한 것이다. 이 제도는 최소한 형식적으로는 상류사회의 세습적 권리에 관계없이, 명확한 규정을 바탕으로 한 능력주의적인 과거시험을 통해 관료들을 뽑았다. 이는 선정(善政)의 원리는 '사람을 만드는 것'―중국어로 쭈어런(做人, zuo ren)―에 달려있다는 관념에 따른 것으로서, '쭈어런'은 사람을 있는 그대로가 아니라 정치적으로 유용하게 훈련시킨다는 뜻이다. 이러한 관념은 기원전 221년 진(秦)의 통일 훨씬 이전부터 존재해왔다. 그러나 중국사에서 정부의 관직을 얻기 위한 치열한 경쟁이 이론적으로는 정기적으로 시행되는 공개경쟁에서 지원자의 재능을 검증하는 방식에 의해 진행되기 시작한 것은 당(唐)대부터였다. 또한 귀족 후원자나 궁중 고위관리의 추천보다 시험에 통과하여 관직을 얻게 된 것도 당대부터의 일이었다.

과거시험장은 그 자체가 떠들썩한 공공의 볼거리였다. 1700년대 중국 강남의 과거시험장은 16,000명 이상의 학생을 수용할 수 있었는데, 각각의 수험생들은 벽돌로 된 독방에 배정되었다. 요즘 사람들은 거대한 미식축구 경기장의 건물을 보면서 운동경기의 흥분감을 맛본다. 마찬가지로 옛 사람들은 과거시험장의 건물을 보면서 경쟁을 통한 행정 능력 측정의 중요성을 일깨울 수 있었다. 사실상 과거시험은 이렇듯 대단한 볼거리를 제공한다는 특성 때문에, 여론의 측면에서 강한 호소력을 지녔다. 또한 시험의 중요성뿐만 아니라 요즘 말로 소위 투명성이라 일컫는 것에 대한 선전도 되었다. 예를 들면, 1400년대 조선의 과거시험에서 수험자의 답안지는 각각 수거, 등록, 기록, 대조 그리고 검토를 담당하는 관원들의 손을 거쳐야 했다. 검토를 담당한 관원들은 답안지에서 수험자의 이름이 가려져 있는지, 채점관이 채점에

들어가기 전에 답안지가 다른 사람의 손으로 필사되었는지* 그리고 한 사람이 아닌 다수의 채점관이 수험자의 답안지를 평가했는지를 확인했다. 현대 서구의 대학에서 시행되는 시험에서도 투명성 제고를 위해 이토록 많은 주의를 기울이지는 않는다.

또한 과거시험은 인재의 등용이라는 측면에서 보면 세계적으로 가장 앞선 것으로서 철저히 관료제적 성향을 띠고 있었다. 위의 세 나라 가운데에서는 식민지 시기 이전의 베트남의 과거제가 가장 생소할 듯하다. 그러나 그것마저도, 1800년대 초에는 관료제적인 풍모를 명확히 드러내고 있었다. 베트남의 과거시험장은 늘 시험관들이 코끼리를 타고 다니면서 감독했으며, 중국의 벽돌 칸막이 방과는 대조적으로 수험생의 천막들로 가득 차 있었다. 3단계로 구성된 베트남의 과거시험은 각각 음력 7월 1일, 6일, 12일에 시행되도록 정해져 있었고 합격자는 성적순으로 23일에 공식 발표되었다. 시험장을 관리하는 사람들로 시험감독관, 감시관, 초급·중급·고급의 채점관이 있었는데, 이들은 모두 자신이 처리한 답안지에 서명을 해야만 했다. 1834년의 규정을 보면, 시험이 진행되는 중에는 시험관들끼리 도박이나 놀이를 하는 것은 물론, 사적으로 서로 만나는 것조차 금지하고 있다. 합격자의 수는 정원에 따라 미리 할당되어 있었고, 시험이 치러지는 지역에서는 지방관들이 시험 한 달 전에 합격자 수만큼 모자와 옷을 제작해 놓아야 했다. 과거시험을 치를 때는, 가족 내의 유가적 위계가 일시적으로 유예되어 형제, 부자, 숙질간도 함께 응시할 수 있었다. 그러나 가족의 경우, 그들의 담합을 경계하고 개인적인 노력의 중요성을 보호하는 규

---

* 송나라 때 처음 시행된 호명법, 등록법을 조선에서 채용한 것이다.

정도 있었다. 이에 따라 채점관은 친족관계의 수험생들이 함께 입장하였는지, 또 그들 답안지의 문체가 얼마나 유사한지를 조사하여 보고서를 제출해야 했던 것이다.

이 세 나라의 관료제 모두 군주는 자신을 겨냥하여 과거시험에서 문학의 형식을 빌린 조롱이나 반역의 언사가 나타날 수 있다는 점에 민감한 주의를 기울였다. 그 때문에 단어의 수에 제약을 두었던 것이다. 1800년대 초반 베트남의 시험문제를 예로 들자면 향시의 책문(策問)의 경우, 300단어로 제한되었다. 또한 수험자의 답안도 향시에 출제된 경우는 1,000단어 이하여야 했다. 현대의 공무원 임용 시험과 마찬가지로 산업화 이전 시기의 중국과 한국, 베트남의 과거시험 역시도 수험생들의 평범한 사고를 진작시킬 수 있는 형태의 시험은 아니었다. 그러나 수험생이 합격하면 행정가가 될 것이고, 그 주된 업무는 정형화된 서류 처리였으므로 과거시험은 미리 그 훈련을 받도록 하는 효과가 있었다. 예를 들어 1800년대 초 베트남의 지방 관료는, 1년에 4번 쌀값 보고서를 작성해서 후에(Hue)의 조정으로 보내야 했다. 이 보고서는 지방 성시(城市)의 쌀값 변동을 인근의 교외 지역 중에서 임의로 뽑은 지역의 쌀값 변동과 비교하여 작성한 것이었다.

산업화 이전 시기의 중국, 베트남, 한국의 정체(政體)에서 과거제와 그것에 기반을 둔 정부는 인격의 균열을 초래했다. 정치사의 정수(精髓)만을 기술한 역사가들은 이 세 정체들이 지닌, 공존하기 힘든 요소들의 위태로운 결합을 놓치고 있다. 즉, 한편으로는 행정적 유용성과, 채점관의 권위와 같이 암묵적이면서 비가족적인 권위에 대한 신뢰가 강조되었으며, 다른 한편으로는 유용성이 아닌 유가적 덕성에 대한 신뢰, 그리고 겉으로 드러나지 않는 권위의 윤리적 우월성이 아니라 친족의 위계 또는 친족관계를 가장한 윤리적 우월성이 자리하고 있었던 것이다. 따라서 그 수용의 정도가 개인에 따라 다르기 마련인 이러한 다중적인 가치체계로 인해 양가성(ambivalence)을 지닌 규범적 상태가 초래되었음에 틀림이 없다. 이러한 다중적인 가치체계는 정치적 불안정성을 가져온 측면도 있고 정치적 안정성에 기여한 측면도 있다. 기조(Guizot)*와 토크빌(Alexis de Tocqueville, 1805~1857)을 필두로 한 19세기의 여러 유럽 사상가들은 오랜 기간 동안 다원주의(pluralism)를 유럽만의 독점물이라고 간주해왔다. 이는 유럽문명이 세계에서 유일하게 진보하는 문명이라는 믿음과 깊은 관련이 있다. 여기에서 다원주의란 어느 일방이 다른 가치와 제도들을 완전히 배제하도록 강요하지 않고, 상반된 가치와 제도가 공존하는 상태를 의미한다. 한 영국사 연구자는 동아시아의 과거시험이 "현대 미국에서 보이는 박사학위 과정을 높이 평가하는 강박증의 선구"라고 한 바 있다. 물론 이렇게 양자를 연결시키는 것은 너무 지나치다고 본다. 그러나 세계사에 있어서 동아시아의 중국식 관료제(mandarinate)의 위상을 명확히 하는 것은, '전통적인' 세계와 '근대' 세계 사이에는 넘어서지 못할 차이가 있다고 과장하는 그릇된 환상을 비판하기 위해서도 매우 중요하다.[1]

'근대'라는 용어는 맨 처음 사용할 때부터 불가피하게 지역주의적인 성향을 지니고 있었다. 이 용어는 분명 후기 라틴어 문어에서 나왔다. 9세기경의 유럽인들은 서유럽의 역사에서 샤를마뉴의 통치

- 프랑스와 기조(François Pierre Guillaume Guizot, 1787~1874): 프랑스의 정치가이자 역사가. 7월 왕정(1830~1848) 시기의 보수적 입헌주의자의 지도자로 외무장관, 총리를 지냈으며 1848년 2월 혁명 전까지 프랑스 정권을 장악했다. 역사가로서는 『유럽문명사』(1828), 『프랑스문명사』(1829~1830, 5권) 등의 저서로 명성을 얻었다.

기*를 이교도 작가들 및 초기 교회의 신부들이 활동했던 '고대'와 대비시키기 위해 이 말을 사용했던 것이다. 그러나 국가의 능력이나 정치적 운영방식이란 관점에서 비교한다면, 당나라 시기의 중국이—아마도 캄보디아의 앙코르 제국**조차도—샤를마뉴 제국보다 훨씬 더 근대적이었다. 현재 우리가 이해하고 있는 '근대'의 의미를 그대로 적용하더라도 말이다. 이러한 지역주의적 관점에 대해서는 극단적인 해소책이 제기되기도 했다. 그 대표적인 예가 "우리는 결코 근대적이었던 적이 없다"고 한 프랑스 학자인 브루노 라투르(Bruno Latour)***의 주장이다. 라투르는, 사실 인류가 여태까지 해왔던 일들은 결국 부주의하게 "인간과 비인간(非人間)의 거대한 덩어리를 섞어 놓은 것"이었으며, 그럼에도 불구하고 인류는 자연과 사회를 구분해냈다는 착각에 빠져 있다고 한다. "순수하고 완벽한 시장의 존재와 같이, 영혼도 없고 행위주체도 없는 관료제 역시 존재한다는 신화는, 보편적인 과학적 법

- 샤를마뉴(Charlemagne): 카롤링거 왕조의 제2대 프랑크 국왕(재위 768~814)으로 카를대제 또는 카롤루스 대제라고도 한다. 몇 차례의 원정으로 영토 정복의 업적을 이루고 서유럽의 정치적 통일을 달성했다. 중앙집권적 지배를 가능하게 하면서 지방 봉건제도를 활용했고 로마 교황권과 결탁하여 서유럽의 종교적인 통일을 이룩했다. 800년 로마 교황 레오 3세로부터 황제로 대관되었는데, 이는 서유럽이 동로마(비잔틴 제국)의 영향에서 완전히 독립한 서로마 제국에서 부활했음을 의미하는 것이었다. 로마 고전문화의 부활을 장려함으로써 카롤링거 르네상스를 이룩하여 고전문화, 그리스도교, 게르만 민족정신의 3요소로 이루어지는 유럽문화가 샤를마뉴 시대에 이르러 개화했다. 이후 그를 이상화, 우상화하는 '샤를마뉴 전설'이라는 사상적, 문학적 전승이 형성되어, 중세 무훈시에도 큰 영향을 주었다.
- •• 9세기에서 15세기에 이르기까지 크메르 제국의 수도였다.
- ••• 브루노 라투르(Bruno Latour, 1947~): 프랑스의 과학기술학(STS) 학자. 현재 Sciences Po Paris의 교수로 있다. 현대 과학 기술에 대한 철학적이고 인류학적인 연구로 널리 알려져 있다. 대표적인 저작으로는 『실험실의 삶』(1979), 『전쟁과 평화』(1984), 『과학의 실천』(1987), 『우리는 결코 근대적이었던 적이 없다』(1991, 영어번역본 1993), 『자연의 정치』(1999), 『판도라의 희망』(1999), 『사회적인 것의 재조립』(2005) 등이 있다.

칙이라는 신화의 거울에 비친 이미지"라는 것이다. 그에 따르면 합리
화는 우리가 저지르고 싶어도 저지를 능력이 없는 죄목임과 동시에
우리가 지닐 능력도 없는 덕목이다.[3]

　근대에 대한 이와 같은 두 극단 사이에서 중도를 찾고자 한다면, 법
률사학자 해롤드 버먼(Herold J. Berman)*의 선구적 방식을 살펴보는 것
이 유용할 것이다. 버먼은 1983년에 서구의 법률적 전통의 형성에 대
한 연구서를 낸 바 있다. 그에 따르면, 우리가 과거를 다시 서술할 때는
"마르크스와 베버를 넘어서야 하고" 또한 다양한 서구의 민족주의의
오류, 종교적 선입견 그리고 19세기의 역사적 유물론 및 이상형 분석
등을 극복해야만 한다. 버먼은 서구 법률체계의 근대화는, 자본주의
화와 산업화가 진행되기 오래전인 11세기부터 13세기까지에 걸쳐 이
루어진 교황청의 교회법 개혁에서 시작되었다고 주장함으로써 신교
도들과 마르크스주의자들 양쪽 모두에게 문제를 제기했다.** 서구의
역사에서 지나치게 단순화된 근대의 계보는, 무엇보다도 '보통 전근
대사회로 간주되었던 시기'의 '근대적 특성들'을 살펴보는 노력을 통
해서 수정되어야 한다는 것이다.[4] 만약 버먼의 이와 같은 작업이 서구
의 역사에서 가치 있는 일이라면, 이는 아시아의 역사에 있어서도 마
찬가지로 가치 있는 일이 아닐 수 없다. 이러한 일을 하는 것이 이 책의

---

* 　해롤드 버먼(Harold J. Berman, 1918~2007): 하버드 법대와 에모리대에서 60년 이상 법대 교수
　로 재직하면서 법과 종교, 비교 법제사, 러시아 법과 문화, 법철학 등의 분야를 연구하여, 20여 권
　의 책과 400여 편의 논문을 발표했다. 그의 2권으로 된 『법률과 혁명』은 서구 법률의 기원에 대
　한 기존의 이해를 바꾼 역저로 평가되고 있다.
** 　그레고리 7세(Saint Gregory Ⅶ, 1020?~1085, 재위 1073~1085): 본명은 힐데브란트
　(Hildebrand)—이탈리아어로는 일데브란도(Ildebrando)—이며 가톨릭교회의 교회법 개혁을
　추진했다. 주요 내용은 성직매매 금지, 사제의 결혼 금지, 속인의 주교 서임권 금지 등이다. 신성
　로마제국의 황제 하인리히 4세와의 서임권 분쟁에서 승리하여, 교황권의 절대성을 확립했다.

목적이다.

버먼의 접근방식은, 중국과 베트남 그리고 한국의 산업화 이전의 역사에 대한 기존의 인식을 다시 한 번 부정할 수밖에 없음을 의미한다. 그 기존의 인식이란, 이 세 왕조의 백성들이 수세기에 걸친 왕조의 '흥망성쇠' 과정에서, '후진적 권력'과 성쇠의 순환의 원인으로 지목되었던 '봉건적' 경제 형태 때문에, '한숨짓고 탄식하는' 세월을 보냈다는 이야기다.[5] 위의 문장에서 인용 부호가 표시된 부분은 현대 중국의 반체제 인사인 옌지아치(嚴家其)*의 말인데, 그가 이 같은 비관주의를 갖고 있다는 것은 정황상 이해할 만하다. 그러나 역사는 오로지 학정(虐政)만을 펼치는 것은 아니며, 기회도 제공하는 법이다. 만약 정치에 대한 지적 능력을 갖춘 화성인(火星人)이 1938년에 독일에 갔다고 가정한다면,** 그는 결코 독일사에서 민주주의의 가능성에 대해 긍정적으로 말하지 않았을 것이다. 또한 그가 만약 1960년에 스페인에 갔다고 가정하더라도*** 마찬가지였을 것이다.

물론 관료제를 갖춘 왕정은 많은 면에서 명백히 비근대적인

- 옌지아치(嚴家其, 1942~): 중국의 사회과학자로서 중국사회과학원 정치연구소 수임소장, 중화전국청년연합회상위, 북경 인민대표, 중국행위과학학회부회장을 지냈다. 1986~1987년 사이에 자오쯔양의 정치개혁판공실(政治改革辦公室)에서 일하였으나, 1989년 천안문 사건 이후 미국으로 망명했다. 파리에서 민주중국진선(民主中國陣線)의 주석을 맡았고, 파리에서 뉴욕으로 이주한 후 컬럼비아 대학에서 방문학자로 활동했다. 중국연방주의를 주장하여, 『연방중국구상』(聯邦中國構想, 1992)을 저술하고, 1994년 '중화연방공화국헌법'(中華聯邦共和國憲法)을 기안했다. 최근의 저서로는 『패권론』(霸權論, 2006), 『보편진화론』(普遍進化論, 2009) 등이 있으며, 그의 저서 중 일부는 영어로 번역되어 *Toward a Democracy* (1992), *Yan Jiaqi and China's Struggle for Democracy*(1992) 등의 제목으로 출판되었다.
- ** 1938년, 나치 독일은 오스트리아를 침공한 후, 뮌헨회담에서 체코슬로바키아의 수데텐 지방을 독일에게 할양하도록 영국, 프랑스, 독일, 이탈리아의 4개국 회담에서 결정했다.
- ** 1960년대의 스페인은 프랑코의 독재 하에 있었다.

(unmodern) 면모를 지니고 있는데, 특히 중국의 무위도식하는 왕족들을 보면 잘 알 수 있다. 예를 들자면, 1600년대 초의 명나라 재상 서광계(徐光啓, 1562~1633)는 1368년 명조 성립 이후 명의 황족들은 점차 불어나서 당시 8만여 명이 생존해 있고, 이들 모두는 정부로부터 녹봉을 지급받는다고 추정했다.[6] 이러한 왕족들의 기생적 생활양식은 단지 경제적으로뿐 아니라 심리적으로도 사회에 심각한 영향을 끼쳤다. 그들의 행태가 강한 봉건적 향수를 지닌 중국 관료층의 '귀족주의적(aristogenic)' 성향을 자극했던 것이다.• 지나간 시대의 세습적 봉건 영주뿐 아니라 현재 황족들도 부계 혈통의 친족 집단을 완벽하게 집결시킬 수 있음에 비해, 그렇지 못한 자신들의 처지가 대비되어 불공평하다는 느낌을 불러일으켰던 것이다.[7] 그러나 독일 황제 빌헬름 2세••의 통치기에 살았던 막스 베버에게 근대 관료제적 합리주의라는 이미지를 떠올리게 했던 그 유럽 국가도 1차 세계대전 전까지는 고대적이고 비근대적으로 묘사될 수 있는 왕정과 무사 특권계급이 지배했다.

조선의 개혁가 이익(李瀷, 1681~1762)은 자격을 숭배하는 중국식 관료제 사회의 규범이 지닌 양가성(兩價性) 문제를 매우 잘 파악하고 있었다. 자신이 귀족이라고 생각하는 사람일지라도, 소수의 관직을 놓고 경쟁하려면 그 이전에 먼저 시험에 합격해야만 했는데, 이러한 상황에 대한 분노가 바로 관료제사회의 양가성 문제를 잘 드러내고 있음을 이익은 지적하고 있는 것이다. 그의 다음과 같은 언급은 특히 한국과 중

• 'aristogenic'은 aristocracy (귀족제)는 아니지만 누대에 걸쳐 집적된 엘리트의 문화적 배경 때문에 비교적 제한된 동일한 엘리트 집단이 자기 재생산을 하는 것에 유리한 점이 있는 사회의 특성을 지칭한다.

•• 빌헬름 2세(Kaiser Wilhelm Ⅱ, 1859~1941, 재위 1888~1918): 아버지인 프리드리히 3세를 이어 독일 제국의 제3대 황제(카이저)가 되었다.

국 관료제의 유사성을 잘 인지하고 있는 것이기에 인용할 가치가 있다. "우리나라에서 관료의 선발은 완전히 과거시험에 의존하고 있다. … 중국 북위(北魏)의 최량(崔亮)은 10명당 하나씩 관직을 나누어 가진다 해도 결국 모자란다고 언젠가 언급한 적이 있다. 이 말은 현재 상황에 정말 잘 들어맞는다. 지금 대대로 내려오는 문벌과 학문적 전통을 자랑하는 가문들에서조차도 피골이 상접한 채 자신들의 홍패(紅牌, 과거 급제 증서)를 움켜쥐고서는 한탄을 쏟아내는 수많은 사람들이 있다."[8]

동아시아의 중국식 관료제사회들은 종종 '봉건적(feudal)'이라고 묘사되곤 했다. 이때 봉건적이라는 것은, 궁중에서 촌락에 이르기까지 친족, 경제적 보상, 정치권력이 서로 강한 상응성을 가지고 세습되며, 이들이 서로 연결되어 있다는 의미이다. 만약 동아시아의 관료들이 정말 이런 의미에서 봉건적이었다면, 동아시아 정치이론에서 '고급'과 '하급' 관료, 지배자와 피지배자 사이의 의사소통의 취약성이 그렇게 중요한 문제점으로 부각되곤 했다는 것을 설명하기 힘들어진다. 이런 취약성은 봉건 왕조가 아니라 관료제에서 나타나는 문제이기 때문이다. 관료제적 왕정은 개인적이고 봉건적이며 설득력 있는 인간관계에 의존하기보다는, 관료들이 작성한 문서를 통해 통치되었기 때문에 그와 같은 취약성이 발생했던 것이다.

위에서 말한 것의 요지는, 1700년대의 두개의 다종족(多種族) 제국을 비교해보면 잘 알 수 있다. 18세기의 대부분 동안, 중국 본토와 몽고 그리고 중앙아시아의 종족들을 지배했던 만주족 황제 건륭제(乾隆帝, 1711~1799, 재위 1735~1769)는 중원 바깥 지역의 엘리트에 대해서는 개인적이면서 실로 봉건적인 스타일의 통치방식을 채택할 수도 있었다. 그럼에도 불구하고 그가 실제로 채택한 것은 관료제였다. 건륭제는 몽고와 만주의 역관(譯官)들에 의해 북경에서 쓰여진 조칙이, 이를 받아 읽어야 하는 몽고와 만주 귀족들에게 이해될 수 없게 쓰여져서, 그래서 황제 자신이 친히 그것을 수정해야 한다고 한탄했다. 이러한 단절은 궁중의 역관들의 문제에서 비롯되는데, 이들은 한족이 아님에도 불구하고 북경에서 자라났으며 틀에 박힌 과거 답안용 문체에 영향을 받았다. 당시 이와 같은 문체는 모든 관청의 문서에 널리 퍼져 있었다. 1700년대의 유럽에서 가장 중요한 다종족 제국인 비엔나의 합스부르크 제국*의 군주들은 이런 문제로 괴로워하지는 않았다. 비엔나에는 과거제에 의해 만들어진 단일한 문화 같은 것은 존재하지 않았다. 마자르, 체코, 크로아**의 하급관료들은 쉽사리 독일어에 동화하려 하지 않았다. 게다가 이 하급관료들은 현학적인 문체를 사용했는 데, 이러한 문체는 합스부르크 왕실이 변경에서 소수민족 귀족들과 의사소통을 하는 데 방해가 되었다. 합스부르크 제국에서 건륭제와 견줄만한 위치에 있었던 이는 황녀 마리아 테레지아(Maria Theresia)***였다. 마리아 테레지아가 1740년대에 헝가리의 귀족들에게 전쟁****을 지지해줄 것을 호소하려 했을 때, 그녀는 17세기의 유명한 황제의 것이었던 십자가와 함께 자신의 4개월 된 아기를 안고 헝가리 귀족들 앞에 나섰다.[9] 이와는 대조적으로 건륭제는 과거시험의 채점관들에게 팔고문

- • 1526년부터 1867년까지 존재했다.
- •• 마자르는 헝가리인을, 크로아는 크로아티아인을 가리킨다.
- ••• 마리아 테레지아(Maria Theresia, 1717~1780, 재위 1740~1780) 카를 6세는 아들이 없어 딸인 오스트리아의 마리아 테레지아를 프란츠 슈테판 폰 로트링겐과 결혼 시켰다. 그녀는 오스트리아의 대공녀이자 헝가리 왕국과 보헤미아의 여왕으로 통치했다. 가문의 이름 역시 로트링겐을 덧붙인 합스부르크-로트링겐이 되었다. 그녀를 마지막으로 합스부르크 정통 왕가는 단절되었다.
- •••• 프러시아의 프리드리히 2세가 실레지아(Silesia)를 요구하여 일어난 전쟁을 가리킨다.

(八股文)의 경박함을 뿌리 뽑고 과거시험의 글쓰기에 대해 "기본으로 돌아가도록 하라"는 개혁을 명령함으로써 몽고 귀족들과의 의사소통을 복원하려 했다. 종래 우리가 생각해왔던 이미지는, '얼굴'을 마주보는 인간관계 및 감정에 기반을 둔 중국 제국 그리고 사적 감정을 배제한 규칙과 이성에 기반을 둔 유럽, 이것이 아니었던가! 그러나 실상은 전혀 달랐던 것이다.

과거제를 시행하고 있었던 이 세 나라 정체의 조숙하고 제한적인 탈봉건화(defeudalization) 과정은 사실상 합리적인 사고를 정치와 경제에 적용하려는 시도였다. 따라서 인간 이성이 일궈낸 역사의 한 부분이다. 그러나 그것만을 가지고서 완전히 승자의 방식으로 논의할 수는 없다. 우리는 다른 종류의 역사를 필요로 하는데, 그것은 새로운 제도의 시행을 통해 성취해낸 것들뿐 아니라 그러한 시도 자체의 취약점에도 주목할 수 있는 것이어야 한다. 또한 과거제의 이상이 지닌 매력뿐만 아니라, 이 세 정체에서 모두 수백 년에 걸쳐 과거제를 폐지하라는 압력이 있었음에도 주목할 수 있어야 한다. 특히 각각의 정치체제가 어떻게 위험성에 대해 생각하게 되었는지를 주제로 삼아 비교사적 연구를 해나가는 것도 중요하다. 어떻게 독일의 군주들이 루터(Martin Luther, 1483~1546) 이후 정치적인 위험성을 생각하게 되었는가? 또는 영국의 수평파운동° 이후에 유산계층이 어떻게 위험성에 대해 생각하게 되었는가? 또는 현재 산업사회의 엘리트들이 어떻게 지구온난화를 개념화하고 있는가? 이렇듯 중요한 사건들이 각각의 사회에서 위험성에 대해 생각하는 방식을 바꾼 것처럼, 세습이 아닌 능력을 기반으로 권력을 창출하려 했던 동아시아인의 노력을 통해 중국과 베트남, 한국의 사상가들은 위험성에 대해 생각하는 방식을 변화시켰다. 영국의 보수주의 지도자들이 150년 전에 투표권의 확대를 표현했던 어구를 빌려 말하자면, 이러한 노력 자체는 정말로 위대한 '어둠 속에서의 도약'*이었다. 그렇기 때문에 또한 그 노력에 대한 흥분뿐만 아니라 두려움도 함께 지적되어야 한다. 마키아벨리(Niccolò Machiavelli, 1469~1527)와 파스칼(Blaise Pascal, 1623~1662)같은 서구의 사상가들은 능력에 기반을 둔 권력의 위험성을 극히 단순하게 보아 소외된 자들의 분노만을 생각했다. 그러나 수세기 동안 중국식 관료제의 정치이론에서는 능력을 숭상하는 엘리트들 내부로부터의 자기 전복(self-subversion)이라는 문제가 검토되었다.

　결과적으로 오늘날 서구의 공공행정 이론들은 중국식 관료제에서 아주 옛날부터 탐색해왔던 질문과 논란들을 부지불식간에 다른 언어로 되풀이하고 있는 것처럼 보인다. 예를 들어, 21세기 초 공공행정 분야의 서구 전문가들은 소위 '관료제가 지닌 책임의 역설(bureaucratic accountability paradox)'이라는 문제를 초조하게 해부하고 있다. 봉건제 이후의 공복(公僕)이란 한편으로는 단순히 더 높은 정치적 권위를 위한 도구에 지나지 않으며, 그들은 또한 직무에 있어 개인적인 책임감

○　수평파운동은, 17세기 청교도혁명 과정에서 왕권의 전횡과 크롬웰의 독재에 대항하여 영국 내란(청교도혁명)과 공화국(Commonwealth) 시기에 추진했던 공화주의적·민주적 운동이다. 수평파라는 이름은 이 운동이 '사람들의 재산을 균등하게' 하려 한다는 점을 나타내기 위해 적대 진영의 사람들이 붙인 것이다. 수평파 운동은 1645~46년 런던과 그 주변 지역에서 의회를 지지했던 급진세력으로부터 시작되었다. 당시 내란은 의회와 국민의 이름을 걸고 진행되었으며, 수평파는 국왕과 귀족들을 배제하고 하원으로 실질적인 주권이 이양되어야 한다고 요구했다. 또한 성인 남자의 보통선거권, 의석의 재분배, 1~2년마다 의회를 열어 입법기관이 진정한 대의기구가 되어야 한다는 점, 정부의 권한을 지방공동체로 분산할 것 등을 주장했다. 소규모 자산가들의 편에 서서 경제개혁안들을 내놓기도 했다.

●　'어둠 속에서의 도약'이란 결과를 예측하기 힘든 행위를 가리킨다.

의 결여라는 위험성을 대표하고 있다. 또 다른 한편으로, 그들은 정책 수립에 적극적으로 참여하고 있어서 그들의 주관적인 행동이 상부의 정치적 권위를 침해할 위험성도 있다. 이와 같은 책임감의 결여나 정치적 권위의 침해 등이 존재하는 환경에서는 공무원들을 위한 업무 표준을 서로 협의할 수 있도록 설계된, 다시 말해 관료제의 책임성을 견지하기 위한 유무형의 요구사항이 있다. 그런데 그러한 요구사항들은 오히려 공무원들이 온전히 책임감 있는 자세로 그와 같은 표준을 따르기 위해 필요로 하는 그들 개인의 도덕적인 역량을 실제로 약화시키는 측면이 있다.

도덕주의적인 유가적 세계관을 요구했던 동아시아의 관료제에서, '관료제가 지닌 책임의 역설'은 이들이 높은 '자부심'을 창출하기 어렵다는 문제와 관련하여 많이 논의되었다. 그리고 더 낮은 직분의 서리 계층에 대해서는, 이들에게 외부로부터 '수치'의 감정을 주입시켜 책임감을 배양하도록 하는 것이 어렵다는 문제가 더 많이 논의되었다. 이와 같은 책임의 역설의 기본적인 요소들은 늦어도 명대부터는 이미 존재하고 있었다. 능력에 기반을 둔 관료제 내부의 권력 행사에 따르는 몰염치함의 문제는 근대 이후의 문제이다. 이것은 옛날의 유학자들이 지닌 기괴한 집착의 문제가 아니었다. 노엄 촘스키(Noam Chomsky, 1928~)는 얼마 전에 관료가 귀족보다 항상 더 자비로운 것은 아니라고 언급한 바 있다.[10] * 비록 그것이 사실이라 할지라도 그 말의 요지는 대다수의 유학자들이 그렇게 했던 것처럼 봉건제를 낭만적으로 묘사하

---

* 1969년에 촘스키가 베트남전에 반대하기 위하여 쓴 최초의 정치적인 서적인 『미국의 권력과 새로운 만다린 관료들』이라는 책은 대학과 정부의 지식인과 테크노크라트에 대한 비판을 담고 있으며, 2002년에 재판이 출판되었고 하워드 진이 서문을 썼다.

려 했던 것은 아니다. 동아시아에서 처음으로 개발되어 나온, 능력을 본위로 한 권력 증진의 시도는 분명히 진일보한 일이었다. 그러나 능력 본위의 권력을 위해 기울였던 노력의 숭고함을 공정하게 기술하려 한다면, 그것의 선진성뿐 아니라 위험성도 동시에 살펴보아야 한다.

1장에서는 중국과 베트남, 한국 이 세 곳의 중국식 관료제를 소개하고자 한다. 각각 8세기와 11세기에 시작된, 한국과 베트남의 과거제를 연구하는 일은 그 둘보다 더 잘 알려진 중국의 과거제를 살펴보는 것만큼 많은 교훈을 준다. 더 작은 규모의 국가인 한국과 베트남에서 봉건제 이후의 능력주의적인 이상에 대해 존재했던 더욱 큰 반발의 가능성을 염두에 둔다면 정치적으로 완벽하게 봉건제로 되돌아갈 가능성은 언제나 존재하고 있었다. 그러나 이 두 국가조차도 다시 봉건제사회로 완전히 되돌아간 적은 한 번도 없었다. 또한 이 세 관료제 국가 모두는 일정한 공통적 관심사를 공유하고 있었다. 이러한 관심사는 세계사적으로 다른 지역들이 이러한 문제에 관심을 갖기 시작한 것과 비교해 볼 때 매우 이른 시기에 나타났다. 또한 그러한 문제들의 심각성은 점차 증대했다. 이 세 곳의 관료제에서는 과거시험 자체의 '성적 인플레이션(grade inflation)'에 대해 때 이른 우려가 존재했다. 행정적인 주관성에 대한 비판적인 자각이 나오기 시작했고, 세습적 특권의 덕목들을 찬양하는 정치적인 언어보다 행정적 유용성을 위해 쓰이는 언어의 사용이 늘어났다. 그리고 특히 중국에서 심각했던 것으로, 정치 조직이 확장됨에 따라 비교적 익명성을 지닌 과거시험 때문에 면대면(面對面)의 정치적 행위가 점차 줄어들면서 비인격적인 행정화된 경영(administrative management)으로 변질되어 버리는 것에 대한 염려도 존재했다.

2장에서 살펴볼 것은, 서구사회가 최근에서야 경험하게 된 능력 본위 사회의 여러 위험성들을 중국식 관료제에서는 이미 예견하고 있었다는 점이다. 여기에는 문서에 기반을 둔 비인격적 행정 권력의 불안정성에 기인한 위험성도 포함된다. 또한 탈봉건화 양상에 따른 위험성에는 자부심의 창출과 연관된 위험성들도 포함되어 있다. 관료제에서는 영웅적이고 귀족적인 덕목을 성공적으로 실현하는데서 오는 내면적인 만족 등 내부로부터 창출되는 자부심은 점점 줄어들게 되는 반면, 이렇듯 계급과 지위에 따른 윤리의 준수가 더 이상 보장되지 않는 환경에서 정부가 봉급을 올려주는 식의 장려책과 같은 외부로부터 주어지는 자부심의 창출 방안이 점점 중요시된다. 그리고 능력 본위의 관료제에 기반을 둔 정치적 질서는 봉건적인 봉사의 윤리나 현대의 대중적 애국심을 바탕으로 한 정권 형태에 비해서 공공의 목적을 위해 백성을 동원할 수 있는 능력이 훨씬 떨어진다는 점도 포함된다.

3장에서는 이 세 곳의 관료제 국가들이 빈곤의 완화나 토지소유의 평등화 같은 복지를 추구했던 사실에 비추어, 빈곤과 같은 정치적 문제를 행정적인 관심으로 전환함으로써 나타났던 문제들을 살펴보고자 한다. 이들의 복지 추구에서는, 행정적인 목표라는 것이 행정가와 행정의 대상을 점차 서로 분리시키고, 대중들이 심각할 정도로 공공의 일에 냉랭하게 반응하게 되며, 행정적인 목표가 원래의 맥락을 잃어버려 행정 자체가 목적이 되는 등의 문제들이 발생했다. 이는 모두 근대적인 문제로 여겨지는 것들이다. 이 세 곳의 관료제 국가는 모두 대중의 무관심을 해소하기 위해, 신유가에서 제시한 향약(鄕約)과 같은 용납 가능한 방식을 통해 지역 정치 활동을 활성화하기 위한 노력을 기울였다. 이들이 추구한 공동체는 근대초기 유럽에서 이루고자 했던 인위적 형태의 공동체와는 대조적인 것이었다. 그러나 아이러니 하게도 향약이 가장 잘 작동하지 못했던 곳은, 유서 깊은 관료적 문화 때문에 향약을 가장 절실히 필요로 했던 중국이었다.

4장에서는 논의를 식민지 이전의 시기에서 식민주의 시대 이후인 현재로 옮겨, 아시아의 레닌주의적 개혁국가인 중국과 베트남에서 관료주의의 유령이 지속적으로 나타나는 원인을 살펴보려 한다. 그리고 그 원인은 특정한 제도가 아니라 지금 전 세계적으로 번져가고 있는 관료제의 주관성이라는 더욱 보편화된 위기에 있다고 제시할 것이다. 관료제의 주관성 문제는 이미 중국식 관료제 하의 관료들에게는 잘 알려져 있었다. 20세기 말에 이르러, 중국식 관료제의 일부는 초국가적이고 경계를 넘나드는 문화로 인해 다른 방식으로 재창출되고 있었다. 그런데 그 과정에서 나타나는 위험성은, 가장 동아시아적인 것으로 볼 수 있는 관료제에 대한 회의주의의 전통이 중국식 관료제의 재창출 속도만큼 빠르게 부활하지 않고 있다는 것이다. 이러한 위험성을 예증해주는 것으로 중국과 베트남의 강제적 가족계획 프로그램을 들 수 있다. 강제적 가족계획의 예는 옛날의 악몽과도 같은 관료제의 주관성 문제가 국내적인 관료주의적 관행에 더하여 이제는 사이버네틱스(cybernetics)와 '시스템 공학' 같은 외국에서 수입된 전 지구적 경영이론 때문에 두 배로 더 복잡하게 변해버린 상황도 보여줄 것이다.

이 책의 제목은 '잃어버린 창조성들(lost creativities)'이 될 수도 있었다. 1장에서 좀 더 자세히 설명하겠지만 단수형의 근대성(modernity)은 모호한 개념이다. 단수형의 근대성에 초점을 맞추는 것은 역사적으로 생동감 있는 시간을 숨기지는 않는다 해도 지나치게 단순화할 수 있기 때문이다. 이는 역사의 '패배자'들과, 다양한 형태의 권력에 대한 합법적 또는 비합법적인 저항을 무시할 수 있으며, 심지어 전 지구적 자본주의와 공모하고 있다는 지표로 읽힐 수도 있다. 단수형의 근대성 개념이 전 지구적 자본주의와의 공모를 보여주는 지표일 수 있다는 실질적 예를 하나 들어보기로 한다. 오늘날 산악지대 곡물에 대한 대규모의 자본 투자는 단지 수익이 적을 수밖에 없기 때문에 '산악민'은 모든 종류의 합리적인 정치체제에 위협적이라는 주장이 있다. 또한 모든 인류 사회는 '산악-농촌'에서 '평야-도시' 문명으로 이동하는 것이 근대성의 필요조건이므로, 이러한 명목에 따라 중국의 '산악민'은 강제로 산악지역으로부터 이주케 해야 한다는 중국 정부의 주장에서도 이는 잘 나타나고 있다.[11] 이와 대조적으로 복수형의 '근대성들(modernities)'이라는 개념은 조야한 단수형 개념의 근대성이 사장시켜버린 광범위한 합리성의 전통을 들추어내는 것을 도와준다. 그렇지 않더라도 최소한 이것은 하나의 문명이 역사적으로 형성시킨 자기중심적인 사고를 은폐시켜주는 역할만을 해왔던 근대의 단수형 용어의 사용에 종지부를 찍도록 할 것이다.

산업화사회 이전의 동아시아에 존재했다고 이 책에서 주장하고 있는 근대성들은 도대체 어떻게 '잃어버리게' 되었는가? 1800년대 후반기부터 서구인들은 동아시아의 시험제도를 더 이상 독창적인 것으로도, 도전적인 것으로도 보지 않았다. 이전에는 귀족제였던 유럽사회에서 비귀족 출신의 공무원 수가 늘어났고, 인간의 능력은 측정할 수 있는 것이라는 믿음이 커져갔다. 또한 1860년대에는 바로 '능력주의 사회(meritocracy)'라는 용어가 영국 노동당 기관지에서 사용되기에 이르렀다.[*] 서양의 역사에 있어서 이 시대는 알프레드 비네(Alfred Binet)[**]와 에드워드 손다이크(Edward Thorndike)[***]같은 연구자들이 새롭게 IQ 테스트와 지적 능력의 측정을 시작한 신기원의 시대이기도 했다. 예전 동아시아의 측정 기술은, 서구의 새로운 능력 측정에 비해 더욱 제한적이었음에도 불구하고, 나이나 세습적 권리에 따른 구별은 하지 않았었다. 하지만 이들은 서구가 새로운 시대를 열어감에 따라, 점차 이국적인 구닥다리의 유물이 되어 버렸다. 그러나 서구인들에게 동아시아의 시험제도가 더 이상 도전적이지 않게 된 것은 이해한다 하더라도, 왜 아시아인들 스스로 자신의 과거를 그렇게 대수롭지 않게 여기게 되었는지는 이해하기 어렵다.

예전 동아시아의 근대성들은 이 세 관료제 국가가 1800년대에 프랑스, 영국, 일본에 의해 군사적 패배를 당하면서부터 상실되기 시작했다. 서구의 증기선과 산업사회 이전 청나라의 평저선(平底船)으로 대표되는 기술을 지니고 있었던 이 두 세계 사이의 갈등은 일방

- 영국의 사회 운동가인 마이클 영(Michael Young, 1915~2002)이 『능력주의 사회의 등장』(*The Rise of the Meritocracy, 1870~2033*, London: Thames and Hudson, 1958)이라는 저서에서 처음 사용한 것으로 알려져 있다. 1860년대에 사용되었다는 것은 찾을 수 없었다.
- •• 알프레드 비네(Alfred Binet, 1857~1911): 프랑스의 심리학자이자 의사. 1905년 시몽과 협력하여 정신박약아를 검출하기 위한 지능검사를 처음으로 발표했다. 이것이 유명한 비네-시몽 검사법이다. 주요 저서로는 『지능의 실험적 연구』(1905) 등이 있다.
- ••• 에드워드 손다이크(Edward Thorndike, 1874~1949): 미국의 심리학자로 프래그머티즘의 창시자인 윌리엄 제임스의 밑에서 동물실험에 종사했다. 컬럼비아 대학교에서 박사학위를 받은 후, 그곳 교육대학에 재직하면서 현대 교육심리학의 기반을 다진 학자로 알려져 있다. 동물 행동과 학습과정에 대한 실험을 바탕으로 시행착오법이라는 학습이론을 수립하여, 게슈탈트 심리학이 출현할 때까지 학계의 주류를 이루었다. 그는 정신검사의 개선을 요구하여 그 방면의 지도자가 되기도 했다. 또한 고용자 선발 시험을 개발하기도 했다. 『동물의 지능』(1899), 『교육심리학』(1903) 등의 저서가 있다.

적인 것이었다. 그리하여 이미 산업혁명 이전 수세기에 걸쳐 현명한 학자-관료들이 고민해왔던 행정적 성취의 부족이 아편전쟁 시기에 전대미문의 치욕으로 드러나게 되었다. 또한 유가적 관료제만이 아니라 모든 관료제가 지니고 있는 취약성은, 유럽과 일본, 태국의 봉건시기의 후원자와 고객 관계에서나 또는 대중적 민족주의에 의존하는 국가의 정치에서 볼 수 있는 것과 똑같은 소속감을 창출해내는 능력이 없다는 데 있다. 현재의 유럽 연합도 비슷한 문제점들을 지니고 있기 때문에, 이것이 특별히 19세기의 아시아만의 문제였다고는 할 수 없다. 집단적 목적을 위한 군중 동원 능력을 증강시키는 측면에서 중국식 관료제가 가진 어려움은 하나의 역설을 품고 있었던 것이다. 관료제의 공식적 이데올로기는 실제로 관료제가 하는 일 자체를 거의 반영하지 않는다. 그럼에도 불구하고 관료제가 수행하는 공적인 임무를 이상화하기 위해 이 이데올로기에 어느 정도 부응하라는 요구는 관료제의 수혜를 받거나 그에 의존하는 사람들에게 이데올로기를 변화시키는 것뿐만 아니라 그 변화를 설명하는 것조차 불가능했다.

1905년에 중국에서 과거제 폐지를 제안하여 이를 이루어낸 정부의 엘리트 지도자들은 바로 이러한 이유 때문에 시험이라는 실질적 주제 자체를 그들의 주된 공격대상으로 삼지는 못했다. 1905년은 서구가 동아시아의 과거시험과 비슷한 시험제도를 받아들이기 시작한 시점이었다. 그렇기 때문에 과거시험이 새로운 커리큘럼을 가진 시험으로 전환할 가능성이 전혀 없었던 것도 아니었다. 그러나 과거시험 폐지론자들은 과거시험이 중국사회의 집단적 의지의 결여와 관련이 있다는 점에 초점을 맞추어 공격했다. 1905년 위안스카이(袁世凱, 1859~1916)

와 동료 개혁가들은, 1871년 프러시아의 프랑스에 대한 승리 및 1905년 일본의 러시아에 대한 승리가 프러시아와 일본의 군인이 아니라 이 양국의 군대 배후의 사회적인 힘, 즉 초등학교 교사들에게 기인한다고 주장했다. 애국주의를 배양하는 교사들이 군사적 승리를 만들어 낼 수 있다는 신화는 당시 전 세계적으로 유행하고 있었다. 1905년 영국의 사회개혁가인 시드니와 베아트리스 웹(Sidney and Beatrice Webb) 도 위안스카이와 정확히 동일한 주장을 폈다. 교육의 목적은 관료의 공급이 아니라 대중 동원이어야 한다는 주장이 그것이다. 중국은 지금껏 교육을 하는 이유를 '재능의 축적'에 두었던 바, 이러한 관료제의 관점에서 벗어나 학교에서의 교육이 대중의 의지를 일깨우고 계몽하여, 집단적인 심성을 배양할 수 있는 사회로 바꾸는 심리적 혁명을 일으켜야 한다는 것이었다.[12]

시험제도에 바탕을 둔 공무원제도는 서구 세계에서 1905년 이후에 늘어나게 되었다. 이에 따라 아시아의 관료제는 그 역사적인 매력을 부분적으로나마 다시 회복할 가능성도 있었다. 그러나 결국 그와 같은 근대적 현상들이 상실된 원인은, 서구의 과학적 경영이론이 등장하여 전 세계적으로 인기를 얻게 된 점과 밀접한 관련이 있다. 20세기에 전 지구적으로 가장 영향력을 떨친 사상가라 할 수 있는 프레더릭

• 시드니 웹(Sidney Webb 1859~1947)과 베아트리스 웹(Beatrice Webb 1858~1943): 시드니 웹은 영국의 사회학자이자 경제학자, 개혁가이다. 그는 혁명적 방법보다 점진적인 계몽과 개혁을 통한 사회변혁을 추구하였던 페이비언 운동의 초기 참가자였다. 그는 부인인 베아트리스 웹과 함께 이야기되곤 한다. 페이비언 운동은 다양한 경로를 거쳐 영국노동당으로 수렴되었고, 시드니 웹은 영국 노동당 강령 IV의 원본을 썼다. 사회학자, 경제학자, 사회주의자이자 개혁가였던 베아트리스 웹은 1905년에서 1909년까지 왕립구빈위원회에 참여했다. 이 부부는 노동조합운동의 대부로 일컬어지고 있다.

윈슬러 테일러(Frederick Winslow Taylor)는 1911년에 '과학적 경영'에 대한 책을 출판했다. 테일러는 노동자와 새로운 산업 기계 사이의 관계를 분석하는 데 적용되는 가장 정밀한 과학적 방법들만이 노동자의 능률을 높일 수 있다고 주장했다.

'테일러주의'는 노동 구분과 이에 따른 물질적 보상의 '과학적' 연관 관계를 강화한다면 제강공장과 같은 곳에서 노동생산성을 높일 수 있다는 의사(擬似) 유토피아적 이론이었다. 1차 세계 대전과 그 직접적인 여파 속에서 테일러주의 이론은 공무원의 노동에도 그대로 적용할 수 있다는 환상으로 퍼질 만큼 효력이 있었다. 베슬리헴 제강공장에서 삽질하는 노동자의 성과를 향상시키는 기술을 정부의 비서관이나 공무원의 업무 능력을 향상시키는 것으로 전환할 수 있다는 것이었다. 1920년대 말경에 영국과 미국 정부는 봉급 수준과 담당업무를 서로 밀접하게 연계시킨 '과학적' 공무원 노동 구분 제도를 도입하기 위해 노력했는데, 그 원칙은 '과학적'이지 못했던 중국식 관료제보다 공무원의 성격을 훨씬 물질주의적으로 정의한다는 것을 암시했다. 테일러주의에서는 물질적 보상이 모든 것이었으며, 친절한 행정의 도덕적 고매함 같은 가치의 비중은 매우 낮았다.

테일러주의적 복음은 중국에도 불가피하게 퍼져갔다. 1930년대에 국민당은 행정학 전문 기관지인『행정 연구』와『행정 효율』을 펴내고 있었을 뿐 아니라, '행정효율연구회'도 자체적으로 설치해 두고 있었다. 남경(南京) 정부는 유럽과 미국의 '인사 행정' 이론의 번역과 도입을 권장했다. 중국 공무원의 직무 분류에 대하여 영국식 접근을 따라야 하느냐 미국식 접근을 따라야 하느냐에 대해 엘리트들 사이에 논쟁도 있었다. 이러한 논쟁에서 2천년에 걸쳐 집적된 중국 관료제의 경험은 완벽히 무시되었다. 정치학자인 치엔두안셩(錢端升)*은 미국식 모델보다 단순하다는 이유로 영국식 모델을 옹호했다. 그는 미국식 공무원 직무 구분은 너무 정교하고 세분화되어 있어, 문화적 보수주의와 복지부동하는 관료사회의 영악한 관행 때문에 중국에서는 성공하기 힘들다고 보았다. 쉐보캉(薛伯康)**이 1937년에 저술한『인사행정대강』(人事行政大綱)이라는 책은 아마도 1949년 이전에 나온 이런 종류의 문헌 중에서 가장 영향력 있는 책일 것이다. 이 책에서 그는 미국의 공무원 직무 분류의 구조가 더 복잡하다는 것은 인정했다. 그러나 쉐보캉은 미국 모델이 세계적인 진행 추세를 보다 잘 대표하고 있다는 근거를 들면서 미국 모델을 도입할 것을 요구했다.[13] 이윤을 추구하는 회사의 이미지로 관료제를 재정립한다는 의미로 관료제에 테일러주의를 적용한 것은 중국 정부가 1930년대에 추진했던 '국제화'의 일환이었다. 이에 기반을 제공한 이들은 쉐보캉과 같이 해외 유학파들이 소속되어 있던 초국가적 엘리트 연합체였다.

사실상 국민당 정부는 미국이나 영국의 공무원 규정에 암묵적으로 나타나 있는 합리화에 대해서는 대체로 저항했다. 어쨌든 영미의 공무원 규정은 중국의 지방자치 차원에서 더 큰 영향력이 있었다. 그러나 위에서 업무의 난이도에 따라 보상을 달리할 때 관료제를 더 효율

• 치엔두안셩(錢端升, 1900~1990): 중국의 법학자이자 정치학자, 교육가이다. 북경의 청화유미예비학당 졸업 후, 미국으로 유학하여 하버드대학에서 박사학위를 취득하였다. 1954년 중화인민공화국의 헌법을 기초하는 작업에 참여했고 북경정법학원 초대 원장을 지냈다. 『중국의 정부와 정치』, 『민국정제사』(民國政制史), 『비교헌법』 등의 저서가 있다.

•• 쉐보캉(薛伯康 또는 薛培根, 1903~1941). 미국 시애틀의 워싱턴 대학에 유학하여, 인사 행정을 전공하고 미네소타 대학에서 석사학위를 획득했다. 그 후 귀국하여 남경중앙정치대학 교수로 재직하면서 『행정 월간』 지의 편집주임도 맡았다. 저서로는 『중미인사행정비교』, 『인사행정대강』 등이 있다.

적으로 운용할 수 있다고 가정한 전제는, 산업화 이전의 중국식 관료제에 존재했던 위의 가정과 동일한 원리의 진전 및 그 논점을 완전히 외면했다. 이는 정말 주목할 만한 점이다.

이러한 기억상실증은 1880년대부터 1954년까지의 프랑스 식민지하의 베트남에서도 나타난다. 프랑스 식민주의자들은 베트남 북부와 중부에는 중국식 관료제를 보존시켜 놓았다. 그러나 이들은 중국식 관료제를 굴욕적인 형태로 더 높은 봉급을 받는 프랑스 식민관료제 아래에 복속시켜 놓았다. 1919년 프랑스는 중국식 관료제의 과거제도를 다른 종류의 능력위주의 새로운 임용제도로 대체하지 않고 그대로 폐지시켜 버렸다. 한 베트남인 논평자는 이들이 중국식 관료제를 '우스꽝스럽게 희화화'했다고 했다. 식민주의자들은 이렇듯 희화화된 중국식 관료제를 유럽 지배자에 대해 열등한 베트남인의 처참한 상징으로 바꾸어 버렸다. 그렇게 해서 옛 중국식 관료의 도덕적 기풍도 사라져 버린 것이다.[14]

이전의 중국식 관료제를 무너뜨린 공산혁명 또한 최근까지 중국식 관료제의 역사가 망각된 채 남아 있도록 했다. 레닌은 테일러주의와 미국식 경영이론을 대단히 신봉했다. 그는 1918년에 사회주의는 소비에트의 권력, 프러시아의 철도, 미국의 기술의 문제라고 주장했다. 스탈린은 1924년에 "러시아의 혁명적 기세와 미국의 효율성의 결합은 당과 국가의 업무에서 레닌주의의 정수"[15]라는 말로 위의 주장을 한층 강화했다. 오랫동안 공산주의 혁명가들은 정치학을 '자본가 계급의 과학'으로 경멸해 왔다. 이 '정치학'에는 전후(戰後) 서구에서 나타난 관료제에 대한 사상들도 포함되어 있다. 그러나 마침내 이러한 정치학에 대한 경멸이 좀 누그러져서, 유고슬라비아에서는 1951년, 체코슬로

바키아에서는 1965년, 루마니아에서는 1969년, 중국에서는 1980년대 초, 그리고 가장 늦게 베트남에서는 1991년에 정치학을 다시 합법화했다. 정치학을 다시 인정하게 된 배경에는, 권력이 지식을 창출할 수 있다면, 권력과 지식의 관계가 뒤바뀔 수도 있으리라는 믿음이 깔려있었다. 서구의 관료제에 대한 지식을 아시아가 얻는다면 성숙한 서구 산업국가와 견줄 만한 양질의 행정적 능력도 재빨리 얻을 수 있으리라는 믿음에서였다. 달리 말하면, 중국식 관료제가 가지고 있던 근대성들의 역사의 상실은 이러한 아시아와 서구의 수렴 현상의 부산물일 수도 있다.

중국식 관료제사회의 후예들이 그 제도가 성취해낸 것을 받아들이기를 꺼리는 태도는, 중국식 관료제가 '전체주의'의 도구이자 테일러주의 이전의 '비효율성'의 무대, 이 둘 다에 해당하는 것으로 비하한 데서 기인하는데, 이러한 태도에는 물론 우스꽝스러운 측면이 존재한다. 1996년, 중국의 지도자 쭈룽지(朱鎔基, 1928~)는 경영학과의 창립을 축하해주면서, 중국의 과학자들에게 리 아이어코카(Lee Iacocca)* 의 크라이슬러 자동차 회사의 구조조정에 대해 특별히 칭찬했다. 그러면서 그는 서구 경영과학 연구를 증진시킬 것을 권했다. 그 자리에서 쭈룽지는 지나가는 말로 산업주의 이전의 중국사회도 좋은 경영사상을 창출해낸 적이 있다고 주장했는데, 그러나 그가 든 예는 관자(管子)와 한대의 '염철(鹽鐵)'논쟁** 이었고 이는 모두 중국의 귀족제시대가 완전

• 리 아이어코카(Lee Iacocca, 1924~): 미국 포드사에 입사하여 스포츠형 승용차를 개발하여 포드사의 황금시대를 이루었다. 포드사에서 해임된 후 도산 위기에 빠진 크라이슬러사를 재건하여 명성을 얻었다.

•• 중국 전한 소제 때 조정에서 벌어졌던 소금과 철, 술의 전매 및 균수, 평준책의 존속에 대한 논쟁이다. 현량과 문학은 유가적 가치에 입각하여 폐지를 주장했고 승상 차천추와 어사대부 상홍양 등은 이의 존속을 주장했다. 이를 기록한 것이 환관(桓寬)의 『염철론』이다.

히 몰락하기 훨씬 이전의 사례였다. 오스트리아의 경제학자 프리드리히 본 하이에크(Friedrich von Hayek)*의 대만 제자들은, 평등의 극대화는 자유와 적대적이며 재산과 권력의 세습은 사회적 선(善)을 증진시킨다고 주장하는 데까지 나아가고 있다. 그들은 능력주의의 이상이라는 추레하고 제한적인 인류 평등주의가 뿌리 내리기 이전 시기, 즉 과거제가 공고화되기 천 년가량 이전인 공자의 귀족제적인 세계를 중국사에서 하이에크 식의 계몽주의가 나타났던 시기의 가장 좋은 증거로 찬미해왔다.

현대 중국의 관료제에 대한 비판자들은 영국이 현대적 공무원 제도를 중국에서 빌어 왔다는 아놀드 토인비(Arnold Toynbee, 1889~1975)의 주장을 받아들이지 않으려 한다. 최근 이들 중 한 명은, 한 중국인이 2000년도에 토인비의 말에 따라 중국식 관료제를 찬양했던 것을 두고 그를 '아Q'라고 비난했다. 아Q는 루쉰(魯迅, 1881~1936)의 소설에 나오는 유명한 등장인물로, 모든 실질적인 패배를 전부 승리라고 생각하는 환상을 품은 얼토당토않은 자부심을 지닌 촌놈을 가리킨다. 베트남에서 한 심리학자는 1970년대 말에 하노이 신문의 만평에서 베트남의 관료들이 실제의 역사와 동떨어지게 묘사되어 있다고 공개적으로 지적하기도 했다. 만평 속의 베트남 관리들은 서구의 사무용품들을 가지고 주민들을 둘러싸고 있는 모습으로 그려져 있었는데, 이러한 사무용품들은 베트남 관리들이 여태껏 가져본 적이 없는 것들이었다.[16]

• 프리드리히 폰 하이에크(Friedrich August von Hayek, 1899~1992): 오스트리아 출신의 영국 경제학자. 신자유주의적 입장에서 모든 계획경제에 반대했다. 1974년 뮈르달과 함께 노벨 경제학상을 수상했으며 『예종에의 길』, 『자유의 구조』, 『법, 입법, 자유』 등을 저술했다.

중국식 관료제의 성취를 경시하려는 태도는 그것에 대한 무의식적인 두려움과 정비례하는 것일 수도 있다. 만약 중국식 관료제의 역사를 진지하게 받아들이고 이를 오늘날의 관련 문제에 적용하려 한다면, 순수한 이성에 기초한 관료제라는 것은 애초에 존재하지 않는다는 사실을 확실히 인정하게 될 것이다. 관료제에 대한 서구인의 글들은 그것이 장르로서는 비교적 새로운 것이어서 그런지, 행정 행위의 기술적인 측면을 과대평가하고 그 외의 측면은 과소평가하고 있다. 이 왜곡의 대가는 종종 형식주의적 명료성과, 현실에서 유리된 규범성을 조장하게 된다. 이와 같은 글쓰기의 형식주의로 말미암아, 현대의 동아시아인들은 중국식 관료제뿐 아니라 어떠한 곳에서도 실제로는 존재한 적이 없었던, 매우 효율적이고 추상적인 관료제의 환상을 보여주는 정치적 설명에 쉬이 혹하게 된다.

예를 들어 왕휘조(汪輝祖)*의 『학치억설』(學治臆說, 1793)과 같은 중국식 관료제 내부에서 저술된, 실질적인 관료의 활동에 대한 탁월한 분석에서는 위에서 말한 바와 같은 변형은 일어날 수 없었다. 현직 지현(知縣)이었던 왕휘조가 쓴 이 책은, 지현과 같은 관리들을 은유적으로 표현하여 이상한 나라에 살고 있는 사람들로 묘사하고 있다. 왕휘조는 이 관료들을 주술사, 꼭두각시인형 또는 유리 장막에 비유했던 것이다. 이처럼 불안정한 정체성은, 막스 베버나 체스터 버나드(Chester Barnard)**가 제시하고 있는 관료제의 추상적인 명료함과는 너무나도

- 왕휘조(汪輝祖, 1731~1807): 청의 건륭, 가경 때의 관리.
- 체스터 버나드(Chester Barnard, 1886~1961): 미국의 경영인이자 공공행정가. 경영 이론과 조직 이론의 개척자적인 저작을 남겼다. 그의 『경영자의 역할』(1938)은 조직이론과 조직 내 경영자의 역할에 대한 선구적인 저작으로 평가되어 교재로 널리 이용되고 있다.

거리가 멀다. 이 관리들의 정체성은 종교적으로나 사회적으로 승인된 것이라는 느낌을 거의 갖지 못하면서 쉽게 주변 상황에 영향을 받는 봉건제 이후의 행정제도의 불확실성을 반영하고 있다. 이 시기의 영국의 지방 치안판사를 이런 식으로 묘사할 수는 없을 것이다. 또한 왕휘조가 묘사하고 있는 이미지들은 관료제적인 의사결정에 일반적으로 장애가 되는 심약함과 지저분한 거래, 그리고 명백한 행동 모델의 부재 등을 가리키고 있다. 이렇듯 관료제의 치부를 보여주는 것은, 지도자들이 자강(自强)의 만병통치약이 되어줄 것을 기대하고 있는 중국식 관료제를 경험한 사회들의 현 21세기 상황에서는, 결코 인기가 있을 리 없다. 이 책은 해롤드 버먼의 서구 법제사 연구와 비교하면, 세 나라의 중국식 관료제를 다루기에는 분량이 너무나 적다. 해롤드 버먼은 전근대로 여겨지는 시기에 나타났던 근대의 특징을 보여주었다. 그는 르네상스 또는 계몽주의 시대 이전의 국가 건설 과정에 나타난 인간적 합리성의 풍부한 자원을 기록했다. 그리고 법률과 같은 근대화의 발달과정이 자본주의나 산업화와 무관하게 출현할 수 있다는 것도 증명했다. 그렇지만, 이 책에서 중국식 관료제를 통해 다루고자 하는 것은 산업화 이전의 '전제주의'—이 전제주의는 1800년대부터는 그 독립성이 위협받게 되었다—시기의 통치의 과제와 위험성에 대한 것은 아니다. 그보다는 바로 지금 우리가 경험하고 있는 근대적 통치의 과제와 위험의 문제들이라는 점에 초점을 맞췄다.

중국식 관료제에 대한 정치적이고 행정적인 이론의 연구는, 특히

---

* 체스터 버나드(Chester Barnard, 1886~1961): 미국의 경영인이자 공공행정가. 경영 이론과 조직 이론의 개척자적인 저작을 남겼다. 그의 『경영자의 역할』(1938)은 조직이론과 조직 내 경영자의 역할에 대한 선구적인 저작으로 평가되어 교재로 널리 이용되고 있다.

자본주의에 대한 다양한 태도나 유교적 윤리와 예(禮) 쏟아지는 관심에 밀려 간과되어서는 안 된다. 유교의 경우를 살펴본다면, 이탈리아의 독재자 무솔리니(Benito Amilcare Andrea Mussolini, 1883~1945)의 유명한 공식, 즉 '도덕적 질서'는 '공공의 질서'를 창출한다는 발언은 역사적 사실보다는 염원에 가까웠던 것임을 알 수 있다.[17] 공공의 질서는 사회적인 '교정(矯正)'에만 의존하는 것이 아니라, 정치적 행위와 그것의 이론화에 더 의존한다.

또한 독자들이 이 책을 통해 아시아의 중국식 관료제를 채택했던 이들 세 국가들이 지닌 초국가적 특징에 주의를 기울이게 되길 바라며, 이들의 서로 다른 경험을 비교·검토하는 계기가 되기를 바란다. 이러한 목적을 위해서 중국과 베트남, 한국 모두를 다루었다. 이와 같은 접근법은, '동아시아'는 중국, 일본 그리고 한국이며 '동남아시아'는 베트남과 그 서남부의 이웃나라들이라는 구분에 익숙한 독자들에게 혼란스러운 것일 수도 있겠다. 그러나 '동아시아'와 '동남아시아'라는 용어는 전후 서구 학계의 전략적인 정신이 만들어낸 우상일 뿐이다. 이러한 구분은 어느 정도 우리 대학체제에서 전공을 나누는 데는 도움이 될 것이다. 그러나 이런 구분에 의해 지적 탐구가 마비되어서는 안 된다. 나는 이러한 범주를 너무 엄격하게 지키지 않기를 바랄 뿐이고, 이 범주들이 완전한 와해되어야 한다고 주장하는 것은 아니다. 그러나 언젠가는 불교의 통합적 원리가 지닌 영향력을 연구하기 위해서, 한국과 버마의 역사를 함께 비교하는 날이 도래할 것이라고 믿는다.

필자는 한국학 전문가가 아니다. 한국학 분야는 다른 어떤 분야보다 논쟁적인 분야이다. 그러나 서로 상반된 의견을 지닌 논쟁적인 한국학 학자들 사이에서조차도, 필자와 같은 한국학의 문외한이 한국사에 대해 일반화를 하는 것이 부적합하다는 것에는 모두 합의하리라는 생각이 들 정도로 필자의 한국학에 대한 전문지식은 한계가 있다. 그렇기에 독자들에게 이 책에서 한국에 대하여 서술한 부분은 중국이나 베트남에 대하여 서술한 부분보다 학문적 권위가 훨씬 부족하다는 점에 양해를 구하고자 한다.

1장

중국식 관료제에
질문을 던지다

펠립 페르낭데 아르메스토(Felipe Fernandez-Armesto)•는 지난 1000년간의 세계사를 담은 책의 서문에 다음과 같이 적고 있다. "만약 먼 미래에 은하계 박물관이 생긴다면, 다이어트 콜라 캔이 중세의 사슬갑옷과 함께 '지구 1000~2000년: 기독교 시대'라는 표지를 붙인 진열장의 작은 유리 상자에 함께 놓여 있을 것이다."[18] 만약 우리가 유럽중심주의에서 조금만 벗어나 서기 1000~2000년: 기독교-유교 시대의 문화유물을 기념하는 것으로 그 범위를 넓힌다면, 분명히 동아시아의 과거시험 교재를 사슬갑옷과 다이어트 콜라 캔 옆에 추가해야 할 것이다.

중국과 베트남, 한국의 옛 중국식 관료제의 역사를 만족스러울 만큼 밝혀내는 것은 세계사를 연구하는 역사가들에게는 하나의 도전이다. 여기에서 '중국식 관료제(mandarinates)'라는 용어는, 제한된 공직 임

• 펠립 페르낭데 아르메스토(Felipe Fernandez-Armesto, 1950~): 옥스퍼드 대학에서 박사학위를 취득한 후, 런던대학교와 퀸 메리 대학 등의 교수를 거쳐 현재 노트르담 대학의 역사학과 교수로 재직 중이다.

기와 상급자에 의한 인사고과에 기반을 둔 관료제만을 의미하지는 않는다. 물론 임기와 인사고과 규정 등도 동아시아에서 선구적으로 만들어진 것이지만 말이다. 중국식 관료제는 또한 세계에서 가장 일찍 발달한 관료 시험에 기초를 두고 있으며, 유학자-관료들이 행정을 담당했던 정치제도를 의미한다. 이렇듯 중국식 관료제에는 매슈 아널드 (Matthew Arnold)*와 빌헬름 폰 훔볼트(Wilhelm von Humboldt)** 같은 19세기 유럽의 자유주의자들에게도 아직은 이상에 불과했던, '인재들의 교육을 바탕으로 한 통치'를 현실에 실현하려 했던 수백 년 동안의 노력이 있었다.

중국 송(宋)의 철학자 주희(朱熹, 1130~1200)는, 정밀한 독서라는 학문적 기술을 참을성 있게 세금을 거두어들이는 기술에 비유했다. 이처럼 두 가지의 일을 연결시키는 특이한 발상은 12세기의 동아시아가 아니라면 정말로 찾아보기 어려울 것이다. 이는 중국식 관료제의 특색을 잘 보여주는 발상이다. 그러나 중국식 관료제의 유물이 페르낭 데 아르메스토가 상상한 은하계 박물관에 포함되어 있지 않다는 것은, 우리가 근대로 접어들게 된 과정에 대해 이야기할 때 습관적으로 포함하고 배제하는 방식에 대해 주의를 기울일 필요가 있음을 시사하고 있다. 자본주의의 역사를 넘어서고, 합리화 과정이란 서로 다른 사회적 권역에서 각기 독립적이면서도 자생적으로 발생할 수 있다는 가능성을 보여주는 이야기를 할 때는 특히 이러한 근대화 과정에 대한

- 매슈 아널드(Matthew Arnold, 1822~1888): 빅토리아 시대의 시인이며 문화비평가이자, 장학사로도 일했다. 1883년에서 1884년까지 미국에서 교육과 민주주의, 랄프 왈더 에머슨에 대한 강연 여행을 했다.
- 빌헬름 본 훔볼트(Wilhelm von Humboldt, 1767~1835): 프러시아 정부의 관료였으며 베를린의 훔볼트 대학의 창립자이다. 미국과 일본의 교육제도에 영향을 주었다.

습관적 인식에 주의를 기울여야 한다.

임마누엘 월러스틴(Immanuel Wallerstein)은, 오늘날 서구에서 근대성은 매우 상이한 두 가지의 프로젝트를 포함하고 있다는 점을 적절히 지적하고 있다. 그 첫 번째는 기술 혁신의 촉진을 통한 인류의 자연에 대한 승리이다. 두 번째는 인류의 인류에 대한 승리, 즉 폭압적인 정치와 종교적 편견, 경제적 예속에 대한 저항에 성공함으로써 인간의 사적 특권과 권위 등 인류를 억압하는 제반 형태에 대한 승리이다. 월러스틴이 이야기하듯, 기술과 자유주의라는 이 두 가지에 대한 추구는 오랫동안 서로 양립 가능한 것으로 여겨온 '공생적인 한 쌍(symbiotic pair)'이란 개념을 만들어냈다. 예를 들어 갈릴레오는 기술의 진보와 인류의 해방 모두를 위해 싸웠다고 여겼던 것이다. 그러나 기술과 자유주의의 추구, 이 둘은 장기적인 안목에서 본다면, 애초에 공생적이고 조화로운 것이라 생각했던 것과는 전혀 다를 수 있다.[19]

또한 근대성은 세 번째 프로젝트도 포함하고 있다. 이것은 해럴드 퍼킨(Harold Perkin)*이 세계사에서 첫 번째 혁명(식량 공급을 위한 정착 농업의 시작)과 두 번째 혁명(산업의 발달)에 이은 '세 번째 혁명'이라고 극적으로 표현한 것을 가리킨다. 이 세 번째 근대성은 직업적 엘리트에 의해 귀족제가 대체된 것을 말하는데, 이 엘리트들은 반드시 지주나 자본가는 아니더라도 지식을 갖춘 직업 관료로서, 그들의 지위는 사회적 계급뿐만 아니라 공적인 경쟁을 통해서도 만들어졌다.[20] 월러스틴이 말한 첫째 및 둘째 프로젝트와 상호 작용을 하면서, 세 번째로 시도된 근대성의 성취는 곧 기술의 활용도에 따라 자유에 대한 갈망이 어느 정

---

* 해럴드 퍼킨(Harold Perkin, 1926~2004): 영국의 사회사학자로 사회사학회를 창립하였다.

도로 이루어지거나 좌절되는지에 크게 관련되어 있다. 산업화 이전의 동아시아의 관료제는 해럴드 퍼킨이 말한 '전문직 계층'의 성격을 잘 보여주는 예라고 하기는 어렵다. 그러나 근대의 계보에서 중국식 관료 제가 배제된 것은 근대에 대한 편협한 이해를 보여주는 것이 아닌가 하는 의문이 제기되기에 충분할 정도로, 동아시아의 관료제는 전문 직 계층의 출현을 예견한 것이었다.

관료제 국가의 형성 및 직업 관료에로의 국가 권력의 이동을 분석한 막스 베버의 유명한 이론은 이미 오래전에 저명한 러시아의 역사가 리처드 파입스(Richard Pipes, 1923~)로부터 그 단점이 지적되었다. 파입스의 견해에 따르면, 베버는 관료제를 너무나 두려워했기 때문에 전통과 이데올로기 그리고 대중의 심리를 무시하는 관료제의 기능을 과장했다. 또한 관료제가 일단 성립되고 나면 그것은 정치적 변화를 근본적으로 차단할 수 있다고까지 과장했다.[21] 그러나 이러한 비판, 즉 그가 관료들에 대해 궁극적으로 역사를 종결짓는 이익집단이라고 경고하는 데까지 나간 것은, 독일 관료제의 비교적 짧은 경험만을 반영했기 때문이라고 이야기할 수 있다.

하지만 베버의 비관주의는 동아시아의 경우에 이미 많은 선례가 있다. 세습적 사회계급에 저절로 따라붙는 정치적 권리가 사라진 것은 인권을 위한 승리라고 할 수 있다. 그러나 새롭게 등장한 관료 엘리트 계층 역시 사회적 착취 능력을 지녔다는 점을 고려한다면, 이러한 변화는 인권을 위한 옹색한 승리에 불과한 것이었다. 산업화 이전의 동아시아 사상가들은 베버보다는 관료제의 주장들에 익숙해져 있었고, 직선적 진보이론에 따른 불안감에 시달리지는 않았다. 그럼에도 불구하고 경쟁에 기반을 둔 직업적 관료제는 그들에게도 역시 비관주의를 불러일으켰다. 놀라울 만큼 날카로운 17세기 중국의 사상가였던 육세의(陸世儀, 1611~1672)는 봉건제와 관료제 모두가 적절한 윤리적 행위를 하는데 '장애물'이 될 수 있다고 주장했다. 봉건제는 보상이 불공정하게 분배되고 귀족제의 중심부로부터 멀리 떨어져 있는 능력 있는 사람들을 희생시킨다. 이는 관료제의 문제인 군사력에 대한 장악력의 저하, 그리고 효율성의 면에서 지나치게 많은 수의 상위 관리들을 배출하는 경향에 비견할 만한 것이다.[22] 동아시아의 과거시험은 여러 형태의 '성적(成績) 인플레이션'과 같은 상당히 근대적인 성향의 논란들을 만들어냈다. 18세기 조선의 사신(使臣)이었던 박제가(朴齊家, 1750~1805)는 조선의 과거시험이 정부가 필요로 하는 관료의 숫자보다 훨씬 많은 과거시험 지원자들을 만들어낸다고 하면서 과거시험을 과포화된 '제비뽑기'라고 폄하했다. 1700년대 북부 베트남에서는 상인, 행상, 푸줏간 주인에게 과거시험에 응시할 수 있는 권리를 매매하였는데, 과거시험장에 들어가려는 사람들이 너무 많아 서로 싸움을 벌일 정도였다. 베트남의 학자들은 이러한 현상을 저주했다.[23]

더 나아가, 동아시아의 철학자들은 과거시험의 단순한 유용성 그리고 경쟁에만 바탕을 둔 과거시험이 조장하는 가식적이고 타산적인 행동으로 인해, 그들이 예시했던 정치적 활력의 도덕적 기반이 좀먹을지도 모른다고 우려했다. 이와 같은 철학자들은 역사적으로 모순되는 사유체계 속에서, 과거제보다 앞선 봉건시대의 유가적 덕목을 갖춘 '군자'의 아련한 추억을 그러한 활력과 더욱 밀접하게 동일시함으로써 도덕성을 회복하려 했다. 당시 베트남의 관료였던 레 꾸이 돈(黎貴惇)은 '군자'가 지녔다는 시대착오적인 봉건적 덕성들과, 과거시험을 보기 위해 싸우는 푸줏간 주인 사이의 현실적 괴리를 외면하고 있다.

1700년대에 그는 베트남인들에게 '군자'는 탐욕, 욕망과 무관한 정치적 야망을 가져야 하며, 자신의 덕성과 경험이 '조정'과 '나라'의 모든 이들의 눈에 인정받게 되어 권력의 '손잡이'가 '자연스럽게' 자신에게 올 때까지 '조용히' 기다려야 한다고 주장했다.[24] 이러한 사고방식과 사회 환경 속에는 많은 모순들이 억눌려 있을 수밖에 없었고, 그리하여 여러 이익집단과 정치 간의 관계 그리고 여러 이권과 정치 간의 관계가 조화를 이룰 수 있다는 위선을 초래했다. 이 같은 위선은 동아시아 사회에서 귀족제가 지니고 있었던 아주 소소한 원칙들마저 너무나 일찍 관료제의 원칙으로 대체된 데 따른 대가였다.

　훌륭한 역사가라면 일반적으로 목적론을 거부한다. 그러나 목적론적으로 보면, 동아시아에서 발달한 능력본위의 관료제는 적어도 이후 역사의 기준으로 판단하자면, 인간 해방을 위한 잠재력이 결여되어 있다. 그러한 관점에서 동아시아의 관료제는, 그것이 성취한 것보다 더 많은 잠재력을 지닌 역사적 과업들, 예를 들어 독일에서 일어난 루터의 종교개혁과 유사한 면이 있다. 이러한 비교는 더욱 폭넓게 이루어질 수 있다. 독일인들은 중국식 관료제 사회가 그랬던 것처럼, 귀족적 권위의 쇠퇴에 수반되는 아래로부터의 무질서를 두려워했던 것이다. 종교개혁 이후 독일인들은 무질서를 두려워한 나머지 인간 해방의 돌파구를 잃어버렸으나, 곧 미국과 프랑스 혁명에 의해 다시 구현되었

○　레 꾸이 돈(Le Quy Don, 黎貴惇, 1726~1784): 베트남의 저명한 학자. 베트남에서 학문의 집대성자로 추앙받고 있다. 시문, 사학, 철학, 지리, 천문, 의학, 농학 등의 광범한 영역에서 방대한 저술을 남겨 베트남 사상사에서 매우 중요한 위치를 차지하고 있다. 『무변잡록』(撫邊雜錄), 『여조통사』(黎朝通史), 『계당시회선전집』(桂堂詩匯選全集), 『전월시록』(全越詩錄), 『계당시집』(桂堂詩集), 『사서약해』(四書約解), 『북사통록』(北使通錄) 등의 저작이 있는데, 대부분의 저작은 『여귀돈전집』(黎貴惇全集)에 수록되어 있다.

다. 1997년 현재 중국 인사부서의 한 전문가는 동아시아의 중국식 관료제가 지향했던 경쟁을 통한 능력주의 사회는 19세기의 영국에서 완성되었다고 했다.[25]

이와 같이 과거 관료제시대에 기대했던 것과 동일한 성취를 동아시아인이 아닌, 외부인들이 되찾아낼 수 있을지도 모른다고 생각하는 데서, 왜 20세기 말 동아시아의 사상이 서구의 계몽주의적 합리론의 근본주의에 도전하기는커녕, 오히려 그것을 구원자인양 여기고 있는지가 부분적으로나마 설명된다고 하겠다. 여기서 말하는 계몽주의적 합리론이라는 개념은 매우 광범한 적용 대상을 가진다. 그것은 피드백, 입출력, 전체적으로 상호 연관된 제어의 언어를 가진 사이버네틱스*류의 시스템이론과 '시스템공학' 등이 포함되는데, 이들은 모두 계몽주의적 합리론의 현대적인 파생물이다. 한 중국 철학자는, 시스템이론과 시스템공학이 1980년 이래로 중국 엘리트사상의 지배적 형태가 되었다고까지 말하기도 했다.[26] 동아시아의 관료제사회는 이른 시기에 기술관료적 탐구가 아닌 다른 방식으로 아주 만족할 만한 현실성을 축조해낸 행정적 발상을 구현해낸 바 있었다. 하지만 시스템이론의 많은 예언자들과는 달리, 중국식 관료제의 사상가들은 현실 세계가 결코 그와 같은 머릿속의 생각과는 완전히 같을 수 없다는 것을 반

---

* 생물 및 기계를 포함하는 체계에서 제어와 통신 문제를 종합적으로 연구하는 학문. 1947년 미국 수학자 노버트 위너를 중심으로 하는 그룹에서 사이버네틱스라고 이름 지었다. 어원은 키잡이를 뜻하는 그리스어 'kybernetes'이다. 위버에 의하면, 사이버네틱스란, "어떤 체계에 포함되는 두 종류의 변량이 있는데, 그 하나는 우리가 직접 제어할 수 없는 것이고, 나머지는 우리가 제어할 수 있는 것으로 한다. 이때 제어할 수 없는 변량의 과거로부터 현재에 이르기까지의 값을 바탕으로 제어할 수 있는 변량의 값을 적당히 정하여, 이 체계를 가장 바람직스러운 상태로 도달시키는 마법을 부여한다"는 목적을 달성하기 위한 학문이라 했다.

복적으로 깨달아 왔다. 행정적 계획은 언제나 의도하지 않은 결과를 가져올 수 있다. 자신들의 관료제적 주관성에 대한 비판적 자각은 과거시험과 마찬가지로 중국식 관료제사회가 잃어버린 근대성의 주요 부분이다. 또한 수백 년에 걸쳐 동아시아의 학자-관료들은, 관료제 하에서는 '기록된 것'은 온전히 존속되고 '현실' 또는 '실행'은 존속되지 못하는 상황이 연출됨으로써 살아있는 경험을 문헌으로 대체하는 경향이 있음을 경고해왔다. 바로 이 점에서 창조적 회의의 근대적 반영이라는 중요한 근거를 비유럽에서도 찾을 수 있는 것이다. 사람들이 필요로 하는 것을 충족시켜준다는 명분하에, 오히려 그것을 왜곡하거나 그것을 교묘한 모방물로 전락시켜버리는, 행정적으로 조장된 환경을 두려워하는 것, 그것에서 우리는 창조적 회의의 근거를 찾을 수 있는 것이다.

현대의 동아시아 사회는 이러한 회의적인 사고 관행을 다시 찾아내야만 하는 입장에 처해 있다. 이것은 부분적으로 필립 쿤(Philip Kuhn)이 중국사 연구에서 요령 있게 분석해낸 바 있는, 과거에서 현재까지 지속되는 '국가적 의제(agenda)'를 동아시아 사회가 여전히 보존하고 있음에 기인한다.[27] 1998년에 현대 중국의 개혁을 비판했던 중국인 허칭리엔(何清漣)*은 개혁 관료들이 중국 상황에 대한 충분한 경험적 자각 없이, 또는 중국이 가진 문제가 '순수하게 경제적인 문제' 이상의

• 허칭리엔(何清漣, 1956~): 중국 하남성 출생의 작가이자 경제학자. 하남사범대학 역사학과를 졸업하고 복단대 경제학과에서 석사학위를 취득했다. 중국의 사회·경제 문제에 대하여 영향력 있는 글들을 발표했으며 현재는 미국에 거주하고 있다. 『인구: 중국적 현검』(人口:中国的悬剑), 『현대화의 함정』(現代化的陷阱), 『무쇄중국 ─중국대륙공제매체책략대게비』(雾锁中国 ─中国大陆控制媒体策略大揭秘), 『정부행위의 흑사회화』(政府行为的黑社会化) 등의 저작이 있다.

것이라는 점을 인식하지 못한 채, 서구 경제학의 이론적 용어들을 중국의 제도에 적용한다고 비난했다.[28] 서구의 경제학에서 이야기하는 이론과 중국의 현실이 같다는 상상의 전제 하에서 현실적 제도로부터 '개념'을 분리시켜버리는 관료들의 정책적 언어를 그녀는 공격한 것이다. 이러한 공격은 동아시아에서는 이미 오랜 정신적인 이력을 가지고 있었다. 비록 정책적 언어의 주관성과 관련된 정신적 이력이 문화적 연속성만큼이나 상황적인 연속성에 있었다고 할지라도 말이다. 현실을 행정적인 입장에서 문서화하는 데 대해서는 이미 수백 년에 걸친 엘리트의 우려가 있었다. 그래서 어떠한 다른 문명에서도, 외국의 어휘를 차용하여 외국의 문화적 영역으로 뛰어들 때의 두려움이 이미 수백 년에 걸쳐 엘리트의 우려를 표현하는 데 사용되었던 언어와 이처럼 가깝게 일치될 수는 없을 것이다. 하지만 유럽 중심적으로 정의된 근대성은 그 개념 상 산업화 이전의 동아시아의 정치와는 단절되어 있어서 그와 같은 연속성은 은폐되고 말았다.

베트남과 한국의 중요성

중국식 관료제는 서로 다른 문화를 가로질러 이루어진 과업이었다. 그것은 중국의 에너지만큼이나 베트남과 한국의 에너지를 동원하면서 발달했다. 중국식 관료제를 다원적으로 묘사하고 그 모습을 더듬어내는 일은 쉽지 않지만, 그렇게 해야만 한다. 중국식 관료제의 다양성은 역사적 산물과 이념적 형태 양쪽 모두에서 찾아봐야 한다. 이념의 형태로서, 중국식 관료제가 필요한 것이라는 믿음은 그것을 가진 사회와 그렇지 못한 사회 사이에 심리적인 장벽을 만들어냈다. 일본을 방문했던 거의 대부분의 조선인들은 일본의 무사(武士) 문화에서는 유학자들이 군인, 의사 또는 승려에 비하여 지위가 더 낮을 뿐 아니라, 과거제가 없다는 점을 개탄했다. 15, 16세기에 나온 어떤 베트남 시는 봉건제 이후 시대의 관료들의 독특한 영웅적 자질을 칭송하면서, 이 학자-관료층을 바람에도 떨어지지 않는 빈랑나무 열매, 혹은 관료들의 글처럼 그 즙이 백성들의 갈증을 해소시켜 주는 코코넛 열매, 심지어 그 빨간 속과 녹색 껍질이 학자-관료층의 절개와 풍성한 시혜로 상징되는 수박에 비유했다.[29]

오늘날 민주주의 이념을 과대평가 하는 것이 정치적인 의도에 따른 것이듯, 봉건제 이후의 관료들이 지닌 이념을 과장했던 것 역시 정치적이었다. 그리고 민주주의의 이념과 같이 관료들의 이념 또한 제국의 영토 확장을 용인하는 데 자주 이용되었다. 중국 청(1644~1911)의 일부 문인들은 청 제국이 임기제 관료들을 파견함으로써 1700년대에 서남부의 세습적 소수민족의 부족장을 퇴출시킨 것을 두고, 중국 본토에서 그보다 20세기 앞서서 귀족 권력자들을 제거했던 일에 비유했다. 기원전 221년에 중국에서 귀족정치가 내리막길로 치닫기 시작한 이후부터 수백 년 동안 계속된 이러한 방식은 변방의 타이, 몽*, 이(彝) 또

• 몽(Hmong): 중국, 베트남, 라오스, 태국의 산악지대에 거주하는 민족. 묘족의 한 갈래로 정치적인 동란을 피하기 위해 새로운 경작지를 찾아 18세기부터 점차 남쪽으로 이주했다. 베트남 전쟁에서 몽족은 미국을 도와 용병으로 활동하였으나, 베트남이 공산화되자 다수의 몽족은 태국과 서구로 망명했다. 그러나 망명을 하지 못하고 공산정권인 라오스와 베트남에 남게 된 몽족은 탄압을 받았고, 최근에는 태국 정부가 자국 내의 몽족을 라오스로 강제 소환하려는 움직임이 있으며, 미국이 베트남과 국교를 정상화한 후 미국에 거주하던 몽족 지도자 방 타이 장군을 체포하는 등 지원을 중단한 것과 관련해서 최근 난민문제로 국제사회의 주목을 받고 있다.

는 로로(倮倮)* 같은 비한족을 북경의 세력권에 복속시킴으로써 식민
화하기 위한 몽상으로 작용했다. 비슷하게, 1800년대에 서북 지방의
총독이었던 좌종당(左宗棠, 1812~1885)은 국가 차원의 과거시험에서 '예
기치 못한 영광과 입신출세'를 획득할 가능성을 부여해 줌으로써 국
경 부근인 감숙 지방의 무법적인 무슬림 회족 학생들이 '아랍의' 관습
을 포기하도록 설득할 수 있다고 주장했다.[30]

  또한 중국식 관료제의 이념은 베트남의 제국적인 정치의 정체성을
새로 생산해내도록 촉진했다. 1838년에 베트남의 군주는 관료의 임기
제 도입을 위한 노력의 일환으로 베트남 소수민족인 고산민(高山民)에
게 '한속(漢俗)'—여기서는 종족적으로 한족의 문화라는 의미가 아니
라 문서를 통한 베트남 관료제의 행정 문화라는 의미이다—을 널리
퍼뜨리기 위해, 베트남 북부의 소수민족 지방의 학자들을 이용했다.
그는 시암**—봉록을 받는 관료가 아닌 혼인으로 맺어진 왕족과 귀
족 가문의 구성원들이 다스렸던 나라로, 그 구성원들은 급료를 받는
대신 통치 지역에서 '식봉(食封)하였다' — 에서 온 사신들에게, 관료제
의 원칙에 입각하여 자연 재해가 발생한 경우 행정적으로 잘 조정된
세금 수취의 표준을 시암에서는 이해하지 못하고 있다고 힐책했다.[31]

  한국과 중국, 베트남의 교육기관이 제공하는 유가적 교육 내용의
수준은 서로 간에 커다란 차이가 존재했는데, 그러한 차이에도 불구
하고 학자-관료의 이념이 지닌 우월함은 그 수준에 관계없이 일정하

• 이(彝)족 또는 로로(倮倮)족: 낙소(諾蘇)족이라고도 부르는 민족으로 중국, 베트남, 태국 지역에
  주로 거주한다. 중국의 55개 소수민족 중 7번째로 인구가 많은 민족이다. 주로 사천, 운남, 귀주,
  광서성의 산악 지역에 거주하고 있다. 티벳-버마 계열의 언어인 이족어를 사용하며, 자신들의 이
  족 문자가 있다.
•• 시암: 타이 왕국의 옛 이름.

게 존재했던 것으로 보인다. 서원(書院)은 그 잠재력으로 볼 때 가정을 제외하고는 유교적 교육의 조건을 규정짓는 가장 중요한 매개체 중의 하나였다. 1700년대에 대략 7~8백만 명의 인구를 가지고 있던 조선에는 600개가 넘는 서원이 있었다. 그리고 조선 인구의 30배 정도의 인구를 가진 18세기의 청나라는 조선보다 약 3배 더 많은 서원을 가지고 있었다(1,900개)[32]. 하지만 1700년대 말 대략 4~5백만의 인구를 가지고 있었던 베트남은 서원의 전통이 전혀 없었다. 유가적 교육의 조건을 규정짓는 임무는 대개 촌락의 학교 그리고 과거 급제자로 구성된, '정통 문화'란 뜻을 지닌 뜨 반(斯文, tu van) 회합에 맡겨졌다. 그리고 이 뜨 반도 모든 촌락에 다 있었던 것은 아니다. 베트남은 논외로 치더라도 중국보다 조선에서 서원의 밀도가 월등히 높았다는 사실은 아마도 최근 동아시아에서 자체적으로 행한 설문조사에서조차 한국이 중국보다 훨씬 더 높은 유가적 소양을 보여주고 있는 데 대한 설명이 될지도 모르겠다.[33] 그러나 대체로 중국식 관료제의 이념이 지닌 활력은 서원 수의 차이에 거의 영향을 받지 않았다.

이 세 사회의 역사적 산물로서의 중국식 관료제는 혼합적인 시스템이었다. 명백히 봉건적인 요소들(세습적 군주, 노예)이 과거시험에 기초한 엘리트 능력주의의 가치와 공존했다. 이러한 점에서 중국식 관료제 사회는, 오랜 기간 제도화된 인종적 편견에다 보편적 권리의 강령을 결합시켜 놓음으로써 인격 분열적 요소를 지니게 된 서구 국가들의 정체(政體)와 비교될 수 있다. 이 세 곳의 중국식 관료제 사회 모두 더욱 봉건적인 사회에 대한 강한 향수를 품고 있었는데, 그러한 사회에서는 정치적 지위, 군사력, 사회적 신분이 더 엄정하고 자연스럽게 일치되었다. 18세기 청나라의 역사가인 왕명성(王鳴盛)이, 천자(天子)는 병거

(兵車) 만승(萬乘)을, 제후(諸侯)는 천승(千乘)을, 공경(公卿)은 백승(百乘)을 가진다는 매우 고색창연한 용어를 사용하여 고착적인 봉건사회의 성격을 규정한 것이 그러한 점을 잘 보여주고 있다. 특히 조선은 단지 향수를 지닌 정도를 넘어섰다. 제임스 팔레(James Palais, 1934~2006)는, 약간 논쟁의 여지가 있기는 하지만, 관료제와 귀족제 사이의 '균형 상태(equilibrium)'라고 지칭했던 바 있는데 바로 그런 의미에 가까운 것이었다.[34] 쟝 콕토(Jean Cocteau)가 익살스럽게도 프랑스인을 심기가 불편한 이탈리아인이라고 빗대어 말한 식으로 하자면, 중국인과 베트남인은 좀 덜 귀족제적인 한국인이라고 표현할 수 있겠다.

수천 년의 역사를 가진 서구 민주주의 사상은 고대 아테네가 노예를 소유했다는 사실로 인해 훼손되지는 않는다. 이와 마찬가지로 동아시아의 세 중국식 관료제 사회에서 능력주의 사회의 근본 강령이 불완전하고 일부 타락했다고 해도, 이 세 나라가 가졌던 능력본위의 권력이라는 사고의 싹 그리고 정치 행위에서 때 이르게 자라난 행정이론에 대해 공정한 평가를 내리는 것을 가로막아서는 안 된다. 여기서 좀 더 어려운 과제는, 중국과 베트남, 한국의 사례를 비교하기 위해 보다 만족스럽고 유연한 전략을 찾는 것이다.

'동아시아'는 그 자체가 주의를 요하는 개념이다. 밀폐되어 있는 문명권(文明圈)이란 존재하지 않는다. 중앙아시아에 대한 중국의 관계, 동북아시아에 대한 한국의 관계 그리고 지금 동남아시아라고 부르는 지

○ 왕명성(王鳴盛, 1720~1797): 청의 고증학자이자 시인. 강소(江蘇)성 가정(嘉定)현 출신으로 진사에 합격하여 내각학사 겸 예부시랑을 지냈으나, 그 뒤 소주에 은거하면서 학문에만 열중했다. 전대흔, 조익과 함께 청대 고증사학의 대표적인 학자로 꼽힌다.

● 쟝 콕토(Jean Cocteau, 1889~1963): 프랑스의 시인이자 소설가, 극작가, 영화감독.

역과 베트남의 관계는 언제나 중요했다. 이러한 관계는 베트남의 지명들, 홍하 삼각주 남부의 주요 도시들의 이름에서 잘 드러난다. 다 낭(Da Nang)*은 참(Cham)이라는 지명의 베트남 표기인 듯한데, 이는 베트남 중부 지방에 있었던 옛 힌두교 왕국인 참파국(Champa)**을 가리킨다. 공식적으로 1975년 이래 호찌민시가 된 사이공은 아마도 크메르(Khmer)***의 한 지역명의 베트남어 표기일 것이다(물론 다른 이론들도 존재한다). 후에(Hue)는 오래전 베트남의 현(縣)이었던 투언 호아(Thuan Hoa, 順化)의 두 번째 음절을 외국인 무역상들이 잘못 발음한 데에서 유래되었다.

베트남이 유가적 관료제 외의 문명들에 대해 역사적으로 보여준 개방성의 정도는 단지 학자들만이 토론할 문제는 아니다. 이는 현재 베트남의 현안이 되고 있는 골칫거리, 즉 국가 정체성에 관한 인식의 문제이다. 여러 개의 베트남이 존재하는가, 아니면 하나의 베트남만이 존재하는가? 1991년 호찌민시의 사회과학자들은, 하노이 정부가 베트남 남부 지역에 강하게 남아 있는 동남아시아와 태평양 문화의 전통을 인정하지 않고 있으며, 남부 베트남에 거주하는 참족과 캄보디아인 중에서 지식인을 재창출하려는 노력이 부족하다고 비판했다. 이

---

* 베트남 꽝남다낭주의 주도이며 베트남 중부지역 최대의 상업도시이다.
** 2세기 말엽에서 17세기 말까지 현재의 베트남 중부에서 남부에 걸쳐 참족이 세운 나라였다. 참족은 예부터 인도의 영향을 많이 받았으며, 10세기 이후 중국에서 독립한 베트남 역대 왕조와 격렬한 항쟁을 되풀이하였으나 베트남인의 남진을 막지 못하여 점차 세력이 약해졌다. 그리하여 15세기에 제15왕조가 레 왕조와의 싸움에 패하여 비자야를 점령당하고 꽝남다낭성 이남도 대월의 보호령이 되어 옛 모습은 거의 사라졌다. 17세기 말 베트남인의 메콩 삼각주의 진출과 함께 남아있던 참족의 거점도 모두 베트남인에 점령당하여, 참파는 완전히 멸망했다.
*** 9세기에서 15세기까지 동남아시아에 존재한 왕국으로 현재 캄보디아의 원류가 된 나라이다. 중국에서는 진랍(眞臘)이라고 칭했다.

비판자들은 예전 베트남의 관료제는 그들을 동화시키려는 경향이 지나치게 강하다고 보았다. 또한 이러한 전통을 이어받은 북부의 공산주의자들은 1991년까지 남부 지역에 참파 크메르학 연구기관을 두지 않았다고 지적했다.[35]

이 세 중국식 관료제 사회는 유교뿐 아니라 대승불교(Mahayana Buddhism)를 공유하는 정치적, 종교적 세계를 이루고 있다. 한국과 북부 베트남 모두 기원전 2세기경에 한(漢) 제국의 식민지가 되었다. 이로부터 8세기가 지나서도 두 나라가 당(唐) 제국으로부터 벗어나기 전까지 당의 황제는 한국을 '안동(安東) 도호부(都護府)'로, 베트남을 '안남(安南)'도호부라는 명칭으로 알고 있었다. 한국과 베트남의 학생들은 20세기 인도의 지식인들이 런던을 그렇게 여긴 것처럼, 당 제국의 수도를 교육의 고향이라고 여겼다. 그 후 독립국이 되어서도 한국과 베트남 모두 한문을 사용하였고, 자신들의 고유한 문자체계로 이를 보완했다. 이 두 나라의 정치체계는 일반적으로 중국의 법률적 전통에 영향을 받은 혼합적인 법률들과 유가적 윤리, 특히 '삼강(三綱)'—중국어로는 산깡, 베트남어로는 땀 꾸엉 *77엉*(tam cuong)이라 발음하며 군주와 부모, 남편에 대해 신하와 자식, 부인이 복종해야 한다는 의미—으로 알려진 위계적 관계에 대한 윤리적 의무에 기반을 두었다.

좀 더 구체적으로, 늦어도 15세기경에는 베트남의 군주도 중국이나 한국과 같이 베트남의 중앙 행정기구를 육부(六部)를 중심으로 편제하여 정부를 이, 호, 예, 병, 형, 공부로 나누었다. 서울과 북경, 탕 롱(Thang Long, 昇龍) *의 육부는 서로 닮았는데, 이것의 유래는 기원전 221

---

* 현재의 하노이를 가리키며 11세기 초 리 왕조(1009~1225)가 성립되면서 다이 라 성을 수도로 삼고 이름을 탕 롱으로 바꿨다. 하노이(河內)라는 명칭은 1820년대에 붙여진 것이다.

년 진(秦) 제국의 통일 이전에 나온 정부의 조직에 대한 경전, 즉 『주
례』(周禮)에서 윤곽이 그려진 6개의 행정 부서까지 거슬러 올라갈 수
있다.[36] 또한 경전을 공유했던 전통은 공자와 관련된 도덕적 교훈을 지
닌 사실적 역사서술*에 대한 존경심과, 역사적 기억의 중앙집권화를
선호하는 성향을 공유한다는 것을 의미하기도 한다. 한국과 베트남
조정은, 예를 들어 중국에서 정부의 일들을 매일 기록하는 '실록(實錄)'
—중국어로는 스루, 베트남어로는 특 룩(thuc luc)이라고 발음한다—의
편찬 관행을 받아들였으며, 그것은 이후에 왕조사 편찬의 기반이 되
었다. 몰락하기 직전이었던 14세기의 고려 왕조(918~1392)가 '실록'을 만
들었고, 베트남의 남아 있는 가장 오래된 실록은 레 왕조(1428~1788)가
수립된 시기인 15세기에 만들어졌다.

　이러한 사실이 물론 베트남과 한국이 독립된 주체가 아니었음을 의
미하는 것은 결코 아니다. 이들이 공유했던 세계는 전 지구적인 맥락
속에서 살펴보아야 한다. 이들이 가진 국가의 구성 및 정치적 비판의
전략과 더불어 한-당 제국의 식민지의 유산 자체도 다원적이었다. 이
들은 여러 선택의 여지가 있는 복합적이고 어떤 경우에는 상반되기까
지 한 고대의 이상들을 포함하고 있었다. 베트남과 한국의 시각에서
볼 때, 이러한 이상과 그것의 선택은, 중국 한족이 그 소유권을 가지고
있다고 파악하고 있던 것들과는 관계없는 것이었다. 만약 강력했던 로
마 제국이 기원후 4세기에 극도로 쇠락하여 두 영역으로 분열되지 않
고 1,500년간 더 생존했다면, 근대 유럽 국가들의 역사는 좀 더 한국
과 베트남의 역사와 비슷하게 되었을 것이다. 즉, 하나의 제국 중심부

---

*　여기서 사실적 역사서술이란 『춘추』(春秋)를 가리킨다.

에서 창출된 정치적 영감이 주변에 지속적으로 영향을 준다는 점에서, 지금도 로마법은 여전히 근대 유럽 국가들에게 영향을 미치고 있으니 말이다. 게다가 유럽의 르네상스 시기까지 중국은 과학과 기술에서 세계의 선두에 있었다. 또한 세계에서 가장 큰 정치 단위체였던 중국의 정치적 역량은 다른 어떤 지역의 발전 수준보다도 뛰어났다. 만약 11세기에 지금처럼 세계적으로 효율적인 소통이 이루어졌다면, 오늘날 아시아의 지식인들이 미국의 비즈니스 스쿨이 설파하는 귀중한 정보들을 익히는 데 전념하듯 당시의 유럽인들은 중국의 정치, 경제이론들을 배울 수밖에 없었을 것이다. 신성로마제국*은 조직에 대한 사고에서 세계적 표준에 뒤떨어지지 않기 위해 최소한 한 개 이상의 왕안석(王安石, 1021~1086) 싱크탱크를 만들 필요가 있었을 것이다.

과거제와 유사한 제도는 중국에서 7세기경에 이미 존재했고, 한국에서는 8세기 말, 베트남에서는 11세기부터 존재했던 것으로 보인다. 과거제를 연구하는 현대의 역사가들은 그것이 중국의 세습적인 귀족세력의 쇠퇴를 가져온 원인인지, 아니면 쇠퇴의 결과인지를 놓고 혼란스러워한다. 몇 명의 저명한 20세기 중국인 역사가들은 당 제국 때 과거시험을 바탕으로 한 능력주의 사회가 처음 출현한 것에 대해, 지방의 호족들과 귀족세력을 견제하여 황제의 지위를 강화하기 위한 욕망에서 비롯되었다고 설명한다. 이러한 설명 공식에 따르면, 7세기 말의

• 962년 오토 1세가 황제로 대관할 때부터 프란츠 2세가 제위에서 물러나는 1806년까지에 걸쳐 독일의 국가 원수가 황제 칭호를 가졌던 시대의 독일제국의 정식명칭. 고대 로마제국의 연장이라고 여겨졌기 때문에 로마제국이라 했고, 또 고대 로마의 전통 보존자인 그리스도교회와 일체라는 뜻에서 신성이라는 말을 붙였다. 그러나 신성로마제국이라는 말이 쓰이기 시작한 것은 15세기부터이고, 그 이전에는 단순히 제국 또는 로마제국이라 불렀다.

측천무후(則天武后)는 자신의 정적인 산동(山東) 등의 지방 귀족세력에 맞설 수 있고, 자신에게 의지해야만 하는 '새로운 사회계층'을 창출하기 위하여 전시(殿試)와 '진사(進士)'—중국어로는 진스, 베트남어로는 띠엔 씨(tien si)—시험을 장려했다는 것이다. 나중에 이 두 시험제도는 한국과 베트남에서도 채택되었다.[37]

그러나 다시 한 번 세계사적 맥락에서 본다면, 이러한 설명이 부적합하다는 것을 알 수 있다. 단지 중국사의 관점에서만 본다면, 이러한 설명은 7세기 중국에서 귀족과 과거시험 지망생 간의 차이와, 과거를 통해 관직을 얻은 사람들의 수를 과장한 것일 수도 있다. 군주와 귀족들 간의 권력투쟁은 보편적인 현상이다. 그러나 산업화 이전 사회에서의 관료선발 시험제도는 동아시아에서만 독특하게 나타난 현상이었다. 1500년대나 1600년대 유럽 군주들의 경우, 군주가 자신의 정치세력을 강화하기 위해 취했던 대표적인 전략은 귀족의 지위를 부여하는 왕실의 임명장을 팔거나 국가에 대한 봉사의 대가로 귀족 지위를 부여함으로써 단순히 귀족계층을 확대시키는(또는 희석시켜버리는) 것이었다. 영국 스튜어트 왕조˙의 첫 번째 군주는 기사 작위를 그의 재위 초반 2년 동안 무려 3배나 증가시켰다. 스웨덴의 크리스티나(Christina) 여왕˚은 스웨덴 귀족가문의 숫자를 불과 10년 만에 두 배로 만들었다.[38]

˙ 스튜어트 가는 원래 노르만 왕조시대의 프랑스 귀족의 혈통을 계승한 명문으로 12세기부터 스코틀랜드에 정주하였고 1371년부터 왕가가 되었다. 16세기 중반 메리 스튜어트가 여왕이 되었으며, 그녀가 폐위된 뒤에는 외아들 제임스 6세가 뒤를 이었다. 1603년 영국왕 엘리자베스 1세가 죽고 더불어 어머니 메리 스튜어트가 영국왕 헨리 7세의 증손뻘이 된다는 명분 아래 영국의 왕으로 즉위하여 양국의 왕위를 겸하게 되었다. 영국왕으로서는 제임스 1세(1566~1625, 재위 1603~1625)가 스튜어트가의 첫 번째 영국왕이 되었으며 그는 왕권신수설을 신봉하여 전제정치를 행했다.

그렇기 때문에 훌륭하고 충성스러운 신하에게 종종 관작(官爵)을 내렸던 동아시아 관료제사회의 군주들은, 왜 크리스티나 여왕처럼 의도적으로 귀족계층을 늘리는 식으로만은 생존할 수 없었는지 의문이 생기게 된다. 과거시험이 출현하게 된 배경에는 그 이상의 무언가가 있었던 것이다.

서구에서의 정치적 근대의 시작으로 볼 수 있는 아테네 민주주의의 탄생은 단순히 그리스의 민주적 사상이 지닌 호소력만으로 생겨난 것이 아니라, 아테네 제국의 팽창에 따른 결과였다. 제국의 과업, 특히 해군의 야망과 관련된 과업은 기존의 아테네 과두정치세력을 제압하여 평민들과 권력을 나누도록 강요하는 것으로 나타났다.[39] 이와 비슷한 주장은 훨씬 더 큰 규모로 엄청난 정치적 통일의 위업을 달성한 중국에도 적용될 수 있을 것이다. 이처럼 광대한 정치체제를 통치하는 데 필요한 극히 위대한 사명감이나 통치 욕구, 그리고 엘리트 사이에서라도 일관성을 유지하는 데 따르는 크나큰 어려움은 순전히 세습적 권력으로는 감당할 수 없는 것이었다. 이에 따라 황제체제 이전의 동아시아에서 정치적 현자를 구하고자 하는 이상은 호소력을 갖게 되었으며, 이는 천천히 필기시험의 형태로 제도화되었다. 과거시험은 이처럼 광대한 공간에 걸쳐 정치적 애착의 새로운 행동 양식을 만들어냈는데 이는 필요불가결한 것이었다. 이러한 면은 현대 유럽연합

○ 크리스티나 여왕(Queen Alexandra Christina, 1626~1689, 재위 1632~1654): 구스타프 2세의 외동딸로 아버지가 죽자 6세의 나이로 왕위에 올랐다. 재상 옥센셰르나의 섭정시대를 거쳐 1644년 친정에 들어가자 국내 귀족세력을 누르고 30년 전쟁을 종식시켰으며 학예를 보호, 장려하였고 알카디아 아카데미를 창설하는 등 스톡홀름에 문화적인 황금시대를 가져왔다. 이후 왕위를 사촌오빠인 카를 10세에게 양위하고 가톨릭으로 개종하여 로마로 이주했다. 사교계에서 활약하며 루이 14세를 비롯한 유럽의 군주들과 교섭을 갖고 만년에는 오로지 학문, 예술에 몰두했다.

의 관료들이 부러워할 만한 것이었다.

　그러나 만약 지리적인 크기에 따른 정치학으로 이러한 상황을 설명하려 한다면, 한국과 베트남의 역사적 경험이 중국보다 훨씬 더 유리할 것이다. 중국의 성(省) 하나 정도의 크기를 지닌 베트남과 한국의 왕조들은 세습 권력에 의한 통치가 어려울 만큼 규모가 크지 않았다. 따라서 과거제의 기능적 필요성은 훨씬 작았다. 그렇기 때문에 한국과 베트남은 모두 능력주의 사회라는 정신적 매력과 사회적, 정치적 재봉건화의 유혹 사이에 매우 날카로운 대립이 존재하였고 또 그것을 해소해야만 했다.

　한국사는 이러한 면이 더 잘 부각된 사례이다. 오직 자기들끼리만 통혼을 하고 서민들과 분리된 마을이나 도시의 구역에서 생활하는 조선의 양반 사대부 가문은, 아주 불안정하고 봉록에 의지해야 했던 명·청의 학자 관료층과 비교한다면, 황제체제 이전인 주(周)의 봉건 귀족과 더 비슷한 모습을 지니고 있었다. 양반들의 권력은 조선의 왕들을 중국이나 심지어 베트남의 왕들보다 상징적인 차원에서 훨씬 겸허함을 유지하도록 만들었다. 조선의 가장 중요한 정치사상가 중 한 사람인 정약용(丁若鏞, 1762~1836)은, 왕을 단지 그가 장단을 제대로 맞추지 못하면 다른 무용수로 대체될 수도 있는 여러 무용수들 중 우두머리 무용수에 불과하다고 묘사하기까지 했다.[40] 마르티나 도이힐러(Martina Deuchler)는 '강한 귀족적 요소들'이 조선에서는 살아남은 반면에 중국에서는 그렇지 않았다고 하면서 이 둘의 '커다란 차이'를 설득력 있게 탐색해냈다. 조선 엘리트들의 경우, 신유학의 이념이 지닌 평등주의적인 함의를 축소시킴으로써 신유학 이념의 봉건적 측면을 세습 권력의 지지대로 사용하도록 하는 일이 권장되었다는 것이다.[41]

그럼에도 불구하고, 조선에서조차 봉건제를 새로운 형태로 다시 부활시키려 했던 시도는 아주 미진했다. 능력에 따른 성취라는 신념에 대한 매력은 여전히 시험을 통해 관직을 얻으려 경쟁해야 했던 양반 엘리트들 사이에 매우 강하게 남아 있었다. 중국이나 베트남과 달리 11세기에서 18세기 사이의 한국은, 마치 1860년대 이전의 미국 남부와 같이 인구의 3분의 1이 노예상태였다. 그러나 과거제는 적어도 고대 서구의 아리스토텔레스 식의 노예관, 즉 생래적으로 노예인 인간이 존재하고 이들에 대해서는 노예제가 그리 나쁘지 않으며 정당하다는 식의 의견이 확고하게 뿌리내릴 수 없도록 할 만큼 설득력을 얻고 있었다. 한국의 노예제가 마침내 쇠퇴하기 시작했을 때 개혁사상가였던 이익은, 노비들 중 과거시험에 응시하여 합격할 경우 그들을 모두 조정에서 책임지고 속량시켜주라고 주장했다.[42]

베트남의 사례—영국인들이 짐바브웨를 앞으로도 천년간 '로데시아(Rhodesia)'*라고 부르고자 했던 것처럼, 중국인들 또한 1800년대까지 베트남을 '안남(安南)'이라 부르기를 고집했다—는 더 작은 중국식 관료제 사회에서의 재봉건화의 유혹이 어떠했는지를 살펴볼 수 있는 또 다른 연구 대상이 되고 있다. 북쪽으로 압록강과 두만강을 따라 형성된 한국의 국경이 1400년대 초까지는 대체로 안정되어 있었던 것과는 대조적으로 베트남은 참, 크메르, 라오, 타이와의 길고 개방적인 국경을 가지고 있었다. 게다가 1802년까지도 국경이 완전히 확정되지 못한 상태였다. 국경이 허술한데다 토지소유권의 확립과 정착에 더욱

---

* 아프리카 대륙 남부에 있던 영국의 구식민지. 잠베지 강 이북을 북로데시아, 이남을 남로데시아로 불렀다. 1964년 전자가 잠비아로 독립하자 후자도 1980년에 짐바브웨로 독립했다. 원래 영국의 남아프리카 회사 설립자인 로즈(Rhodes, Cecil)의 이름에서 유래한 지명이다.

큰 어려움이 있었던 베트남에서는 조선의 양반과 같은 세습 권력층이 폭넓게 성장하기가 어려웠다. 1400년대 말경 베트남에서는 중국식으로 뚜렷한 형태를 갖춘 학자-관료층은 왕실의 귀족계층에 부속되어 있었던 소수의 재능 있는 평민 출신들의 숫자에도 못 미쳤던 것 같다. 그러나 동남아시아 지역의 다극화된 경쟁체제 속에서 베트남의 군주들은, 교육 받은 중국식 관료들이 지닌 이상과 도덕적인 자기 확신이 비유가적인 이웃들을 다루는 데 매력적인 무기가 되고 있음을 깨달았다. 14세기 베트남의 고위급 외교관인 도안 느 하이(段汝諧, Doan Nhu Hai, 1280~1335)는 힌두교국인 참파국의 왕 앞에서 고두(叩頭)하기를 거부함으로써 이후 청 제국에서 매카트니 경이 연출했던 상황을 미리 보여 주었던 것이다.*

1500년대 초와 1802년 사이의 베트남에서는 군주의 권위가 제한되어 있어서 명·청의 중국보다는 조선과 더 유사했다. 베트남의 레 왕조의 황제들은 이 시기 동안 확고부동한 양반 엘리트가 아니라 각각 북부와 남부 베트남—유럽에서는 이 두 지역을 '통킹'과 '코친차이나'라고 부른다—을 지배했던 찐(Trinh, 鄭), 응우옌(Nguyen, 阮)과 같은 지역의 세습적 영주들과 권력을 나누어 가져야 했다.** 이 시기 동안, 베트남 홍하 지역의 중국식 관료제는 두드러지게 해체되거나 내부적인 파열을 겪었다. 이 기간 동안 육부 가운데 과거제를 관장했던 예부(禮部)

---

* 1793년 조지 맥카트니 경이 이끄는 영국의 사절단이 건륭제를 만나고자 하였을 때, 삼궤구고의 예를 거부하여 전례상의 문제가 생긴 것을 말한다.
** 16세기 초부터 레 왕실의 권위는 명목상에 지나지 않게 되어 16세기 초에는 막(Mac, 莫)씨가 제위를 찬탈했고, 막씨가 쫓겨난 다음에는 일본의 도쿠가와 막부시대의 쇼군에 비견되는 쭈어라고 불렸던 찐씨와 응우옌씨에 의해 왕조는 남북분열 상태에 빠졌으며 레씨는 겨우 황제의 이름만 지켰다.

만이 공식적인 청사를 지킬 수 있었다. 나머지 5부는 각각 그 부서의 수장인 관료들의 사저를 사무실로 이용했는데, 이는 업무 기록이 사유화되고 있었음을 의미한다. 1718년 이후 찐의 영주는 심지어 '육번 (六番)'이라는 자기 소유의 개인 육부를 두기도 했다.* 베트남사를 연구한 저명한 한 일본인 학자는 이러한 변화 때문에 1800년 이전 시기의 일본과 베트남을 비교하는 연구가 필요하다고 보았다. 이 두 나라 모두 '이원적'인 정치체제, 즉 일본의 경우는 천황과 쇼군의 분리 통치, 베트남의 경우는 황제와 지방 영주인 쭈어(chua, 主)의 권력 분할이 있었다는 것이다.[43]

그러나 더 좋은 사례는 베트남과 한국 간의 비교에서 찾을 수 있다. 도쿠가와 쇼군은 내심 천황을 완전히 신도(神道)의 사제와 같이 대우해야 하며, 천황은 이세 신궁으로 이주하여야 한다고까지 마음먹기에 이르렀던 것으로 보인다.[44] 베트남의 군주는 중국의 군주와 마찬가지로 정치에서 완전히 이탈하여 윤리적이고 종교적인 영역으로 자리바꿈을 할 수는 없었다. 베트남의 지방 영주는 일본의 쇼군과 마찬가지로 강한 사적 동맹세력에 의존한 봉건적 지휘체계를 발전시키는 데 성공하지는 못했다. 일본보다 봉건적 형태의 충성심이 훨씬 제한적이었던 베트남의 경우, 과거시험에 기반을 둔 정체로서 지향했던 정신은 쉽게 소멸되지 않았다. 그 때문에 1500년대부터 1700년대까지의 북부와 남부 베트남의 지방 세습 영주들은, 과거제를 갖춘 정체 내에서의 두 구심점을 가진 제한적인 봉건제의 부활운동을 대표한다고 보는 것

• 찐 끄엉(鄭棡, 재위 1709~1729)은 재정개혁을 단행하고, 1718년 기존의 삼번을 육번으로 확대하여 육부가 관장하던 일을 이어받게 했다.

이 더욱 의미 있을 것이다. 이는 양반을 특징으로 하는, 제한적이나마 봉건제의 부활운동이 훨씬 활발하게 일어났던 조선에 비하면 정도가 크게 낮다고 하겠다.

그러나 현실에서의 실천과 감당하기 힘든 상징 사이의 틈새를 아우르는 데 실패했을 경우 이 '이원제'가 그것을 미봉해주었던 시대에서조차 능력주의 사회의 이상은 봉건제를 억제할 수 있는 잠재력을 잃지 않았다. 공공선을 이루기 위한 정부의 임무를 규정하고 귀족의 권리를 제약하기 위해 만들어진 중국식 관료제의 기제, 즉 임기 동안 관리들의 업무의 질을 평가하는 제도는 베트남 조정에서는 12세기 후반에 그 명칭이 처음 나타났다. 중국에서는 한(漢)대에 이 관료 고과제(考課制)를 처음으로 실시했다. 12세기 후반, 당시 베트남의 지배계층은 귀족이었다. 따라서 고과제는 비록 15년마다 한 번씩 시행되었지만, 정치적으로나 사회적으로 매우 불편하고 어색한 것이 아닐 수 없었다. 그럼에도 불구하고 베트남은 관료의 고과제 이론을 고수했다. 그 후 1400년대 말, 본질적으로 중국식 관료제와 근대 관료제적 관점에서 볼 때 베트남 식 국가 구성의 중요성을 담보해준 행정적 재정비가 있었다. 1471년 이후 베트남의 관료들은 15년에 한번이 아니라 3년마다 한 번씩 승진되거나 강등되는 평가를 받도록 되어 있었던 것 같다. 그리하여 이제는 정부차원에서, 관료들이 다스린 지역 농민의 '민심'이 측정되고 수치화되기에 이르렀는데, 그것은 얼마나 많은 농민들이 그들의 관할지역에서 도망쳤는지를 집계한 통계 보고서로 나타났다. 이와 같이 봉건적 충성의 윤리가 아니라, 임기에 따른 승진과 강등 내지는 업무 성과에 따른 상여금과 벌금 등의 장려책이 정치적 준봉(遵奉)의 기반이 되도록 원칙을 정했던 것이다. 이 원칙은 1500년과 1800년 사이 베트남에서 다시 녹슬기 시작했다. 하지만 완전히 파괴되지는 않았다. 능력이라는 관념의 배후에 역사적 희원(vision)이 숨어 있었던 것이다. 가신정치(clientelism)는 능력주의와 경쟁이 될 수 없기 마련이었다.

이러한 결과로, 19세기 베트남의 위대한 사상가인 판 후이 쭈(Phan Huy Chu, 潘輝注)*는 1809년에서 1819년에 걸쳐 집필한 베트남 역사와 그 정치적 논평을 담은 중요한 편람 책자에서 다소 산만한 느낌은 있지만, 어떤 특정한 왕조나 군주의 영향을 거의 받지 않은 관직과 법률의 객관적인 구조를 탐색함으로써 베트남 정치사 전체를 조망하고 있다. 이러한 객관적 구조에 생기를 부여했던 것은, 누구나 느낄 수 있을 정도로 업무 능력을 공정하게 평가할 수 있을 뿐 아니라 인사고과의 적절한 주기를 정하여 관료의 부패를 막을 수 있는 행정적 임기 통제의 이상적 표준(15년, 9년, 3년)을 찾아내기 위한 기나긴 노력이었다.[45] 이 같은 정치적 서술들이 보통 그렇듯 이 책 역시도 실천적 요소는 없지만, 그것의 탐색을 위한 노력은 멈출 수 없는 것이었다.

좋은 정부의 기준을 사회적 태생이 아니라, 일정 기간의 업무 성과의 평가에 두려고 노력하는 사회는 이미 근대사회로 성큼 다가섰다고 볼 수 있을 것이다. 근대사회에서의 통치 형태는 사적인 관계를 배제하고 있기 때문이다. 이미 중국과 한국의 정치에 정착되어 있던 선례를 따라 베트남에서도 지금부터 6세기 전에, 통치의 심리적 기반이 때 이르게 나타났다. 오늘날의 예를 들면, 현대의 대학에서 주기적으로 시한을 정해놓은 임기와 승진, 그리고 기업체에서 적절한 시기에 승진과 스톡옵션을 부여하는 것과 유사한 것이라 할 수 있겠다. 13세기 유

---

* 판 후이 쭈(Phan Huy Chu, 潘輝注, 1782~1840): 『역조헌장류지』(歷朝憲章類志)등을 지었다

럼에서부터 상인들이 사용한 인간 기준의 시간 척도가 신의 시간을 대체하기 시작했다는 말이 있다.[46] 여기에는, 중국식 관료제에서 시작된 관료제적 시간이 자연적 시간을 대체했다는 점도 더해질 수 있을 것이다. 물론 중국식 관료제의 다원성, 그리고 봉건제로 다시 되돌아가는 것이 현실적인 선택인 것처럼 여겨질 정도로 규모가 작은 베트남과 조선의 정체 속에서의 시간도 포함된다. 20세기 베트남의 선동가들은 대중적인 신문에 실은 '베트남의 혼(魂)'이라는 기사에서, 기존의 베트남의 '나(또이, toi)'라는 단어가 유럽 언어의 '나(I)' 또는 자신(self)을 가리키는 단어들과는 달리 개인주의적인 의미가 들어 있지 않다고 자랑했다. 베트남의 '나'는 순수하게 군주와 백성의 '종복' 개념이라는 것이다.[47] 그러나 베트남에서는 몇 세기 동안이나 개인주의적인 관료의 '자아'도 수용하고 있었다. 즉, 관료의 행위는 행정적인 시간 주기의 틀 속에서 이루어졌고, 그러한 관료의 자아는 종족과 촌락의 단결을 위한 이상화된 공동체적 자아와 완전히 일치하지는 않았다. 중국식 관료제사회에서는 능력 위주의 개인적 자아와 봉건적인 공동체적 자아가 정치적으로 동시에 공존했던 것이다. 이 두 자아는 서로 모순되어 보이지만, 또한 창조적 자아의식의 원천이기도 했다.

동아시아는 몇 시인가?

역사를 효율적으로 비교하는 데는 시간 관리라는 개념이 중요한 시금석이 된다. 세계사의 서술에 있어서 중국과 한국, 베트남에서 부분적으로나마 봉건제 이후의 관료제적 엘리트가 오랫동안 존재했다는 것을 인정할 때 부딪치게 되는 문제는 역사적 시간을 재구성하는 것과 관련이 있다. 세계사가 더 복잡해질수록, 세계사에서 시간이 겹치는 부분을 제대로 이해하는 것 역시 복잡한 층위를 가지게 될 것이다.[48] 어떤 철학자들은 시간의 문제가 형이상학에서 가장 난해한 것이라고 주장한다. 그렇다면, 시간의 문제는 역사가에게도 가장 어려운 문제가 될 것이다. 세바스챤 콘래드(Sebastian Conrad)는 최근에, 전후의 일본에서 역사적 시간이 인습에서 벗어나는 과정을 서술한 중요한 논문을 발표했는데, 그 제목이 '일본은 몇 시인가?'였다.[49] 콘래드의 논문 제목은 세 중국식 관료제사회에 폭넓게 적용할 만한, 다음과 같은 훌륭한 질문도 담고 있다. "동아시아는 몇 시인가?"

동아시아의 과거제는, 그것의 소산인 중국식 관료제처럼 서구의 역사에서 아주 다른 두 시기에 발전해왔던 여러 가지 특징들을 구체화하고 서로 결합시키는 것처럼 보인다. 중국식 관료제의 과거시험은 그 커리큘럼이란 면에서는 서구에서 산업화 이전 시기의 귀족제식 고전교육과 흡사하다. 지능검사와 적성검사, 심리검사와 같은 현대 서구의 가변적인 공무원 시험과는 거리가 먼 것이다.

한편, 과거시험은 산업화와 후기 산업화시대의 서구사회가 가지고 있는 공무원 임용 기준들을 인상적인 몇몇 방식으로 미리 보여주고 있다. 과거제에서는 관직을 얻기 위한 공개적이고 시험에 근거한 경쟁을 신성시했으며, 특별한 인연이나 편파적인 인사는 엄격히 배제되었다. 심지어 시험장을 무장한 채로 순시하고, 채점관이 응시자의 이름을 보지 못하도록 한 예방책은 오늘날 서구에서조차도 그다지 발달하지 못한 것이었다. 게다가 시험의 수준과 관직의 유형 사이에도 분명한 관계가 확립되어 있었다. 그리고 응시에 불리한 소수자들도 참여할 수 있도록 차별 완화 조치를 적용하였다(여성은 제외). 국경 지역의 학생들에게 향시에서 시를 짓는 시험을 이해하는 데 필요한 '중원(中原)'의 성률(聲律)을 익힐 때까지 30년간의 유예기간을 주었던 청의 1777년의 조치, 또는 소수민족 출신에게 과거를 준비할 수 있는 학교에 들어갈 수 있는 특별 허가를 내준 1800년대 베트남의 예가 그러한 것들이다.

막스 베버는 동아시아에서 벌어진 이와 같은 명백히 혼란스런 양상을 직면하고는 주춤거렸다. 아니 오히려 그는 보고 싶은 것만 보고, 보고 싶지 않은 것은 보지 않았다. 유가의 학자-관료층에 대해 서술하면서 베버는 황제체제의 중국을 세습 신분 의식이 있는 봉건 시기의 유럽과 차별화했다. 그는 중국에서는 직위를 모르는 낯선 이의 정체를 물을 때, 유럽에서처럼 얼마나 많은 조상들이 어떤 사회적 지위를 가졌는지를 묻지 않고 얼마나 많은 시험을 통과했는지를 묻는다고 쓰고 있다. 베버가 이를 쓸 당시에, 독일어권 세계에서는 고위 귀족층에서 융커 젠트리(Junker gentry)계층*에 이르기까지 여전히 강한 봉건적 후광이 보존되어 있었다. 프러시아에서는 1914년까지도 지방장관의 83퍼센트는 여전히 귀족 태생이었다.[50] 그러나 같은 이야기를 하면서, 베버는 엉뚱하게도 중국 간관(諫官)들의 관료 탄핵제도를 근대적 관료

---

* 프로이센과 동부 독일의 지주계층으로 독일제국(1871~1918)과 바이마르 공화국(1919~1933) 시대에 상당한 정치권력을 행사했다. 1871~1890년 제국 총리였던 오토 폰 비스마르크 자신도 융커 출신이었으며 처음에는 융커계층의 이익을 대변하는 인물로 간주되었다. 정치적으로 융커는 극단적인 보수주의를 대변하며, 군주제 및 군사적 전통을 옹호하고, 농업 보호주의 정책을 지지했다. 19세기 독일 제국의 창건은 융커를 중심으로 이루어졌으며, 융커는 제국의 고급관리, 장교의 지위를 독점하여 꺾일 수 없는 파벌을 형성했다. 그 세력은 독일혁명 뒤에도 은연중에 유지되었으나, 제2차 세계대전 뒤 소련군의 점령으로 괴멸되었다.

제의 내부감찰제도가 아니라, 중세 유럽의 가톨릭 성직자가 죄의 고해를 강요했던 제도와 비교하고 있다.[51] 매우 종교적이고 근대와는 동떨어진 것에 비교했던 것이다. 베버에게 중국식 관료제는 근대의 시간 속에 포함되기도 하고 벗어나 있기도 한 것이었다. 중국식 관료제는 이중적인 존재, 또는 에른스트 칸토로비치(Ernst Kantorowicz)*의 오래된 용어를 빌리면, 그 성향은 더러 근대적이지만 본질적으로는 어디까지나 비근대적인 '이중적 진실'의 좋은 예가 되었던 것이다.

물론 이와 같은 시간의 착종은 과거시험과 세습 신분 간의 문제를 넘어선 것이다. 사실 중국식 관료제사회에서 신분의 상향 이동은 중국과 베트남에서도 제한적이었고, 한국에서는 더욱 더 제한적이었다. 그 무렵 형식적으로는 더욱 봉건적인 사회였던 유럽에서조차 울시(Wolsey)**나 마자랭(Mazarin)*** 또는 리슐리외(Richelieu)°와 같은 성직자에게는 신분의 상향 이동 가능성이 더 많았다. 이보다 더욱 중요한 문

• 에른스트 칸토로비치(Ernst Kantorowicz, 1895~1963): 독일의 유태계 중세사학자이다. 『왕의 두 육신』이라는 저작이 유명하다.

•• 토머스 울시(Thomas Wolsey, c. 1471~1530): 영국 입스위쉬에서 태어났다. 그의 아버지가 백정이었다는 이야기도 있으나, 정확하지는 않다. 옥스퍼드 대학에서 신학을 공부하고 성직자가 되었다. 1509년 헨리 8세가 영국의 왕이 되었을 시, 왕의 구휼청 관리(almoner)가 되었고, 점차 세력을 확장하여 국가의 거의 모든 일에 전권을 행사하는 위치에 올랐으며, 교회에서도 막강한 권력을 지니게 되었다. 또 다른 왕(alter rex)으로 지칭될 만큼 막강한 세력을 지녔었다.

••• 마자랭(Jules Mazarin, 1602~1661): 이탈리아의 페스치나에서 태어난 프랑스계 이탈리아인으로서 추기경을 지냈으며 외교관이자 정치가로 활동했다. 1642년부터 사망할 때까지 프랑스의 재상을 맡아 리슐리외를 이어 부르봉 왕조의 절대주의를 완성하는 데 많은 공헌을 했다. 그의 아버지는 공증인이었으나, 콜로나 가의 시종이 되었고, 이러한 콜로나 가와의 관계는 마자랭의 성공에 많은 도움을 주었다. 로마의 예수회 학원을 졸업하고 에스파냐의 마드리드 대학에서 공부했다. 로마 교황의 특별사절로 파리에 머물던 중 루이 13세의 재상 리슐리외에게 발탁되었고, 1639년 프랑스에 귀화하였으며 1642년 리슐리외의 사망 이후 루이 13세의 왕비 안 도트리슈의 신뢰를 받았다. 이듬해 루이 13세가 사망하자 모후가 섭정을 하게 되면서 재상으로 임명되었다.

제는, 정치적으로 유용한지 아닌지를 규정하는 근거로서 뚜렷하게 봉건제 이후의 형태로 발전한 것 그리고 봉건 이후의 형태들에 수반하기도 하는 비판적 자아의식이라는 특이한 능력의 발전을 동서양의 역사에서 서로 비교해보는 것이다. 베버는, 전통적인 동아시아의 용어를 사용하면, 그 자신이 탐색하고자 하는 관료제세계 외부에 있는 '산림지사(山林之士)'와 같은 입장이라고 할 수 있다. 따라서 베버 같은 사람의 글보다는 동아시아의 전근대적 관료제의 출현에 대해 논의하는 글들에서 이 역사 비교의 문제가 훨씬 더 명확히 드러날 수 있을 것이다. 이와는 대조적으로, 19세기 말까지 중국인들이 벌여왔던 능력주의 사회에 대한 토론—즉 도덕적으로 오류를 잘 범하는 사람들을 우리의 통치자로 삼아야 할 필요성에 대한 칸트철학의 문제를 행정적인 면으로 환치시킨 논의들—은 그로부터 12세기 이전에 이미 6부로 구성된 정부기관 중 첫 번째 기구인 이부(吏部)에 관해 관료제 내부에서 벌인 비판적인 논의만으로도 충분히 이루어질 수 있었다.

극히 이른 시기에 나온 이러한 논의는 과연 무엇을 보여주는 것일까? 7세기의 당 제국은 19세기 초의 영국이 완전히 민주주의적이지는 않았던 것만큼이나 완전한 능력주의 사회는 아니었다. 그러나 적어도 민주주의라는 관념이 이미 19세기 초 영국의 정치에 밀접하게 결부되어 있었듯이, 그 정도로 당나라 시기의 중국의 정치에서도 이미 세계

○   아르망 리슐리외(Armand Jean du Richelieu, 1585~1642): 프랑스의 파리 출생의 정치가로 귀족가문에서 태어났으나 5세에 아버지를 잃었다. 파리 대학에서 신학을 배우고, 1606년 서부 해안의 뤼송 주교로 임명되었다. 루이 13세의 모후이며 섭정인 마리 드 메데시스에게 발탁되어 왕실 고문관이 되었으나 루이 13세와 긴밀한 관계를 맺자 마리와 대립했다. 그를 제거하려던 마리는 왕에 의해 숙청되고, 이후 재상의 지위를 인정받아 책임관료제를 수립하여, 왕권의 위력이 전국에 스며들도록 했다.

사적 '세 번째 혁명'—봉건제 이후의 직업 관료제의 출현—과 같은 관념이 영향력을 갖기 시작했다. 사실 7세기 말에 사회적 기반이 없는 직업 관료제에 불안을 느낀 당의 이부의 한 고위 관료는, 이 중국판 제3혁명의 싹을 중단시킬 것을 제안했다. 정부 관료들을 선발하는 권한이 각 지방의 실력자들에게 분산되어 있었던 주(周)-한(漢) 시기의 체제로 돌아감으로써 새로이 봉건적인 기준을 채택할 것을 제안했던 것이다. 당의 관료들은 귀족제 이후의 정부에 어떠한 위험요소들이 부상하고 있는지를 유창하게 지적했다. 개인적으로 관료 지망생들을 알고 있는 고위 지방장관들에게 관리의 임용을 맡기는 대신, 업무가 지나치게 과다한 이부에 너무 의존해야 한다는 점도 이러한 위험요소의 하나였다. 게다가 실제로는 그렇지 못함에도 불구하고 시험 중에는 덕성을 갖춘 것처럼 꾸미는 것이 가능한, 필요 이상의 많은 과거 응시생들이 관직을 위해 시장과 같은 경쟁을 벌인다는 점도 포함되었다. 그리고 응시생들의 평소 행동을 개인적으로 알고 있는 것보다 그들이 쓴 답안을 가지고 판단해야 하는 기준의 변화도 그 중의 하나였다.[52]

이러한 제안이 흥미로운 점은, 중국이 대체로 귀족제에 머물러 있을 때조차도 그 제안자는 행정적인 실용성이라는 언어의 틀을 가지고 신봉건제의 장점을 제시해야만 했다는 점에 있다. 그는 세습적 특권이 자연적인 덕성을 지니고 있다는 말로 그러한 장점을 거론할 수는 없었던 것이 분명하다. 18세기까지도 에드먼드 버크(Edmund Burke)*와 같은

---

* 에드먼드 버크(Edmund Burke, 1729~1797): 더블린 출생의 영국 정치가이자 정치사상가였다. 트리니티 대학에서 공부했으며 1766년에 하원의원이 되었다. 조지 3세의 독재경향과 아메리카 식민지에 대한 과세에 반대했고 당시 벵골 총독 헤이스팅스를 탄핵했다. 웅변가로서 정의와 자유를 고취했으며, 영국 보수주의의 대표적 이론가로 명성을 떨쳤다. 1790년, 『프랑스혁명에 대한 고찰』을 써서 혁명의 과격화를 경고했다.

유럽의 주요 인물은, 세습적 정치권력이 폭넓게 분산되어 있는 귀족제의 본질은 자연적 원리이며 그것이 오래도록 존재해온 것이 정당성을 입증해준다고 주장했다. 하지만 버크보다 11세기나 앞서, 중국에서는 이러한 고풍스런 정치이론은 그 근거조차 사라져버렸다. 봉건제의 옹호자들은 정치권력을 제한적이나마 재봉건화하자는 주장을 펼 때, 권력 분산의 형태를 내세워 온건하게 처리하는 것이 아니라, 소위 행정의 확대에 따른 비용을 내세우는 식의 계산된 공포를 이용하는 등 버크보다는 더욱 근대적인 표현으로 그 주장을 합리화해야만 했다.

동아시아에서 이러한 식의 정치적 언어가 일찍이 출현했다는 것은 더욱 폭넓게 재구성한 근대성의 역사가 필요하다는 것을 가리킨다. 물론 훨씬 더 극단적인 대안도 있다. 조르주 뱅코(Georges Benko, 1953~2009)가 정리해놓은 대로, 근대라는 관념은 그 자체가 실제로 공허한 개념임을 입증하는 실패한 개념이자, 결코 자율적인 인식론적 대상이 되었던 적이 없는 용어라고 규정하여 거부하는 방법이다.[53] 그러나 지적인 참조를 위해 르네상스의 사상가들이 이상적인 커먼웰스(commonwealth)˙의 기준에 대한 토론을 피할 수 없었던 것처럼, 우리도 또한 근대의 역사적 기준에 대한 토론을 회피할 수는 없을 것이다. 여

˙ 중세 영어에 기원을 둔 이 말은 common(공통의, 일반의)과 wealth(부, 재)가 결합한 말로서 '공통선(共通善)'이나 '일반적 이익' 또는 '공공의 복지'를 의미했다(이 의미에서는 commonweal과 호환적으로 이용되었다). 16세기 이후에는 라틴어의 레스 푸블리카(res publica)나 키비타스(civitas)와 동일한 의미의 단어로서 일반적으로 '국가'를 의미하는 말로서 사용되었는데 이 경우, 고대·중세의 전통적인 공화주의와 입헌주의의 국가관을 함의하고 있으며 키케로(Marcus Tullius Cicero)가 레스 푸블리카에 대해서 정의한 바와 같이 공통선을 목적으로 하고 법에 의한 지배에 기초한 국가를 의미했다. 또한 특히 인민주권의 국가 또는 공화정의 국가를 의미하는 경우도 있었다.

기에는 단지 논란의 소지가 있는 인식론적 대상뿐만 아니라 세계적인 사회계층의 문제도 존재한다. 교육을 통해 자신을 발전시킬 수 있다고 하는, 더 나은 기술과 희망이 이 세상 어디엔가 존재한다는 것을 자각하고 있는 비서구 사회의 농민이라면, 아마도 근대가 실패한 개념이라는 데 찬성하지 않을 것이다.

현재 대다수의 아시아 지식인들은 유럽 중심적인 근대의 '대운하(Big Ditch)' 이론을 의심 없이 받아들일 것이다. 이 이론은 근대성의 기원 대부분을 1600년 이후 서구에서 가속화된 과학, 기술의 발견에서 찾고 있다. 이는 지식을 창출하는 방법이 기하급수적으로 증가하고 그러한 지식의 증대가 인간사회의 정치와 사회제도에 대해 야기하는 부자연스러움을 말한다. 예를 들어 캉유웨이(康有爲, 1858~1927)가 1895년 봄에 내놓은 '대운하' 이론에 대한 기묘한 묘사는 아시아가 일찍이 그와 같은 발상을 받아들인 이정표가 되고 있다.[54] 그는 영국의 영웅 프란시스 베이컨(Francis Bacon, 1561~1626)은 과학적 지혜의 증대를 통해 새로운 지혜의 능력을 갖춤으로써 서구세계를 교황청의 '몽매함'과 이슬람의 공격으로부터 구출했다는 점을 북경의 조정에 알렸다. 지식의 증대를 지향하는 '대운하' 이론의 까다로운 이행 목록을 포괄하면서도, 근대성과 빈번하게 관련되는 서로 다른 역사적 영역을 모두 수용할 수 있는 시간의 구조체를 창출해내기란 어려운 일이다. 유럽의 역사가들 사이에서 12~13세기 또는 16~17세기에 발달되었다고 하는 등 다양한 견해가 있는 개인주의의 발달에 관해서는 어떨까? 또는 세습적인 장원의 몰락, 신이나 종교와 그다지 연관이 없는 합리적 의지력의 소산으로서의 정치제도의 창출, 혹은 정치제도의 인위성과 조작성에 대한 높은 의식 수준을 가진 정치적 비판의 출현에 대해서는?

세계적 차원의 역사적 시간에 대하여 논의할 수 있는 전문용어가 포스트식민주의 방식으로 이제 막 발달하기 시작하고 있는 시기에도, "아시아는 몇 시인가?"라는 질문은 여전히 이탈리아의 인문주의에 기원을 둔 서구의 도식을 참고하여 물을 수밖에 없는 실정이다. 역사를 '고대', '중세', '근대'의 시기로 구분하는 도식은 서구에서조차 19세기까지는 완전히 받아들여지지 않았다. 이를 비판하는 서구인들은 지금도 이러한 도식이 서구 학계에서 '족쇄'처럼 작용하고 있다고 불만을 터트린다. 이러한 도식화는 어떻게 역사학과가 구성될지를 결정한다. 그리고 1800년대의 서구에서 대중화된 진보주의적, 진화론적, 물질주의적 이론의 변화 역시 이 같은 도식의 일부로서 그럭저럭 20세기의 살벌함 속에서 우리들이 생존할 수 있는 묘책을 제공해왔다. 이러한 도식화의 케케묵은 낙관주의는 비록 1914년부터는 그 기세가 누그러지기는 했지만, 여전히 세계사 교과서에 지대한 영향을 끼쳤다. 움베르토 에코(Umberto Eco, 1932~)와 같은 비평가는 더욱 강한 비판을 하고 있다. 이 도식화의 산물인 '축적 가능한 진보'라는 발상은 '근대 문명의 큰 오류'라는 것이다.[55] 자연과학이나 사회과학에서는 비선형 (非線形) 이론이 많지 않은데, 그것은 그 분야의 미성숙을 반영하는 것으로 보인다.

그러나 곧 다가올 미래에 있어 비서구사회의 창조적인 동력을 찾는 포스트식민주의 연구는, 직선 모양으로 흐르는 시간의 도식을 전면적으로 거부하기 보다는, 그 도식에서 식민 지배의 요소를 제거하고 종족 차별의 수단으로 이용당하는 것을 종결시킴으로써 더욱 큰 공헌을 하게 될 것이다. 중국식 관료제의 역사는 이러한 작업을 해야만 할 객관적 정당성을 부여해준다. 이러한 일이 심리적으로 필요하다는 것은 명백하다. 이탈리아의 인문주의자들이 오늘날 중국과 베트남에서 보이는 그 도식이 가진 정치적 초현실성을 알게 된다면, 그리고 시간이 직선 모양으로 흐른다는 발상이 그들의 구원받고자 하는 열망과 연결되어 있다는 사실을 알게 된다면 크게 놀랄 것이다.[56]

세바스찬 콘래드는, 시대에 뒤떨어진 것처럼 보이는 유럽의 '족쇄'와 같은 그 도식이 어떻게 전후 일본에서 근대성의 대안들을 상상하는 데 활용됨으로써 심리적으로 지분을 획득하여 갈 수 있었는지를 보여주었다. 일본의 역사가들은 그 도식을 사용함으로써, 전쟁 이전의 극단적 민족주의자들이 군사적 팽창을 정당화하려고 천황권에 근거하여 이용한 주장, 즉 일본은 연대기적 시간 배열에서 제외된다는 예외주의적 시각으로부터 벗어날 수 있었다. 이러한 도식은 민족적, 종교적인 차이를 시간의 단계로 환치함으로써, 근대란 누구에게나 접근 가능하다는 전망을 유지해주었다. 따라서 서구사회가 이 도식을 '해석학적으로 선점'한 것은 아무런 해가 되지 않았다.[57]

이와 같은 가능성들을 바탕으로, 역사 발전에 대한 시대착오적이고 유럽 중심적인 이 도식은 비록 진정한 체제를 갖추지는 못했지만, 전 세계적인 분석의 관습으로는 공유되었다. 살바도르 달리가 그린, 축 늘어진 시계들처럼 이 같은 '족쇄'에는 유연성이 숨겨져 있다. 그러나 만약, 우리가 습관적으로 '근대'라는 딱지를 붙이는 창조성의 여러 모습에 대해 부적절하고 편협하게 이해하는 데서 벗어날 수 있다면, 그 근대의 수많은 형태들, 즉 아테네 민주주의, 로마법, 동아시아의 중국식 관료제 등은 자본주의와 산업화의 시간표와는 무관하게 발달할 수 있었다는 것을 받아들일 수 있을 것이다. 그러나 이 '족쇄'를 지나치게 근본주의적으로 이용한다면 근대의 정치적, 경제적 추론 중 어떤 것들은 암스테르담의 증권거래소나 계몽주의자들의 살롱에서 시작된 것이 아니라는 사실을 인정하기 어려울 것이다.

서구와 동아시아의 정치적 경험과 그 분석

최근에 세계사를 쓴 한 저자는 경제학에서 정치학으로 그의 관점을 옮긴 후, '세계사의 진행 과정'은 '공공 기반시설'과 '기반시설의 기술'이 꾸준히 증가하면서 권력자와 인간 사회에 두루 유용하게 되었다는 것을 주된 논의로 삼았다고 했다. 그보다 뛰어난 또 다른 세계사학자는 인간의 승리에 따르는 비애에 주안점을 두어, 직선적 발전의 이야기는 누군가가 생산의 효율성과 사회적 통제를 통해 얻는 이득이며, 인간의 취약성의 증가도 이에 필적되어 나타난다고 단정했다.[58] 만약 '재앙의 관리'에 대한 연구나, 또는 적어도 성취만큼 축적되는 부작용에 대한 연구를 근대에 관한 연구에 포함시킨다고 가정해 보자. 이 경우 동아시아의 관료제사회는, 오래 전에 사라진 세습 권력에 비해 능력주의 사회를 지향하는 것이 더 안정적일지 아닐지, 더 부패할지 아닐지를 검토하기 위한 흥미로운 기회를 제공하고 있다. 우리는 서구와 동아시아의 정치적 경험의 차이보다는 그 경험의 공통 요소를 살펴보라는 빈 웡(R. Bin Wong)의 현명한 충고를 무시해서는 안 될 것이다.[59]

그러한 공통 요소의 하나는 정치적 경험의 척도가 변화한다는 것과 그 효과에 관련된 것이다. 19세기 중엽 중국의 유명한 경세사상가인 왕백심(王柏心)은 중국 정치사에 대해, 그것이 다양한 형태로 인간의 능력을 검증하는 방법과 그 방법들이 초래한 반응들로 파악할 수 있었다. 그는 재능의 승인이라는 문제를 놓고 대조적인 입장을 취하는 두 시기로 역사를 구분했다. 첫 번째는 당나라 이전 시기로서 관료의 수가 적었고 관료의 임용에 유연한 입장이었으며, 관료들이 얼마나 해당 직위에 잘 들어맞는지를 신중하게 고려했고 관료들의 행정 경험의 가시성에 집착했다. 두 번째는 당나라에서 비롯되는 시기인데, 정부가 거대해지자 능력은 점점 비가시적인 것으로 변화하였고, 문서가 직접적인 경험을 대체하는 경향이 짙어져 갔을 때였다.[60] 왕백심과 거의 동시대의 유럽인인, 1830년에 사망한 벤자민 콩스탕(Benjamin Constant)˙의 유명한 저작도 이와 매우 유사한 성격을 지니고 있다. 콩스탕은 유럽의 역사를 고대적 자유와 근대적 자유 둘 사이의 대립으로 파악했다. 규모가 작은 고대의 공화정에서는 비록 정부가 시민의 사적 자유를 희생시켰을지라도 개인의 정치 참여는 추상적이지 않은, 실제적인 것일 수 있었다. 그러나 더욱 거대하고 복잡한 근대의 정체들에서는, 다른 사람을 대표로 내세워야만 하는 개인은 사적 행복의 영역에서는 보상을 받지만 정치의 능동적인 부분에서 가상적인 부분으로 옮겨가야 했다.

○ 왕백심(王柏心, 1799~1873): 만청(晚淸)의 유명한 시인이자 서화가, 교육가, 하수 치리 전문가였다. 저서로는 『자수시초』(子壽詩抄), 『나주근고』(螺洲近稿), 『도강삼의』(導江三議), 『백주당집』(百柱棠集), 『나주문집』(螺州文集), 『황강현지』(黃岡縣志), 『동호현지』(東湖縣志), 『의창부지』(宜昌府志), 『한양현지』(漢陽縣志), 『당양현지』(唐陽縣志), 『임상현지』(臨湘縣志), 『감리현지』(監利縣志) 등이 있다.

● 벤자민 콩스탕(Henri-Benjamin Constant de Rebecque, 1767~1830): 스위스에서 태어난 프랑스 귀족. 영국의 옥스퍼드 대학, 에든버러 대학과 독일에서 공부했다. 소설가이자 정치가. 한때 나폴레옹 아래에서 호민관을 지내기도 했으며, 자유주의적인 입헌왕정주의자였다. 심리소설의 원형으로 불리는 『아돌프』로 유명하다. 『헌정론』(1818) 등의 저작이 있다.

콩스탕이 대비시킨 두 가지 유형의 자유와 왕백심이 대비시킨 두 가지 유형의 능력주의 사회는 모두, 정치제도가 규모 면에서 어느 정도 성장했을 때 정치에 대한 직접적인 경험이 축소된다는 사실과 관련된다는 공통성을 지닌다. 콩스탕은 정체가 팽창했을 때 자유와 정치적 대리의 본질이 변화한다는 것에 우려를 표명했는데, 아시아적 사고는 이 문제에서는 깊이를 결여하고 있었다. 왕백심은 정체가 팽창했을 때 재능 있는 사람들의 임용과 그 재능의 측정이 가진 본질이 변화한다는 것에 우려를 표했는데, 서구적 사고는 이 문제에서 깊이를 결여하고 있었다. 그러나 이 둘 모두 정치적 경험이 능동적인 것에서 가상적 또는 추상적인 형태로 전환한다는 것을 탐색하기 위한 대조적인 유형화의 모델로 이용되었다. 이 두 문명 모두 국가 기구의 기술적 복잡성이 전통적인 사회적 자산을 능가했을 때, 잘못된 방향으로 나아가는데 대한 공포감이 엄습했던 것이다. 이러한 공통점들을 본다면, 만약 우리가 과거 수천 년의 세계사를 위한 은하계 박물관을 아직 책임감 있게 짓지 못했더라도, 그와 같은 박물관이 기념했으면 좋을 만한 인류의 노력이 무엇인지 토론하기 위해 은하계 공통언어 같은 것을 발명할 필요는 없을 것이다.

2 장

능력주의 사회의
이면

정치의 발전에 대한 이해에서 다양한 유형의 정치적 변화에 수반되는 위험요인이나 부작용을 무시할 수는 없다. 이는 그러한 변화를 관리하는 사람들에게는 도전이 되기 때문이다. 1860년대에 스위스 역사가, 야콥 부르크하르트(Jacob Burckhardt)[•]는, 15세기의 플로렌스에 대해 '세계 최초의 근대 국가라는 이름'을 가질 만하다고 하면서 근대는 이탈리아의 르네상스에서 시작되었다고 주장했다. 그러나 한편으로 그는 당시 이탈리아에 나타났다고 여겨지는 근대성의 어두운 측면의 목록을 만들만큼 주도면밀했다. 철학이 종교에 승리한 이탈리아에서는 전쟁을 합리적으로 다루게 되었지만, 오히려 이는 최악의 잔인성

• 야콥 부르크하르트(Jacob Burckhardt, 1818~1897): 스위스의 역사가. 처음에는 신학을 공부하다 역사, 미술로 방향을 전환하여 1839년 베를린 대학에서 랑케에게 역사학을 배웠다. 또한 독일, 이탈리아의 미술을 연구하여 바젤 대학에서 사학, 미술사 교수로 재직하였다. 그의 대표작은 『이탈리아 르네상스의 문화』로, 그는 랑케가 정치사에서 차지한 것과 같은 위치를 문화사에서 차지하게 되었다. 이 저서는 르네상스사 연구에 결정적인 영향을 주었으며 그 이후 '르네상스'란 말은 역사상 일반 용어로 쓰이게 되었다. 그가 타계한 후 제자들이 『그리스 문화사』, 『세계사적 재고찰』 등을 발간했다.

을 예비한 것이었다. 플로렌스의 궁중대신들은 예절을 혈통보다 더 중요하게 여기게 됨으로써 세습 권력에 대해 문화의 우위를 견지하게 되었지만, 오히려 벤데타(vendetta)°와 같은 교묘한 복수의 양식이 등장했다. 또한 신에 대한 믿음이 차츰 절대성을 상실해가는 분위기 속에서 자유와 필연성에 대해 사유하게 되었음에도, 점성술과 마술에 대한 새로운 관심도 이에 같이 수반되었다.[61]

부르크하르트는, 진보적인 것은 그것이 정착되는 대가로서 각 단계마다 진보 특유의 이면세계도 만들어낸다는 관점을 가지고 있었다. 어느 정도 봉건제를 넘어선, 중국과 한국, 베트남의 관리자적 계산에 기반을 둔 관료제사회의 출현도 그 이전에는 생각지도 못한 취약성을 가져왔다. 이것은 『주례』와 같은 문헌에 나오는 먼 옛날의 봉건적 정치 행태가 이 세 사회에서 놀랄 만큼 인기가 있었던 이유를 잘 설명해주고 있다. 관료들이 기쁨에 들떠 고대 주나라의 귀족제에 대해 묘사했던 것은 근대 중국 비평가들의 말처럼 '사회 발전의 법칙'을 위배한 것이 아니었다. 그것은 이해할 만한 방어 메커니즘이었다.[62] 즉, 국가 통치에 있어서 떠오르고 있는 새로운 문제에 대한 해결책을, 지나간 시대의 인물들 중 아직도 권위가 살아 있는 인물에게서 찾으려 했던 것이다. 서구의 사례에만 매달렸던 서구 역사가들은 봉건제 이후 초기 단계에서 관리자적 정체의 출현이 가져온 결과의 복잡성을 그다지 높게 평가하지 않을 것이다. 영국의 사회학자인 앤서니 기든스(Anthony Giddens)°와 그의 중국어 번역자이자 비판자인 황핑(黃平)°°이

• 두 가문 또는 집단이 살인에 살인을 거듭하면서 이어가는 피의 복수를 말한다. 코르시카 섬과 시실리 섬에서 주로 행해졌던 사적인 복수 관행이다.

관여했던 논쟁이 보여주듯이, 역사에서 자본주의 이후에야 주목할 만한 위험요소가 증가하기 시작했다는 주장은 여러 면에서 의심스럽다. 황핑이 지적하는 것처럼, 기든스의 유명한 저서 『근대성의 결과』 (1990)는 17세기 서유럽에서 기원한 단일 근대성의 '일원적이고 유럽중심적인' 면을 보여주고 있다. 그 때문에 이 책은 비유럽의 역사는 물론이고 심지어는 비유럽세계에서 어떻게 유럽 근대성의 영향을 수용했는지를 이해하려 한 기든스 자신의 노력마저 무위로 끝나게 만들었다.[63]

기든스는 인류사에 나타나는 위험성의 분담과 이론화에 대한 문제를 특히 중시하고 있다. 기든스는 전근대와 근대가 서로 '분리 상태'에 있으며, 근대적인 여러 제도는 투자시장과 같은 규범적으로 용인된 형태의 활동을 통하여 위험을 창출한다는 점에서 독특한 특징을 지닌다고 주장한다. 이러한 주장 뒤에는 투자시장과 같은 자본주의의 출현이 세계적 변화의 궁극적인 기준이라는 막연한 전제가 있다. 그의 중국인 번역자-비판자에게는 이러한 전제가 없다. 그는 기든스가 상

◦ 앤서니 기든스(Anthony Giddens 1938~): 『제3의 길』로 널리 알려진 영국의 사회학자이다. 케임브리지 대학에서 박사학위를 취득하고 1970년 케임브리지 대학을 시작으로 미국, 프랑스, 독일 등지에서 사회학 교수로 활약했다. 1980년대 이후 좌우의 이념 대립 및 그 극복방안을 연구한 끝에 구조주의와 행동이론을 결합한 구조화이론을 발표하여 명성을 얻었으며, 그 연구 결과는 영국의 정치가 토니 블레어가 주장한 '제3의 길'의 이론적 기반이 되었다. 팔러티(Polity)라는 출판사를 세워 1985년부터 많은 학술서적을 출판하고 있으며, 1997년부터는 런던 정치경제대학 학장 및 교수로 재직하고 있다.

◦◦ 황핑(黃平): 1991년 런던 정경대학에서 사회학 박사학위를 취득하고, 현재 중국사회과학원 미국연구소장 및 국제정치 중심 주임을 맡고 있다. 『중국 모델과 '북경 컨센서스': 워싱턴 컨센서스를 넘어서』(2006) 등을 공편하였고, 『끝나지 않은 이야기』(Unfinished Narration, 2007) 등의 저작이 있다. 앤서니 기든스의 『제삼조도로』(第三條道路, 2000), 『현대성의 후과』(現代性的后果, 2000)를 공역했다.

류층과 하류층의 사람들에게 위험요소가 불공정하게 분배되는 역사적 연속성을 최소화하고, "어떤 곳도 체르노빌*같이 될 수 있다"는 말이 나타내는 근대 과학의 평등화 효과가 마치 정치체제, 사회계급, 종교에 따른 위험의 차이의 중요성을 감소시킨 것처럼 호도했다고 비판했다.

최근까지 서구의 정치사상에서 능력주의 사회의 위험성 문제는 중요한 주제가 아니었다. 임마누엘 월러스틴은 자본주의가 사실상 능력주의 사회를 창출한다고까지 주장했다. 자본가는 노동력에 대해 보다 높은 효율성을 요구하고, 능력주의 사회는 사람들이 자본주의의 불평등한 경제적 보상에 대해 품는 분노를 누그러뜨리는 '메커니즘' 또는 완화제를 제공해준다는 낙관적 전제가 있기 때문에 그렇다는 것이다. 그러나 이러한 전제는 잘못된 것이다. 능력주의 사회는 정치적으로 사회를 안정시키기보다 오히려 불안정하게 만든다. 서구의 사상가들은 아직까지도 그 위험요소를 제대로 분석해내지 못했던 것이다. 세습적인 왕자들은 '아버지나 다름없는 인물들'이었다. 반면에 "여피족(yuppies)**은 과도한 특권을 지닌 동기간(同氣間)에 불과하다."

- 1986년 4월 26일 우크라이나의 키에프 북쪽 104km에 있는 체르노빌 원자력 발전소 제4호 원자로에서 방사능 누출로 일어난 세계 최대의 참사이다. 7월 말까지 29명이 사망하고 원자로 30km 이내에 사는 주민 9만 2000명은 모두 강제 이주되었다. 그 뒤에도 6년간 원자로 해체작업에 동원된 노동자 5,722명과 이 지역에서 소개된 민간인 2,510명이 사망했고, 43만 명이 암, 기형아 출산 등 각종 후유증을 앓고 있다.
- 고등교육을 받고 도시 근교에 살며 전문직에 종사하여 고소득을 올리는 일군의 젊은이들로서 1980년대 젊은 부자를 상징한다. 그 어원은 젊고(young), 도시적이고(urban) 전문직(professional)이라는 단어의 세 머리글자를 따서 나온 말이다. 이들은 개인의 취향을 무엇보다 우선시하고 여유를 즐긴다. 대인관계는 부족하나 깨끗하고 세련된 인간관계를 추구한다. 전통적인 규범보다 개인적인 밀실에 더 큰 가치를 부여하는 독존적인 가치관은 1970년대까지는 찾아볼 수 없었던 것으로 풍요로운 토양 위에서만 싹틀 수 있는 귀공자풍의 가치관이라고 볼 수 있다.

월러스틴과는 대조적으로 자본주의가 나타나기 이전에는 유럽의
사상가들은 능력주의 사회의 원칙에 근거한 정치체제의 위험성에 대
해서는 피상적으로 다루었다. 마키아벨리와 파스칼은 능력주의 사회
가 문제를 일으킬 잠재성이 있다고 지적하여 월러스틴의 전조를 보여
주었다. 1600년대에 파스칼은, 능력에 기반을 둔 정치권력은 저마다
자기의 공을 내세우려 하기 때문에 내전을 야기할 수 있다는 독특한
의견을 제시했다.[65] 그러나 파스칼은 이 논의를 더 이상 진전시키지 않
았다. 아니 그럴 수 없었을 것이다. 이러한 논의를 진전시킨 것은 동아
시아였다. 근대 서구의 자유주의에서 봉건제를 넘어선다고 말하면 그
것은 자유롭고 평등하다는 의미이다. 그러나 동아시아에서 봉건제를
넘어선다고 말하는 것은—봉건제를 넘어선 중국식 관료제의 제한적
의미에서는—불안정하다는 의미였다. 그리고 동아시아에서 국지적
으로 이러한 불안정성을 이론화한 점은 그동안 전 지구적 정치철학에
서는 무시되어온 부분이지만, 매우 중요한 것이다.

문서로 이루어지는 정치의 불안정성

파스칼의 지적을 사회학적 언어로 좀 더 순화하여 표현하자면, 정
치적 야심을 가진 사람들이 상대적인 박탈감을 어느 정도로 느끼는
지는 그들 자신의 지위를 가늠해볼 수 있는 준거집단에 달려 있다는
것이다. 귀족 태생과 권력의 위계가 서로 맞물린 환경에서보다, 부분
적이나마 능력주의 사회, 그리고 귀족 태생이라고 해도 더 이상 정치
적 독점을 갖지 못하게 된 사회에서는, 준거집단은 확대되어지고 자신

들이 주변화되었다는 느낌에 따라 정치적 소외감이 발생할 가능성도 더욱 높아진다. 과거시험에 실패한 후 그에 대한 반감으로 정부에 반란을 일으킨 유생들의 경우는 파스칼의 말과 잘 맞아 떨어진다. 동아시아의 세 사회 모두 그와 같은 반란들이 상당수 존재했다.

1800년대만 보더라도, 1811년 조선의 홍경래(洪景來)의 난*, 1840~1850년대 청나라의 태평천국(太平天國),** 1854년 베트남의 이색적인 시인 까오 바 꽛(高伯适)의 난° 등이 바로 과거에 떨어진 유생이 반란세력으로 돌아선 사례다. 과거시험은 그 자체에 반란을 상기시키는 경전적 근거가 있었다. 이 세 사회가 공유했던 과거시험의 과목에는 바른 정치를 찾았던 고사(古事)와 그 과정의 모험성을 정당화시켜주는 방식들이 들어 있었고, 그것은 10세기 한국에서부터 19세기 베트남

• 홍경래(洪景來, 1771~1812): 평안도 용강군 다미동에서 출생했다. 몰락한 양반의 후예 또는 평민이라는 설이 있고 경제적으로 전답이나 노비를 지니지 못한 빈궁한 처지에 있었다. 유교적 교양 및 풍수에 상당한 소양을 지녔으며 서당에서 아이들에게 글을 가르치는 사인계층이었다. 평양 향시를 통과했고 한양으로 올라와 사마시에 응시하였으나 낙방했다고 전한다. 1801년 우군칙(禹君則)과 병란을 논의한 뒤로 10년 동안 각지를 다니며 향촌의 유력자, 무술을 갖춘 장사, 부호를 끌어들여 봉기를 준비했다. 평서대원수(平西大元帥)를 자처하면서 1811년 12월 가산 다복동의 봉기로부터 4개월간 계속된 반란을 총지휘했다. 1812년 4월 관군에 의해 정주성이 함락될 때 전사했다.
•• 청나라 말기인 1843년에 홍수전(1814~1864)이 광동성 화현에서 창시한 배상제회에서 시작한 농민반란으로 14년간(1851~1864) 존속했다. 홍수전은 객가 출신으로 과거시험을 준비하였으나 1837년 세 번째 과거에 실패하고 열병을 앓고 있을 즈음, 금발의 노인으로부터 지상의 악마를 처치하라는 사명과 칼을 받는 꿈을 꾸고, 1843년 네 번째 과거시험에 낙방하자 절망감에 빠져 있을 때,『권세양언』이라는 기독교 입문책자를 읽고 자신의 꿈이 이 땅의 인간을 구원하라는 사명이라고 여겨 배상제회라는 종교결사를 창립한 후 포교활동에 나섰다고 한다. 화남, 화중의 많은 농민들이 태평천국 운동에 가담하여 1853년에는 20만이 넘는 대군이 모여들었다. 이때 국호를 태평천국이라 하고 홍수전은 천왕을 칭했으며 그해 남경을 점령하여 새 국가를 건설했으나 1864년 정부군이 남경을 함락시킴으로써 진압되었다.

까지 광활한 논밭을 가로질러 공명되어 왔다. 10세기에 고려의 건국 세력은 고대 중국의 두 왕조의 창시자로 추앙받는 상(商)나라의 탕왕(湯王)이나 주(周)나라의 무왕(武王)을 의로운 반란의 예로 들었다. 1854년 북부 베트남의 까오 바 꽛 역시도 '천명(天命)을 바꾼' 이 두 정치적 영웅에게 경의를 표하는 깃발을 치켜들고 농민들을 동원했던 것이다.[66]

반항적인 유생들 외에도, 자신의 직업적 권리를 가늠해볼 수 있는 준거집단에 대한 이론적 선택의 폭이 훨씬 넓었다는 점이 문헌상의 내란을 통한 정치적 불안의 공포를 유발했다. 이는 파스칼이 상상할 수 없었던 것이었다. 유럽에서는 능력에 기반을 둔 정치권력의 위험성에 대한 논의에서는 종종 통제불능의 군중에 대한 두려움이 거론되곤 했다. 반면 수세기 동안의 동아시아의 관료제 사회에서는 동일한 주제를 놓고 주로 관료제에서 생산되는 언어의 성격에 대한 두려움을 중심으로 정치적 분석이 이루어졌다. 능력을 기반으로 한 정치 환경에서는 기록된 텍스트의 배반이라는 문제가 반복적으로 논의되어 왔다. 글을 쓰는 기술이 세습적인 사회적 지위를 대체하면서 생성되는 주관성이란 도대체 어떠한 종류의 것인가? '사물'을 '단어'로 환치할

○ 까오 바 꽛(高伯适, Cao Ba Quat, 1809~1863): 뜨 득 황제 치하에서 일어난 최대의 농민반란이다. 1854년 레 왕조의 후예라고 하는 레 주이 끄(Le Duy Cu)와 시인 까오 바 꽛은, 썬 떠이와 박닌의 두 지방이 메뚜기 떼에게 큰 피해를 입어 농민들이 기근으로 굶주리자 이를 이용하여 반란을 일으켰다. 메뚜기 떼 때문에 일어났다 해서 '황적(蝗賊)'이라 했던 이들은 수 년 동안 저항을 계속하면서 후에(Hue)의 조정을 괴롭혔다. 까오 바 꽛은 당대의 유명한 유학자이자 시인으로 관직에 있던 사람이었다. 그는 동남아시아를 여행하면서 서양문물의 우수성을 인식했고, 전통적인 중국중심적인 사고에서 벗어나지 못하고 있던 당시 유학자들을 조롱하는 시들을 썼다. 그가 반란에 적극 참여한 것은 기존 질서에 도전하기 위한 것이었다. 이 난은 까오 바 꽛이 1855년에 사망하면서 그 세가 많이 약해져 몇 년간 그 명맥만 유지하다가 끝났다.

때 생기는 문제는 그 '사물'이 실제 정치적 경험일 때도 동일한 문제로 발생되는가? 근대 초기의 유럽에서도 '단어'와 '사물' 사이의 반목을 인식하고 있었지만, 동아시아의 인식과는 그 차이가 분명하다. 유럽의 경우 정치보다는 교육과 종교 분야에서의 반목이었다. 예를 들어 '사물'을 앞세우는 사람들은 현학적인 문법학자들이 과학을 가르치는 것을 꺼린다고 공격하였다. 1600년대에 '해석학(hermeneutics)'이라는 용어를 낳은 종교개혁가들이 어떻게 성경을 해석할 것인가를 놓고 벌인 투쟁이나, 존 로크(John Locke, 1632~1704) 같은 철학자들이 인간의 언어가 지니는 일반적인 불확실성을 논한 중요한 저작들*이 존재한다. 그럼에도 불구하고 서구의 정치이론이 순수한 법률적, 행정적 텍스트의 환영에 지나지 않는 '명료성'을 집착에 가까울 정도로 세밀히 다루게 된 것은 비교적 최근의 일이다.

봉건제를 부분적으로 넘어선 사회에서는 조정 능력을 지닌 계층 질서가 취약하기 때문에, 문서상의 정치가 지니는 주관성에 대해 불안해하는 것은 바로 정치이론 자체가 새로 생성되는 위험에 대해 불안해하는 것과 연결되어 있었다. 알래스데어 매킨타이어(Alasdair MacIntyre)**는, 근대의 직업적 혁명가들은 자신들이 세계에 대한 특별한 이해를 가지고 있다고 주장하는 특징이 있다고 말한다. 그러한 예는 조지프 콘래드(Joseph Conrad)°의 소설이나 소수파인 트로츠키주의자 그룹에서 찾아볼 수 있다. 직업적 혁명가들은 그들의 품위와 영향

---

* 일례로 존 로크의 『인간 오성론』(1690)을 들 수 있다.
** 알래스데어 매킨타이어(Alasdair MacIntyre, 1929~): 미국 노트르담 대학 철학과 교수. 대표적 저서로 『덕성 이후』(1981), 『누구의 정의? 누구의 합리성?』(1988), 『세 개의 경쟁하는 도덕적 탐구』(1990) 등이 있다.

력을 확보하기 위해서, 세습 재산과 사회적 지위보다는 '인식론적 독선'에 의거해야 했기 때문이다.[67] 그러나 이런 종류의 사람들을 찾기 위해 꼭 조지프 콘래드의 소설을 들여다 볼 필요는 없다. 동아시아의 수많은 과거제 경험자들은, 심지어 탈봉건화가 덜 진행되었던 조선에서도 모두 이러한 묘사에 익숙했다. '인식론적 독선'의 정치는 오랜 기간 중국식 관료제에 각인되어 왔던 것이다.

무엇보다도 관료적인 삶은 정치적 추론에 영향을 미쳤다. 11세기에 중국 송나라의 학자이자 관료였던 사마광(司馬光, 1019~1086)은, 동료 관료들이 '기록된 것'은 모두 존재하도록 만들고, '실제적인 것' 또는 '실용적인 것'은 모두 없애 버린다고 경고했다. 사마광은 이러한 경향뿐만 아니라 공공의 선을 위한 장기적인 계획을 수립하는 데 매진하지 못하는 관료제의 능력 부재를 비세습적이면서 순회하는 관료들의 짧은 임기 탓으로 돌렸다. 관료들은 승진을 하기 위해 성과를 빨리 낼 필요가 있었다. 그러므로 능력주의 사회의 변동성 때문에 국가의 장기적인 성공에 공헌할 수 있는 '시간에 주의를 기울이는' 사람들이 배출되지 못했던 것이다.[68] 공공의 선은 여기서 계급적 이해의 상호작용에서 발생하는 것이라기보다 객관적이고 주관적인 시간의 규율(規律) 사

○ 조지프 콘래드(Joseph Conrad, 1857~1924): 본명은 유제프 테오도르 콘라트 코르제니오브스키(Jozef Konrad Nalecz Korzeniowski)이며 폴란드에서 출생하여 선원과 선장 생활을 하다 뒤늦게 영국에서 영어로 소설을 쓴 작가. 대표작으로는 『노스트로모』, 『로드 짐』, 『그림자 선』, 『서구인의 눈으로』, 『비밀요원』, 『어둠의 심연』 등이 있다. 『노스트로모』, 『비밀요원』, 『서구인의 눈으로』는 콘래드의 정치적 관념이 잘 드러난 정치소설이다. 특히 『서구인의 눈으로』는 제정 러시아의 전제정치 상황에 맞서는 혁명주의자들의 틈바구니에 끼여 양심의 가책, 개인의 욕망 사이에서 정신적 고뇌에 시달리다가 결국 파멸하는 주인공 라주모프의 이야기로, 사회의 이념에 좌절하는 라주모프의 욕망과 그에 따른 주인공 개인의 심리 변화가 사건의 진행에 따라 흥미롭게 그려져 있다.

이의 상호작용에서 나타나는 결과물로 정의되었다. 이러한 비판은 현대의 경제학자들이 즉각적인 주주 배당을 지나치게 강조하는 회사의 경영진에게 품는 불만과 유사하다.

또 다른 문제로 관료제적 당파주의가 있었다. 아이러니하게도 중국뿐 아니라 한국과 베트남의 사상가들은, 사마광이 개인적으로 관여했던 송나라 지식인들의 당파주의를 독선에 가득 찬 사람들 간의 중재될 수 없는 당파주의로서 아주 경계해야 할 일화의 하나로 간주하기에 이르렀다. 송나라 초기의 학자-관료들의 당파에 대해 1700년대 동아시아인들의 논쟁에서, 조선의 이익과 같은 비판자들은 당나라 당파주의의 초기적 양상과 조선의 사화(士禍)와 같은 후대의 당파주의가 송나라보다 더 심했다고 생각했다. 그러나 이익과 같은 시대의 베트남인인 레 꾸이 돈은 북경에서 조선 사신이 서문을 써준 그의 유명한 저서에서, 관료제 내의 엘리트들이 붓을 마치 칼처럼 휘두르길 좋아하는데다가 '우유부단한' 송나라의 황제들이 해결하지 못할 끊임없는 논쟁에 끼어들기를 좋아해서 송나라 조정이 망해버렸다고 주장했다.[69] 같은 시기 중국의 유명한 시인이자 지현(知縣)이었던 원매(袁枚)*는 봉건제 이후의 정치에 있어 완전히 문서에만 의존하는 경향에 대해 기념비적인 고발장을 썼다. 원매는 700년 전인 송나라의 학자-관료를

---

* 원매(袁枚, 1716~1797): 청의 문인으로 자는 자재(子才), 호는 간재(簡齋), 수원(隨園)이다. 절강성 전당현 출생으로 1739년 진사에 합격하여 강소성 여러 현의 지사를 역임하면서 치적을 쌓았고, 1755년 관직에서 물러났다. 강령의 소창산에 저택을 구입하여 이를 수원이라 이름 지어서 이후 수원선생이라 불리게 되었으며 재야의 시인으로 많은 남녀제자를 거느리고 궁정파의 심덕장과 함께 건륭제 시대의 시단을 양분하는 세력을 이루었다. 성령설(性靈說)을 주장하여 복고주의적인 사조에 반대하였고, 시는 성정이 유로(流露)하는 대로 자유롭게 노래해야 하며, 고인(古人)이나 기교에 얽매어서는 안 된다고 주장했다. 시문집으로 『소창산방집』(小倉山房集), 시론으로 『수원시화』가 잇다.

조롱하듯 '군자(君子)'라 부르면서, 마치 제압되지 않는 위험한 역사적 돌연변이라도 되는 양 그들의 삶을 재현해 냈다.

원매가 그린 송나라 '군자'—여기서 그는 많은 사람들, 특히 사마광을 지목하고 있다—의 묘사는 확실히 파격적이었다. 그러나 그의 분석은 근대 정치의 계보에서 비교사적으로 중요한 주제들을 제기하고 있다. 그는, 송나라가 경전을 공부한 '군자'들이 관직에 너무 적어서 망한 것이 아니라, 너무 많아서 망했다고 썼다. 송나라 조정은 '군자'의 공공의 정신이 결여되어서가 아니라, 그것이 지나쳐서 쇠퇴했다는 것이다. 군자들은 제국을 통치하기 위해 다른 사람들과 조화를 이루는 것이 불가능할 정도로 개인이든 집단이든 도덕적 열정으로 가득 차 있었다고도 했다. 송나라에 관해 쓴 원매의 글에는 서구의 중국 연구자들이 의례적으로 '전통적인' 중국 정치를 설명하기 위해 사용하는 흔한 장치들을 찾아보기 힘들다. 황제권 자체는 가장 눈에 띄게 생략된 부분이다. 그 글의 말미에서 원매는 공공의 정신으로 공무를 행하는 '군자'들의 무리 속에서 정치적 분쟁을 '중재'할 수 있었던 권력이 과연 중국에 존재했었는지 의문을 제기했다.[70] 파스칼이 예견했던 내란의 문제가 그가 예견하기 오래 전부터 이미 아시아에서는 붓에 의해 벌어졌던 것이다.

원매의 의문은 정치사의 견지에서 확실히 근대적인 것으로 볼 수 있는 것이었다. "누가 중재할 것인가?" 사람들이 무엇을 생각할 것인가를 이야기해주는 데 있어, 카스트제도나 옛날의 문명화 이전 시대의 '농업적 정치체제'의 교회를 대신하게 된 근대의 '자기 스스로 칭하는 신탁(self-appointed oracles)'은 사회에 뿌리를 내리기는 했지만 확고하게 인정받지는 못하고 있다. 최근 한 학자는 '계몽적 사유의 순환성'이라는 말로 이와 같은 어려움을 특징지었다.[71] 교황의 권위나 유럽 기독교계의 인정을 받은 봉건적 위계질서가 부재하는데, 누가 또는 무엇이 도덕적, 정치적 문제에 있어 엘리트들의 분쟁을 중재할 수 있겠는가? 또한 이 복잡한 사회에서 누가 또는 무엇이 합리적 협조를 강요할 수 있겠는가? 1700년 이후, 서구 문명은 다양한 방식으로 "누가 중재하는가"라는 질문을 제기했고 이에 대한 답을 내려고 했지만, 어떠한 것도 전적으로 만족스러운 것은 없었다. 루소(Jean-Jacques Rousseau, 1712~1778)의 '입법자'인가? 아니면 레닌의 전위 정당, 시장의 보이지 않는 손, 미국의 대법원이 정답인가? 1695년 이래 근대 초기 사상의 주창자로 손꼽는 존 로크는 소책자 『기독교의 합리성』에서, 여전히 예수 그리스도의 '전능하신 팔'이 사람들을 정욕에서 구원할 것이라는 희망에 기대어 그 질문에 대한 답을 내려고 했다. 구교와 신교 모두에 오사마 빈 라덴과 같은 사람들이 가득하여 종교적 테러리즘이 확산되었던 시기로부터 수백 년이 지난 후에도 로크는 여전히 이렇게 썼던 것이다. 아직도 서구의 이론은 기적을 행하는 신과 그 신의 세속적 대행자인 성직자들이 협력을 강요할 수 있다는 통념에서 쉽사리 벗어나지 못하고 있는 것 같다.

그러나 적어도 송나라 관료제에서는 원매가 묘사한 대로 더욱 근대적인 상황이 이미 존재하고 있었다. 의존할 만한 궁극적인 종교적 권위가 존재하지 않았고, 관료제 외부에서 존중받는 사대부들의 동질적인 해석 공동체조차 존재하지 않았던 것이다. 이 중재에 대한 질문은 원매의 설명에서 볼 수 있듯이, 너무나도 많았던 공민적 철학자이자 관료 때문에 촉발된 것이었다. 이성에 기반을 둔 공공의 선이라는 원칙을 공유한 채 정책의 우선권을 놓고 입씨름을 벌였던 이들은, 합리적인 사람은 모두 자신의 제안에 결국 호응할 것이라고 주장했다. 이에 가장 근접한 서구의 예는 홉스나 로크와 같은 교회 종파 분리론 자가 아니라, 훨씬 더 현대적인 서구의 철학자들인 20세기 미국의 존 롤스(John Rawls)*나 로버트 노직(Robert Nozick)**과 같은 이들의 경쟁에 서 찾을 수 있다. 사회계약설에 고무된 롤스와 노직은 모두 이성적 행위자라면 누구라도 설득할 수 있는 정의의 원칙을 가정하려 했다. 그러나 그들은 첫 전제와 정책의 우선권에 대해 서로 동의할 수 없었고, 그들의 주장 외에 어떠한 기준도 따로 존재하지 않았기 때문에, 둘 사이의 논쟁을 해결할 합리적 기준도 있을 수 없었다.

원매의 말은 수 없이 많은 존 롤스와 로버트 노직 같은 사람들이 각각 제자들을 거느린 채 고위관직에 포진해 있는 관료제 사회를 떠올리게 한다. 적어도 조선의 일부 당쟁은 이런 관점에서 살펴봐도 될 것이다. 원매는 송나라 황제가 조정 대신들 사이의 다툼을 중재하지 않

• 존 롤스(John Rawls, 1921~2002): 미국의 철학자로 하버드 대학에 재직했다. 『정의론』(1971)에 서 공리주의에 대신할 실질적인 사회정의 원리를 공정으로서의 '정의론'으로 전개하여 규범적 정의론의 복권을 가져왔다. 평등한 기본적 자유를 보장하는 권리가 우선되어야 한다고 강조했으며, 가장 불리한 상황에 있는 사람들의 이익을 최대화하기 위해서는 사회경제적 불평등이 정당화된다는 격차원리를 제창했다.

•• 로버트 노직(Robert Nozick, 1938~2002): 미국의 자유주의 사회철학자로 하버드 대학 철학과에 재직했다. 1974년 『무정부, 국가, 그리고 유토피아』를 발간하여 최소한의 국가가 바람직하며 이상적인 국가로서의 메타 유토피아를 제시하였다. 그는 무정부주의적 자유주의에 대해 국가의 역할을 인정하면서도, 국가의 권력이 더 이상의 자유를 제약해서는 안 된다는 자유주의적 국가론을 주장했다. 즉 공공선이나 평등지상주의 같은 과잉 복지국가론에 맞서 개인, 시민의 소유권과 자유 시장, 자유 기업 등을 인정하는 최소형태의 국가를 자유주의적 유토피아로 보았다. 그는 같은 하버드대학의 존 롤스 교수가 1971년 출간한 『정의론』을 강하게 비판했는데, 롤스의 정의론에서 주장하는 분배적 정의는 부유한 사람들에 대해 부당한 세금을 부과함으로써 개인이나 기업의 권리를 침해한다는 것이다. 이후 두 사람 사이에 전개된 자유와 평등에 관한 논쟁은 미국뿐 아니라 세계적으로도 사회철학 및 정치철학의 쟁점이 되었다.

았다고 해서 불평하지는 않았다. 그는 명시하지는 않았지만 황제들이 그렇게 할 수 없다고 전제했던 것이다. 만약 수백 명의 롤스파와 노직 파 공무원들이 행정부 내에 진을 치고 있다면 오늘날의 미국 대통령 이 존 롤스의 당과 로버트 노직의 당 사이의 다툼을 중재할 도리가 없 는 것과 유사한 일이다.

동아시아에서 관료제 내에서의 경험을 대체할 수 있었던 글쓰기라 는 방식에 대한 관료들의 회의는 한결 약화된 봉건적 권력 투쟁의 한 가지 증세에 불과했다. 정부의 문서에 표현되어 있는 것처럼 권력에 대한 언어의 상징은, 더욱 봉건적인 권력자들이 사적으로 점유할 수 있었던 성이 딸린 영지 또는 어떤 다른 형태의 정치적 부동산처럼 실 제로 어느 한 정치 행위자에 의해 독점될 수는 없었다. 언어는 봉토와 는 달리 가변적이어서 훨씬 더 전유(專有)되기 쉬웠던 것이다.[72] 피에르 부르디외(Pierre Bourdieu, 1930~2002)가 사회적 환경에 관계없이 보편적이 고도 일정하게 언어에 접근하는 것이 가능하다고 주장하는 '언어적 공산주의' 이론을 조롱한 것이 옳다고 하더라도 말이다.

이 세 관료제 국가 모두 언어의 힘에 대한 두려움이 관료제적인 언 어 사용에 수반되는 불안정성을 가려주고 있었다. 키케로* 이래로 유

---

* 키케로(Marcus Tullius Cicero, BC. 106~43): 고대 로마의 문인이자 철학자, 변론가, 정치가였 다. 보수파 정치가로 카이사르와 반목하여 정계에서 쫓겨나 문필에 종사했다. 카이사르가 암살 된 뒤에 안토니우스를 탄핵한 후 원한을 사서 안토니우스의 부하에게 암살되었다. 수사학의 대 가이자 고전 라틴 산문의 창조자이다. 그리스의 웅변술과 수사학 소양에서 우러나온 문체는 도 도하게 흐르는 대하에 비유된다. 그는 그리스 사상을 로마로 도입하고 그리스어를 번역하여 새 로운 라틴어를 만들어 최초로 라틴어를 사상 전달의 필수적인 무기로 삼은 공적이 크다고 볼 수 있다. 현존하는 작품으로는 『카틸리나 탄핵』 외 58편의 연설과 『국가론』, 『법에 대하여』, 『투스 쿨라나룸 담론』, 『신에 관하여』, 『의무론』 등의 철학서와 『노년론』, 『우정에 관하여』 같은 소품, 그리고 친구인 아티쿠스 등에게 보낸 서한 등이 있다.

럽의 사상에서는 왕의 몸을 공적 능력과 사적 능력으로 분리하여 생각했지만, 동아시아에서는 그렇지 않았다. 군주는 왕의 '후설(喉舌)'을 자처하는 관료들과 함께 언어의 힘을 공유할 때 완전한 것으로 묘사되었다. 중세 및 근대 초기 유럽의 일부 지역에서는 왕이 누군가를 만지면 아픈 사람이 치유된다고 믿었다. 동아시아에서는 왕의 말 또는 관료가 왕에게 고한 말이 이러한 치유력을 가진다고 생각했다. 조선 초 언관이 왕에게 일러주었듯이, 질병을 치유하는 간언을 올리는 것이 대신의 의무였다. 중국의 경세사상가들은 '왕언(王言)'에 대한 글에서 군주에게 올바른 연설문 작성자와 해설자인 관료가 있다면, 왕의 말은 햇빛이나 천둥소리와 맞먹을 것이라고 이야기하고 있다. 한(漢)나라의 황제들이 반포한 포고문들은 너무 감동적이어서 병들고 늙은 백성들이 그 내용을 듣기 전에는 죽을 수 없다고 여겼을 정도였다고 이후 중국의 군주들에게 회자되었다.[73]

  문서 본위의 정치문화에서 동아시아 정부 관료들의 문서 관행에 대한 이중적인 태도를 집약해서 보여준 특이한 기관이 있었다. 바로 '어사대(御史臺)'—중국어: 위스다이(Yushidai), 베트남어: 응으 스 자이(Ngu su dai)—라는 기관으로 중국에서는 후한시대에서 명대에 이르기까지, 한국에서는 10세기에서 14세기까지—이때 유명한 삼사(三司)로 명칭이 바뀌었다—그리고 베트남에서는 13세기에서 18세기까지 이 명칭이 사용되었다. 어사는 원래 주나라 왕실 서기를 가리켰다. 중국식 관료제사회에 있어서 관료제 및 과거제와 함께, 고대의 왕실 서기는 상당히 색다르고 독특한 기구로 변화했다. 감찰관, 허가 받은 내부 비판자, 관료제 내부의 행위를 성찰할 필요에 따른 상징 등으로 변화한 것이다. 감찰관은 태생적 권리를 기반으로 하기보다는 문서를 기반으로

한 것으로서 잘못 행해진 문제에 해독제를 처방하는 임무였다.

인도에서 대영제국의 역사를 연구하는 학자들 사이에, 대영제국의 식민지 통치자가 그들의 행정적 언어를 이용하여 얼마나 효율적으로 인도사회의 '인식론적 공간'을 침탈하고 재정의하는 데 통제력을 발휘할 수 있었는가에 대한 논쟁이 있었다. 어떤 학자들은 대영제국의 식민주의자들의 경우 그들의 정치적 언어를 인도인인 서벌턴(subaltern)들에게 강제할 능력이 있었다고 주장했다. 다른 학자들은 인도인들의 정보 생산의 종속적 공간이 오히려 영국 지배의 언어 전략을 아래로부터 변형시키고 잠식시킬 수 있었다고 주장했다.[74] 그러나 영국이 지배한 인도는 식민지 경찰국가였다. 인도는 외부에 기반을 둔 중재의 강제력을 가지고 있었는데, 이는 동아시아의 관료제 국가에는 없는 것이었다. 인도의 경우, 중재 문제가 논쟁을 더욱 격화시켰던 중국식 관료제사회에서보다는 정치제도 내의 행정적 언어가 지닌 잠재적인 논란거리는 확실히 적었다.

능력을 어떻게 정의할 것인지에 대한 논란과 관련이 있는 주제인 중재 문제는, 하위 관료들이 참여를 하든지 침묵을 하든지 간에 행정적 언어가 아래로부터의 논쟁으로 사용될 수 있을 정도로 민감했다. 감찰관으로 알려진 '언관'이 정부 내의 언어 게임에서 전략적인 후퇴를 한다면 그것은 공격적인 개입을 하는 만큼이나 게임의 결과를 왜곡시킬 수 있었다. 1456년에 베트남의 한 군주는 감찰관이 주저하는 경우 그에 따른 위험을 명백히 감지해냈다. 그는 '입을 닫고' 침묵한 채 있지 말라고 경고했다. 그러나 비록 '언관'이 목소리를 내지 못한 채 있게 하는 것이 불가능한 경우라도, 강력한 군주들은 가능한 한 언관들을 비역사적인 존재로 만들고 언관들의 언어적 개입의 자체적 규범을 체계화하지 못하게 하려 했다. 1774년 청나라의 황제는 감찰관들이 정부 내 육부의 성문화된 업무 선례집에 필적할 만한 '칙례'를 편찬하겠다고 했던 제안을 강력히 물리쳤다. 언어 자체는 위태로울 만큼 통제하기 어려워 보이지만, 최소한 군주는 조정의 관료들이 언어를 어떤 방식으로 전유하려고 시도했는가에 대한 제도적 기억이 발달하는 것은 막을 수 있었다.

왕권이 약했던 조선에서는 언관에 대한 또 다른 문제가 있었다. 유수원(柳壽垣)*과 같은 조선의 감찰기관에 대한 비판자는, 감찰 기관에 기반을 둔 논쟁하기 좋아하는 젊은이들은 비록 이론적으로는 정치적 서벌턴이지만 이들이 대체로 정부를 아래로부터 장악하고 있다고 보았다. 이들은 문장력과 의견을 취합하는 능력, 그리고 다른 관료들과의 결탁을 무기로 삼았다. 1700년대에 유수원은 젊고 권력 지향적인 조정 언관들의 사나움을 오늘날 언론이 축구경기장에서 난동을 부리는 주동자들을 묘사할 때처럼 표현했다.[75] 이러한 문제는 관료제적 국가의 경우, 누가 능력이 있는지, 누가 승진할 만하고 누가 그렇지 못한지를 결정할 충분한 권위가 없었기 때문에 나타났다. 능력주의 사회는 모든 엘리트가 자기 능력에 대한 절대적 믿음을 가지고 있기 때문에 내전으로 치달을 위험성이 있다고 한 파스칼의 말은 유럽에서 그것을 시험하기에 앞서 이미 오래전에 조선에서 입증되었던 것이다.

• 유수원(柳壽垣, 1694~1755): 조선 후기의 소론계 문신으로 본관은 문화, 자는 남로, 호는 농암 또는 농객이다. 1714년 진사가 되고 1718년 정시문과에 병과로 급제하여 1722년 정언이 되었다. 지방 수령으로 있으면서 저술에 힘써 1737년 『우서』를 발간했다. 영조의 특명으로 『속오례』의 편찬에 참여하기도 했으며 1744년 벼슬을 버리고 초야에서 생활했다.

엘리트의 자부심을 어떻게 보장할 것인가

관료적 언어의 주관성에 대한 의구심은 귀족제 이후의 사회에서 신분을 구분하는 방식이 모호해져 느끼는 의구심과 유사했다. 대체로 관료의 자부심은 귀족제사회에서와는 달리, 고착된 사회 질서 속에서의 지위에 따라붙는 명예를 반영한 것이 아니었다. 이는 주로 과거시험과 관직 생활을 통한 성취의 산물이었다. 그러나 과거시험이 대중화되고 시험 형식이 대부분 깊이가 없어 종종 그것을 통해 얻은 자부심을 공허한 것으로 만들었다. 중국의 한 비판자가 말했듯이, 필기시험이 입신출세의 기준이 되는 것은 '능력'의 본래 의미를 공론(空論)적인 것으로 만드는 결과를 가지고 왔다. 과거에 급제한 관리들은 진정한 '인재(人才)'—중국어: 런차이, 베트남어: 년 따이(nhan tai)—의 이상을 구현체가 아니라 생기 없는 '인재'의 복제물에 불과했다. 그들은 마치 말의 몸을 가지고 있지만 움직이지는 못하는 경주마의 조각상과 같았고, 새의 날개와 깃털을 달았지만 날 수 없는 목각 거위와 같았다.[76]

동아시아의 관료제사회가 선구적으로 고안해낸, 비세습적 바탕에서의 '능력'을 검증하는 표준화된 방법은 이들의 정치이론에 있어서 부작용을 분석하는 중요한 방식이 되었다. 수많은 심리 검사와 평가 기준이 처음으로 서구의 군인들에게 적용되었던 2차 세계대전과 그 이후에, 똑같은 의구심이 서구의 사고에서도 나타나기 시작했다. 서구의 심리학자들은 IQ 테스트 같은 것이 인간 능력의 문제를 과도하게 단순화한다는 것을 깨달았다. 초기의 심리학자들은 IQ 테스트와 학습 능력이 동일하다는 잘못된 결론을 내려놓고 있었던 것이다. 그러나 이것은 산업화 이전의 동아시아에서는 이미 오래전부터 알려져 있던 문제였다. 최근 서구에서 IQ 테스트를 바라보는 입장과 마찬가지로 일찍이 세습적인 사회에 존재했던 인간 능력에 대한 억측들이 사라진 후, 저 유명한 팔고문과 같은 까다로운 시험 형식이 숭배 대상이 되었던 것이다.

중국식 관료제사회에서의 엘리트의 자부심 부족과 그것으로 인한 위험을 분석해보면, 필연적으로 나타나는 것이 공직의 부패 문제이다. 11세기에 왕안석은 송나라 황제에게 전면적 개혁을 주장하면서 올린 상소에서, 부패와 낮은 봉급이 서로 연관되어 있음을 강조했다. 왕안석은 관리의 '겸손과 염치를 아는 것'은 봉급 인상을 통해 '장려' 되어야만 하며, 이는 정치의 첫 번째 원칙이라고 주장했다. 여기서 엘리트의 자부심은 유가적이든 아니든 간에 영웅적이거나 귀족적인 덕목을 성공적으로 실현하는 데서 오는 내면적 만족에 기인한 것은 아니었다. 지위에 따른 윤리는 정부의 장려책을 통해 외부로부터 결정되는 것으로 가정되었다. 왕안석은, 중국의 관리들은 대부분 봉급이 적당하면 '군자'처럼 행동하고 봉급이 적으면 '소인배'처럼 행동하는 '보통 사람들' 혹은 도덕적 카멜레온이라고 썼다. 오직 소수의 사람들만이 가난해도 부패하지 않는 타고난 '군자'이거나, 봉급이 충분해도 부패한 행동을 하는 타고난 '소인배'라는 것이다.[77]

그로부터 600년 후에 같은 주제로 글을 쓴, 중국의 또 다른 개혁가 고염무(顧炎武)는 왕안석이 했던 대로 관리들을 주저 없이 세 가지의 도덕적 유형으로 나누었다. 그렇게 함으로써 그는 관리에게 중요한 내면적 도덕적 정체성을 더욱 더 최소화해버렸다. 부패를 막는 관건은 정부에서 적당한 봉급을 줌으로써 관리들이 "스스로 소중한 존재임을 알도록" 하는 데 있다고 주장했다. 불행히도 중국의 관리들은 수백 년에 걸쳐 봉건제를 벗어나는 과정에서 점점 더 궁핍해졌다. 그 이전에는 관리의 봉급으로 그들에게 부여된 속지에서 나오는 곡물과 지대(地代)가 해당되었는데, 그것이 주로 현금을 지급하는 봉급으로 대체되었다. 그래서 17세기 중국 정부 관리의 수입은 고염무가 생각하기로는 당나라 초기의 관리들이 실제로 벌여 들였던 수입의 3분의 1정도에도 미치지 못했다.[78]

왕안석과 고염무 같은 사상가들은 좀 거창하게 말해서, 세계에서 가장 일찍 봉건제를 넘어선 사회에서 보이는 엘리트의 불안정성에 대해 이론을 펼친 사람들로 간주할 만하다. 이들은, 지배자가 태생에 의해 결정되는 것만이 아니라 이후에 지배자를 길러가는 사회에서, 단지 눈속임으로 자기의 이득을 늘리려 하기보다는 공공에 대해 헌신하는 봉사의 윤리를 지니게 함으로써 부패하지 않을 엘리트들을 어떻게 배출해낼지의 질문에 대해 답변을 제시하려 했던 것이다. 비록 그 두 사람의 답변은 근대적이 아니었을지라도 그 질문은 근대적인 것이었다. 이는 산업화 이전의 동아시아보다 더 많은 자원을 가지고 있는 오늘날의 산업 국가들도 여전히 해결해야 하는 질문이다. 봉건제 이후 공공에 대한 봉사의 윤리적 근거인 목표의식과 목적론의 취약성에 대한 자각은 중국식 관료제사회에서 지배체제의 한 구성요소가 되었다. 이러한 면에서 부패에 관한 논의를 보면, 사적 이해관계에 따른 정

○ 고염무(顧炎武, 1613~1682): 명말 청초의 사상가로 자는 영인(寧人) 호는 정림(亭林)이며, 강소성 곤산 출생이다. 명대 말에 양명학에 환멸을 느끼고 경세치용의 학에 뜻을 두었다. 명이 망한 후 만주족의 침략에 저항하는 의용군에 참가하였으나 패하였으며, 청의 지배 아래서 죽을 때까지 이민족의 군주를 섬기지 않았다. 다년간 화중, 화북을 돌아다니면서 천하의 형세를 살피고 각지의 학자들과 교유했다. 저서는 각 분야를 섭렵하였으며, 『일지록』(日知錄), 『천하군국이병서』(天下郡國利病書), 『음학오서』(音學五書) 등이 있다.

부의 불법 개입 또는 지대추구자°에 의한 정부 자산의 불법적 시장화 등에 대한 서구의 아주 흔한 분석들은 살피지 못한 차원의 일들이 동아시아의 중국식 관료제 하의 이론들에서는 잘 나타나고 있었다. 유럽에서는 귀족제의 정치권력이 동아시아보다 더 오래 더 온전히 잔존했기 때문에, 오늘날에서조차 서구 지배계급 내에서 자부심 상실의 정치적 결과를 분석한 것은 동아시아의 기준으로 보면 아주 희박한 정도이다. 서구에서는 여전히 토착민이나 소수 민족들에 국한하여 그들의 자부심 상실에 대해 분석하는 것을 더욱 선호하고 있다.

　아주 봉건적인 정치 원칙들이 남아 있었고, 관리들의 직무에 대한 보상의 옛 형태도 잔존해 있었던 조선과 베트남에서는 이러한 문제의 심각성은 그리 크지 않았다는 점을 덧붙여 이야기하고자 한다. 중국의 양상과는 반대로, 이전에는 현금을 주었던 베트남 관리들의 봉급이 1500년과 1800년 사이에는 조정에서 속지를 부여하여 지대(地代)를 받도록 한 방식으로 바뀌었다. 남부 베트남(코친차이나) 지역에서는 심지어 여기에 노동력까지 함께 제공되었는데, 이는 중국보다는 동남아시아에 만연되어 있던 관행이었다. 1700년대 북부 베트남의 군주들은 중국의 봉급체계가 현금을 지불함으로써 '덕성을 권장'했다면, 베트남 관리들을 위해 그것을 '덕성을 권장하는 토지'로 바꿈으로써, 관리들의 정치적 생애의 부분적인 재봉건화를 승인해주었다. 조

●　지대추구 행위란 자신의 이익을 위해 로비, 약탈, 방어 등 비생산적인 활동에 경쟁적으로 자원을 지나치게 소비하는 현상을 말한다. 여기서 말하는 지대(rent)란 한 사회 안에서 누구에게도 귀속되지 않은 이권을 뜻한다. 아무리 정직하게 노력해도 성공하지 못한다는 인식은 기존 기득권자에게는 자신의 이익을 놓치지 않으려는 경쟁적인 지대추구 행위로 나타나고 있다. 그러나 이러한 행위는 다른 계층의 사람들에게 좌절감의 원인으로 작용하게 된다.

선은 1500년대 말까지 봉급제도를 선호하여 관리의 직무와 지위에 따른 토지 지급이 단계적으로 폐지되었다는 면에서 중국과 더 비슷했다. 그러나 고염무가 묘사한 가난한 학자-관료들과는 달리 조선의 양반 엘리트는 토지를 소유한 아주 안정적인 유사 귀족이 되었다. 1700년대에 청나라를 방문했던 조선의 사신들은 중국 관료의 부패에 대하여 중요한 증언을 남기고 있는데, 그들이 큰 충격을 받았다고 한 것을 보면 청나라의 부패가 조선보다 훨씬 심했음을 알 수 있다.[79]

봉급 인상과는 별도로, 관료의 자부심 결여—이는 그들의 독선적인 인식과 관계가 있었다—에 대한 또 다른 외부적 개선책은 국가로부터 배급 받는 경제 외적인 특전이었다. 그러나 이는 능력주의 사회에서는 어디에서나 볼 수 있는 '양극화 현상'에 대한 의문을 불러일으켰다. 이것은 오늘날의 대학에서 종신교수와 시간강사 사이의 차이 같은 것이다. 귀족제 이후의 능력주의 사회의 질서는 사회적, 행정적 용어에 얼마나 깊게 반영되어 있을까? 이 세 중국식 관료제 국가에서는 관료뿐만 아니라 '서리(胥吏)'—중국어: 슈리, 베트남어: 뜨 라이(tu lai)—들도 통치에 참여했다. 그 어원이 당나라 시기까지 거슬러 올라가는 서리는 정부 관청에서 허드렛일을 하는 사람들로 관료로서의 직급은 없었다. 그들은 귀족제 이후의 정치문화의 일부인가? 아니면 능력보다는 세습적 단체에 기초를 둔 '원초적인' 연고주의의 대변자이자 정부에 기생하면서 아래로부터 군체(群體)를 형성하는 존재로 비난받아야 하는가?

1800년대 중엽에 청나라의 한 학자-관료는, 세습적 권력을 제거하는 봉건제 타파의 원칙은 군주제 외에 모든 곳에서 성공하였으나 단지 두 곳에서는 그렇지 못하다고 썼다. 그 두 예외는 중국 서남부의 소수 민족의 부족장과 정부 관청의 서리 및 아전들이었다. 서리의 낮은 지위에 따랐던 세습적 권리는 침해받지 않았다. 몇몇 서리나 아전의 경우, 자기 문중의 계보에 높은 자부심을 보이고 있었다. 예를 들어 북경의 한 관청에 있었던 서리들은 자신들이 명나라 말기의 유명한 가문의 후예라고 주장했다. 수도와 지방 각지에 포진해 있었던 서리는 영구적으로 같은 업무를 유지할 수 있으나, 그들의 상전인 관리들은 관료제 직무의 주체이면서도 주기적으로 자리를 옮겨야 한다는 사실을 잘 활용했다. 세습 서리의 문제는 학자-관료들이 생각하기로는 해결하기 어려운 것이었다. 아마도 중국에서는 이것이 진정 해결할 수 없는 유일한 문제였던 것 같다. 다른 문제들, 예를 들어 봉건제에서 일반적으로 나타나는 지역적 군벌의 문제 등은 오히려 좀 더 다루기가 쉬웠다.[80]

그 해결 여부와는 별도로, 봉건제 이후의 '서리의 복수'는 근대적 색채를 띤 위험요인이었다. 유럽에서 프랑스 대혁명의 전야에 볼테르(Voltaire)*는, 세습적 의무가 사라지면 모든 사람들은 삭발을 한 성직자가 되기를 원하지 육체노동자가 되기를 원하지는 않는 사태가 벌어질 것이라고 봉건제 이후의 대중 교육의 문제에 대해 경고했다. 육체노동자들이 성직자가 되지 못할 경우 그들은 어떤 행동을 할 것인가? 인간의 가치를 태생이 아닌 능력에 둔, 다분히 주관적인 인식을 밑바탕에 깔고 있었던, 그리하여 "재능을 가진 사람에게 출세의 길이 열려있는"

---

* 볼테르(Voltaire, 1694~1778): 프랑스의 대표적 계몽사상가. 17세기 고전주의의 계승자로 인정되고 오늘날 『자디그』, 『캉디드』 등의 철학소설, 문명사적 관점에 따른 『루이 14세의 세기』, 『풍속시론』 등의 역사작품, 영국을 이상화하고 프랑스 사회를 비판한 『철학서간』과 칼라스 사건에 대한 의견을 피력한 『관용론』, 『철학사전』 등의 저작이 있다. 백과전서 운동을 지원하였다.

중국식 관료제사회에서의 소외의 문제는 강한 봉건적 위계질서 속에서의 소외의 문제보다 훨씬 자극적일 수 있었다. 이러한 점 때문에 동아시아가 유럽보다 더 일찍 직면했던 것과 같은 유형의 정치적 병리현상이 나타났던 것이다. 봉건적 위계에 의존했던 정치에서 행정적 실용성에 기반을 둔 정치로 이행해가는 과정에서 완충 역할을 할 메커니즘을 필요로 했던 산업화 이전 시대의 성숙한 관료제가 서리들 사이의 '연고주의'를 낳았다고 추정해볼 수 있다. 여기에서 연고주의는 끝없이 되풀이해야 하는 '유가적' 성찰과는 거리가 먼 것이었다.

서리에 대한 논쟁은 동아시아 전역에 퍼져나갔다. 조선과 베트남은 신봉건적 개선책을 선호했던 것 같다. 조선의 신봉건적 개선책은 족보 문제와 관련이 있고, 베트남은 그렇지 않다는 것이 이 두 사회의 전형적 특징이다. 조선의 경우, 1848년에 간행된 '서리' 신분에 관한 역사책에서 한 저자는, 향리(鄕吏)는 한때 양반계급과 같은 혈통이었다고 주장했다. 그래서 그들은 양반으로 대우받아야 마땅하다는 것이다. 능력에 따라 승진이 되는 정부 기구에서 소외된 사람들의 원한을 부분적으로나마 해소하기 위해 계급제도의 취지를 확대해서 적용한 것은 조선에서만 가능했던 일이다. 서리의 문제가 한국이나 중국보다 더 늦게 나타난 베트남의 경우, 판 후이 쭈는 1800년대 초에 조선과는 다른 방법으로 봉건제의 유혹을 되살려냈다. 주나라에서는 서리가 존재하지 않았기 때문에 사대부가 서리의 일을 모두 했다는 가르침이 들어 있는 『주례』의 내용 가운데 귀족의 외연(外延)을 확대 해석한 부분을 지적하면서, 판 후이 쭈는 괄세 받는 서리들을 제도적으로 없애는 것을 허여함으로써 유학자들이 베트남 정부에서의 서리의 역할을 다시 맡아야 한다고 그 제도의 제거를 제안했다.

중국에서는 조선과 베트남 사상가들의 제안과 비교될 만한 진정한 신봉건적 개선책이 제기되지 않았다. 이는 중국의 영토의 크기와 관련이 있다. 중국의 개선책은 봉건제 이후 사회의 경향을 띠었는데, 예를 들어 상당수의 서리에게로 과거시험을 확대해주자는 것이었다. 중국의 대정치가였던 18세기의 대학사(大學士) 진굉모(陳宏謀)*는, 서리는 제대로 발달하지 못한 능력주의 엘리트 중심 사회의 희생물이라고 적절하고 용기 있는 지적을 했다. 치유 불가능한 병리 현상이 아니라, 서리는 중국사에서의 미완의 과업을 상징하는 것이었다. 과거제가 제자리를 잡아가는 시기에, 서리를 포용하지 못한 것은, 원래 과거제의 설계자가 당나라 이전 중국이 분열했던 시기인 7세기에 귀족에게 배분되었던 특권의 기묘한 행태에 과도하게 영향을 받았기 때문이다. 이러한 양상이 늦게까지 지속되었기 때문에 중국인들은 서리가 교육받을 수 없는 국외자(局外者)적인 존재라고 생각하게 되었던 것이다. 이처럼 서리에 대한 부정적 정체성을 과격하게 뒤집으면서, 진굉모는 과거시험과 승진을 위한 절차를 서리들에게 어느 정도 제공하라고 요구했다. 물론 실제로 그렇게 되지는 않았지만, 서리들도 중국식 관료들과 똑같이 타고난 선한 성품과 자기 계발의 자질을 공유하고 있다고 보았던 것이다.[81]

---

* 진굉모(陳宏謀, 1696~1771): 임계(臨桂: 현 광서 계림) 출신이다. 청대 옹정제 시기 진사가 되어 (1723) 포정사, 순무, 총독, 내각대학사겸공부상서를 역임하는 등 30여 년간 12행성을 거치고 21개의 관직을 역임했다. 청대 광서 및 계림의 적을 가진 관원 중에서는 최고위직에 오른 인물이다. 저작으로는 『강감정사약』(綱監正史約), 『사마문공연보』(司馬文公年譜), 『삼통서목록』(三通序目錄), 『갑자기원』(甲子紀元), 『배원당우존고』(培远堂偶存稿), 『대학연의집요』(大学衍義輯要), 『대학연의보집요』(大学衍義補輯要), 『여자절록』(呂子節錄), 『여훈약언』(女訓約言), 『배원당문집』(培远堂文集), 『수찰절요』(手札節要), 『과사직해』(課士直解), 『배원당문록』(培远堂文錄), 『호남통지』(湖南通志), 『오충유규』(伍种遺規), 『진용문선생유서보유』(陳榕門先生遺書補遺) 등이 있다.

그러나 과거제를 서리에게까지 확장시킨다면, 관료가 가지는 차별성이 희석될 수 있었다. 봉급에 대한 원론적 불안이 예시해주듯, 관료로서 가지는 차별성은 세습 귀족보다 불안정한 것이었다. 또한 과거제의 확장은 관리 임용을 위한 노동 시장을 포화상태로 만들 것이었다. 전쟁의 수행 그리고 잉여자본을 집중시키는 능력을 육성하기 위해, 일단 관료제가 제자리를 잡은 이후에는 그 규모를 늘리기를 장려했던 산업화된 서구의 국가들과는 달리, 18세기의 중국은 공식적으로 관료의 수를 확대시킬 수가 없었다. 진굉모가 섬겼던 황제는 향시 급제자가 마땅한 정부의 직책을 맡을 때까지 30년 이상을 기다리게 만드는 현행의 임용제에서, 그 막힌 곳을 '뚫는' 방법을 찾는 데만도 '한밤중까지 신경 써야' 한다고 불평했다.[82]

또 다른 중국의 개혁가는, 모든 사람들이 위계의 최상위에 오르려고 노력하는 것과 같이 직위가 올라갈수록 관료들이 몸소 사회에 참여하는 일은 반비례하여 줄어드는 것이 서리 문제의 원인이라고 파악했다. 고위 관료는 지역의 필요한 일을 다루기보다 하위 관리를 통제하는데 더 많은 주의를 기울였다. 상급자로부터 압력을 받고 있는 하위 관리들은 혹사당했고, 관료의 인사이동 제도에 구애받지 않는 서리들이 오히려 지역의 세세한 부분에 대해 많은 지식을 가졌다고 믿었다. 이는 서리들의 영리(營利) 행위를 눈감아줘야 한다는 것을 의미했다. 결과적으로 유럽의 사회학자들이 발견한 '목표의 표류(goal displacement)'라고 이야기하는 현상을 몇 세기 이전에 중국은 이미 예견하고 있었다고 하겠다. 이는 정부가 발표한 목표가 바로 정부 안에서 다른 일들 때문에 우선순위에서 밀려나 원래와는 다른 것으로 대체되어 버리는 현상이다.[83]

서리에 대한 동아시아의 논의가 세계사에서 함의하는 바는 아직 충분히 음미되지 못했다. 마이클 만(Michael Mann)은, '권력자'에게 유용한 사회기반시설이 꾸준히 확대됨으로써 정치제도적으로 권력이 '한 방향으로' 확장되는 식으로 산업화 이전의 세계사가 전개되었다고 주장했다. 그러나 과연 세계사는 이처럼 직선적으로 전개되는 경향을 지녔는가? 아니면, 인류의 역사에 있어 조직화된 권력 속에서 모든 이득이 생겨났지만, 또한 쉽게 파괴되는 성향도 동반해서 늘어났다는 윌리엄 맥닐(William McNeill)의 주장이 진실일까?[84] 동아시아의 관료제 체험에 따르면 후자의 시각이 옳은 것 같다. 목표의 표류, 또는 다른 관료를 관리하는 관료의 수가 늘어나고 그에 응답이라도 하듯 관료 스스로 그들보다 더 많은 인원을 가진 서리들과 제휴했던 것과 같은 관료제에서 행위주체가 내전(內轉)해버리는 경향성은 정치적 행위주체라는 개념 자체마저 불명확하게 만드는 데 일조했다. 이 위험성에 대한 불안은 서구보다는 산업화 이전의 동아시아 정치이론에 더 깊은 뿌리를 내리고 있다.

충성심의 결여에 대한 우려

중국 정치의 더욱 광범위한 관료화를 주장한 진굉모의 탄원은, 너무나도 많은 비판자들에게도 잘 알려져 있던 대로 '인재'의 원래 의미가 지닌 위험성에도 불구하고 인재의 이상(理想)이 어떻게 해서 계급적이고 민족적인 편견의 일상적 한계를 극복할 수 있었는지를 보여주고 있다. 게다가 입증하기보다는 추정하기가 쉬운 더 큰 위험성이 있었다. 그것은, 자기가 원하는 목적인지를 즉각적으로 검증할 수 없는 그런 목적을 위해 수많은 사람들을 동원할 수 있는, 봉건적 봉사의 윤리나 대중적 민족주의에 기반을 둔 정치체제와 비교하여, 중국식 관료제는 그와 같은 능력을 결여하고 있다는 점이다. 과거 급제를 통해 '명예'와 '명성'을 추구하고 능력에 따른 보상이 주어지는 제도에 대한 대중의 신뢰는 즉각적으로 감정을 불러일으키는 충성심에 의존해야 하는 더욱 일반적인 정치적 의무감과는 다른 것이었다.

유가 철학자들은 하나의 총체적인 덕목인 효도가 그 문제를 해결할 수 있다고 주장하였다. 17세기 중국의 관리였던 탕빈(湯斌)*의 희망 섞인 주장같이, 효를 끝까지 발전시키면 분명히 군주에 대한 충성과 연장자에 대한 존경, 친구간의 믿음, 정치적 재앙의 종식, 반란의 불식으로 되돌아올 것이라는 주장이었다. 그러나 이처럼 효를 극대화하자는 주장은 무게감 없는 유토피아적인 것이 되고 말았다. 또한 그런 주장들은, 정치적 충성심이 심지어 이 유토피아적 풍조 속에서조차 기껏해야 부차적 덕목이라는 사실을 은폐하는 데도 실패했다.

어느 사회에서든 얼마나 많은 다양한 사람들이 진정으로 그 사회의 질서를 규정하는 규범, 가치 그리고 믿음을 내면화하고 있는지—그것들에 실질적으로는 순응하고 있는가와는 대조적으로—는 여론조사를 한다 해도 파악하기 힘들 것이다. 따라서 이에 대해 말할 때는 조심할 필요가 있다. 조선과 중국, 베트남 모두, 자신이 몸담고 있는 왕조를 위해 기꺼이 목숨을 바치려 했던 관료들이 배출된 것은 분명하다.

• 탕빈(湯斌, 1627~1687): 자는 공백(孔伯), 별호는 형현(荊峴) 또는 잠암(潛庵)이다. 하남 휴주(睢州) 사람이다. 1652년 진사가 되어 내각학사와 강령순무, 공부상서에 이르렀다. 일생동안 청렴하였던 것으로 유명하고, 저서로는 『탕자유서』(湯子遺書)가 남아 있다.

그러나 중국식 관료제는 또한 어린아이들이 과거시험의 성공을 추구할 나이가 되면 익힐 수밖에 없는 파렴치한 '약삭빠름'을 경계하는 교육론도 만들어냈다. 어떤 교육론은 심지어 '어리석은' 사람들이 행정의 차원에서는 이기적인 지식인과 재능 있는 사람보다 훨씬 덜 해롭다고까지 했다.[85]

개인주의적 과거제 문화에서의 정치적 의무에 대한 의구심이, 정체의 규모 때문에 크게 확대될 수밖에 없었던 중국에서, 18세기의 주요 학자-관료들은 서남부의 소수민족 지도자들에게 남아있던 세습 권력을 폐지하지 말고 보존하라고 충고했다. 이들은 세습 권력을 그들에게 있어 국경을 수호하는데 필수적이었던 소수민족 사병(私兵)들의 단순한 복종심을 유지시키는 데 중요한 관건으로 보았던 것이다.[86]

중국의 일부 지역에서 옛날의 봉건적 관계를 선별적으로 보존하려 했던 의도는 전국적으로 충성심의 새로운 상징을 만들어내려는 다른 노력들로 이어졌다. 예를 들어 사망한 첫 남편에 대한 정조를 지키려고 재혼을 피해 자결함으로써 스스로를 희생하여 명예를 얻은 여인들이 있었다. 이러한 극단적 행위는 도덕적으로 상당히 문제시될 수 있다. 그러나 여성의 정절(여자는 두 번 결혼할 수 없다)과 남성의 정치적 충성(신하는 두 군주를 섬겨서는 안 된다)은 서로 상응하는 것으로 여겨졌다. 그리고 청나라에서 열녀를 기리는 진기한 비석들이 놀라울 정도로 번성했던 이유는 부분적으로는 열녀 예찬이 남성의 정치적 의무감을 다시 불러일으키는 촉진제로 이용되고 있었다는 것을 시사한다. 실로 1800년대의 몇몇 청나라 작가들은, 먼저 세상을 뜬 첫 남편에 대한 정조를 지키기 위해 자결한 여성을 구체적으로 관료제 이전의 봉건시기인 수천 년 전에 대신들이 왕자들에게 죽음으로써 충성한다고 맹세

했던 일—위지(爲止)—에 비유했다.[87] 중국식 관료제사회에서 신하들이 자발적으로 왕후(王侯)를 위해 목숨을 바친 고대의 봉건적 의식을 기념했던 것은 능력에 기초한 과거시험을 도입한 이후 상대적으로 쇠퇴한 남성의 정치적 충성심을 고통스럽게 상기시켜 주는 것이었다. 수잔 만(Susan Mann)은 1911년 이전의 결혼에 대한 중국인의 담론은 "신분변동과 계층에 관한 중대한 사회 문제의 환유(換喩)적 설명"이라는 유용한 관찰 결과를 발표했다.[88] 그러나 이는 또한 정치에 대한 환유적 설명이기도 했다. 중국 관료제의 열녀 사당(祠堂)은, 1918년 이후 1차 세계대전에서 사망한 병사들을 위해 세워진 서구의 공공기념비들과 유사하다. 그 둘은 서구의 병사든 청의 열녀든 간에 그 희생자의 가족에게 도덕적 탁월성이라는 후광을 부여했다는 점에서 같다고 하겠다. 그리고 이는 그와 같이 큰 고비를 맞지 않은 살아남은 자들에게 대의(大義)를 위한 희생정신에 대한 도덕적 질문을 던지고 있다는 점에서도 동일하다.

충성심에 대한 봉건적 의미가 해체되어가는 데 따른 불안은 서구의 제국주의에 직면하게 되자, 특히 중국에서 제한적으로, 마침내 중국식 관료제의 최상위층에게까지 이르게 된다. 동아시아의 일원으로서 중국식 관료제를 채택한 적이 없었고 과거시험을 통해 관료를 임용한 적도 없었던 일본은 개혁가들에게 여러 가지 이유로 이상적인 판단 기준이 되었다. 그러나 봉건적인 국가에서나 있는 결집력이라는 매력이 일본을 이상화하는 요인 중에서도 특히 중요했던 것은 분명하다. 오규 소라이(荻生徂徠)는 중국식 관료제에 대한 국외자인 일본인으로서 과거시험에 기반을 둔 관료제적 정체는 신분상승과 함께 이기심을 허용할 수 있다고 경고했다. 1906년 청나라 정부의 개혁가들은 당시 일본의 총리대신이었던 사이온지(西園寺) 경*에게서 관료제 사회의 병폐였던 사회 신분이 봉건제 이후 서로 모순을 일으키고 있는 데 대한 해독제를 찾고자 했다. 사이온지 경은 사회적으로 고귀한 신분(세습적인 궁중 귀족으로서)과 교육(유럽에서 받은 10년간의 교육) 그리고 정치적 권력(총리대신)을 두루 갖추고 있었다. 중국의 한 개혁가는 위에서 아래로 건설되는 모든 '입헌 국가'는, 자신이 봉사하는 나라에 대한 충성심과 노블리스 오블리제에 대한 강한 의무감을 짊어진 자신감에 충만한 세습 엘리트를 필요로 한다고 적고 있다. 그 개혁가는 당시 중국이 사실상 수천 년에 걸쳐 이룬 역사의 전 지향점을 모두 포기하고, 일본식 귀족원과 귀족학교(학습원)를 북경에 개설해야 한다고 제안했다. 귀족원과 학습원의 설립 목표는 견고하고 높은 사회적 지위를 가진 정치권력을 완전히 재결집하여 빠른 시일 내에 중국을 구원할 수백 명의 중국인과 만주인 사이온지 경을 만들어 내는 것이었다.[89] 그러나 그것은 너무 늦었다. 망해가는 청나라 조정이 일본식의 학습원을 실험했던 것은, 옛 농담에서 말하는 영국 영화에 미국인 등장인물이 나오는

○ 오규 소라이(荻生徂徠, 1666~1728): 도쿠가와시대의 유학자이자 사상가이다. 1709년 지바에 사숙인 훤원숙을 열어 훤원학파라고도 하는 소라이 학파가 형성되었다. 1722년 도쿠가와 요시무네의 신임을 얻어 그의 자문을 맡았다. 저서로는 『남총지력』이 있다.

• 사이온지(西園寺, 1849~1940): 정식 이름은 사이온지 긴모치(西園寺公望)이다. 교토에서 출행. 도쿠다이지가(德大寺家) 출생이었으나 1857년 사이온지가의 사자(嗣子)로 입양되었다. 1870년 프랑스의 소르본 대학교에 유학하였으며, 1880년 귀국하여 '동양자유신문'(東洋自由新聞)의 사장이 되었다. 1894년 제2차 이토(伊藤) 내각의 문부과학장관, 이어 제3차 이토 내각에서도 문부과학장관이 되었다. 1900년 정우회(政友會) 창립위원, 후에 추밀원 의장, 1903년 정우회 총재, 1906년 가쓰라 내각의 뒤를 이어 총리에 취임하였으나 강력한 번벌계(藩閥系) 세력의 압력 때문에 1908년 사직했다. 1911년 제2차 내각을 조직했지만 군부와의 대립으로 사직하였고 이 때 원로 대우를 받아 후계 내각 수반을 추천하는 임무를 맡게 되었다. 1919년 파리 강화조약 회의에 수석전권위원으로 참석하기도 했다.

식이었다. 너무나 비현실적이었던 것이다. 중국에서는 환상이 아니면 진정한 세습 귀족은 존재하지 않았다. 그리하여 학습원은 관료제의 그림자를 길게 드리우면서 높은 지위를 가진 관료의 아들들을 받아들여야만 했다.

1세기가 지난 지금, 그들이 반영하고자 했던 중국식 관료제와 그 실험을 우리는 냉정하게 바라볼 수 있게 되었다. 수백 년 동안 중국식 관료제는 아무리 비척거렸을지라도 플라톤(Plato)에서 토머스 모어(Thomas More, 1477~1535)에 이르기까지의 길고 긴 여정에 걸친, 서구의 사상가들에게는 단순히 백일몽으로만 남아 있었던 정치적 합리성의 형태, 즉 학자의 지식이 귀족의 세습적 지위보다 우위에 있는 체제를 만드는데 공헌했다.[90] 그들의 비판 능력, 즉 그들이 할 수 있었거나 할 수 없었던 것들에 대해 스스로 서술할 수 있는 능력은 그 자체로 이러한 실험의 일부였다. 형식상 계급이 없는 '인재'의 이상이 지닌 매력도 그러했다. 이러한 이상으로 가득 찬 잠재력은 결코 완벽하게 실현된 적이 없었다. 중국의 학교는 황제를 통제하는 것에서부터 사망률을 개선하는 것에 이르기까지 모든 일을 하는 데 이용되어야 한다는, 1600년대에 황종희가 가졌던 희망이나, 1700년대에 중국 낙후 지역의 '인재양성의 계획'을 세웠던 오르타이*의 야망에서 그것을 알 수 있다. 그러나 이와 같은 이상이 지닌 설득력은 모두가 인정하는 위험성에도 불구하고 손상되지 않은 채 남아 있다.

이 같은 실험에서 아주 모호한 입장에 있었던 세습 군주들의 경우,

---

* 오르타이: 청의 관리로 운남과 귀주의 순무, 내각대학사 등을 역임했다. 만주 출신이었으나 풍부한 한족의 교양을 갖추었으며, 서남부 토지 개혁을 주장했다.

능력주의 사회의 불안정성에 비례하여 군주제를 위한 요구 사항을 더욱 강화할 수 있었는데, 이러한 현상은 사회변화가 미약해서 생긴 일은 아니었다. 1788년에서 1792년 사이에 베트남의 황제 자리를 찬탈했던 반란자는, 자신과 같은 단순하고 사회적으로 미천한 사람에게 '세상을 구제해'주기를 바라는 대중의 욕망이 있었기 때문에 황제를 칭하게 되었다고 선언했다.[91] 과거시험과 임기 그리고 조작이 가능한 문서와 함께, 군주제는 이들과는 다르게 신화적인 방식으로 관료제가 가진 복잡성과 우발성을 줄이는 것이었다. 정치의 발전에 따르는 위험성은, 무엇이 근대인가에 관한 우리의 아주 단순한 이론적 시간표로는 수용할 수 없는 분열된 인격을 중국식 관료제에 부여했다. 관료제의 합리성이 늘어남과 동시에 정치에 있어서 초월성의 인격화된 형식을 갖추고자 하는 끊임없는 욕구는 아마도 서로 상쇄된 것처럼 보인다. 이러한 아이러니는 야콥 부르크하르트라면 분명히 인정할 만한 것이다.

3 장

복지의 꿈, 그리고
현실

중국식 관료제의 서리 문제와, 서리가 그 일부를 담당했던 행정에 있어 목표의 표류라는 위험요소에도 불구하고, 중국식 관료제가 공언하고 있는 목표와 그 목표를 위해 사용한 수단과 제도의 공통적 특징은 살펴볼 가치가 있다. 이는 빈 웡(R. Bin Wong)이 잘 지적하고 있는 것처럼, 서구에서는 20세기에 들어서야 이해하게 된 복지관료제의 전조를 보여준다. 웡에 따르면, 중국에서 국가가 후원하는 빈민구제를 위한 사창(社倉)은 "유럽에서는 성취는 물론 상상조차 하지 못한 물질적 복지에 대한 관(官)의 책임감을 대표하고 있다. … 국가가 대중의 복지를 챙기는 것이 매우 최근에야 생긴 정치적 관행이라고 보는 것은, 단지 서구에 국한할 경우에만 옳은 이야기이다."[92]

한국과 베트남은 중국의 복지 전략 중에서 비교적 온건한 방식을 모방하여 시행했다. 심지어 이 두 나라는 복지 시행의 효과를 위해 동일한 주기로 조정에서 계획수립을 한 것도 공유했던 것처럼 보인다. 1300년대 말에 한국과 베트남의 군주들은 모두 비슷한 균전 개혁법을 실험적으로 행했다. 1390년 조선의 태조 이성계(李成桂, 1335~1408, 재위 1392~1398)와 1397년 베트남의 호 꾸이 리(胡季犛)*가 개혁을 시도했던 것이다. 1860년대에 조선의 흥선대원군(興宣大院君, 1820~1898)과 베트남의 뜨 득(嗣德)**황제는 모두 식량 부족 사태에 대비할 촌락의 사창과 유사한 제도를 시행하거나 재개함으로써 정부의 문제점들을 개선하려 했다.

많은 이들은 재정적인 자원과 전문적인 서비스, 그리고 자본주의의 협상 네트워크 없이는 복지국가의 개념조차 생각하지 못하고 있다. 여기서 다시금 우리는, 자본주의의 출현이 얼마만큼 강력하게 방법에

• 호 꾸이 리(胡季犛, Ho Quy Ly): 호 꾸이 리는 레 리엠의 4대손으로 왕위에 오른 후 (1400) 다시 호씨로 개명했다. 그는 전 왕조의 외척으로 강력한 권력을 행사했다. 호 꾸이 리는 전조의 회복을 위해 여러 가지 개혁을 계획하고 시행하는 과정에서 왕권을 능가하는 실권을 행사하게 되어, 결국 왕권을 찬탈했다. 제위에 오른 호 꾸이 리는 선양을 강조함으로써 자신의 찬탈행위를 비판하는 신유학자들의 비난을 피하기 위하여 나라 이름을 다이 응우(大虞)로 바꾸었다. 그는 신유학을 비판하고 이전의 한당 유학을 선호했고 쯔놈을 장려하여 베트남 민족문화 창달에 기여했다. 호 꾸이 리의 개혁은 그가 전조 말기 권력의 핵심부에 위치하였던 약 30년간, 그리고 명의 침공으로 왕조가 멸망해가던 호조 7년간에 정치, 국방, 경제, 사회, 교육에 걸쳐 폭넓게 단행되었다. 그는 새로운 관료제도에 의한 강력한 중앙집권제를 세우는데 정치개혁의 중점을 두었다. 또한 중국의 침입에 대비하기 위해 군사력을 강화했다. 국내 개혁이 어느정도 진척되자 남쪽의 참파로 세력을 팽창하여 명의 배후지를 제거하려 하였으나 실패했다. 그는 세법개혁과 한전법과 지폐제조를 통해 경제개혁도 단행했다. 1397년 시행한 한전법은 호 꾸이 리의 개혁정책의 핵심으로 잔존한 전조 귀족들의 세력을 약화시키는 것과 수십년 동안 귀족들이 가지고 있는 수 많은 토지를 회수하여 공전을 늘리는데 그 목표가 있었다. 1406년 명의 원정군에 의해 호 꾸이 리 정권은 7년만에 무너지고 베트남은 독립한 지 400여 년 만에 또다시 중국의 지배를 받게 되었다.

•• 뜨 득(嗣德, Tu-duc, 1829~1883, 재위 1847~1883) 황제: 응우옌 왕조의 4대 황제로서 3대 황제 티에우 찌의 아들로 형을 물리치고 왕위 계승자가 되었다. 기독교를 탄압하고 유럽과의 무역 및 외교 정책에 반대하여 쇄국정책을 펼쳤다. 뜨 득 황제의 재위 기간에는 많은 반란이 일어났고 지방 농민의 반란뿐 아니라 궁중 내부의 쿠데타까지 일어남으로써 왕조의 운명에 중대한 위협을 가했다. 특히 1856년 중국인 후예들이 청조에 반기를 든 태평천국운동에 자극을 받아 타이 응우옌 지방에서 소요를 일으켜 전 지역을 황폐화시킨 사건이 있었다. 또한 1862년에는 북부에서 레 황실의 후예를 칭하는 자가 반란을 일으켜 북부의 상당히 넓은 지역을 마비시켰다.

서뿐만 아니라 태도—사회적 윤리를 강화하기 위하여 정치권력을 이용하고자 하는 욕망과 같은—의 측면에서도 인류사의 분기를 만들어 냈다고 할 수 있는가 하는 질문에 봉착하게 된다. 상당한 차이점이 존재한다는 것은 분명하다. 중국식 관료제사회에서 유가사상가들의 고전적 복지 전략은 곡물과 직물이 교환의 매개물이었던 시기에서부터 유래하고 있다. 이들은 농업을 우선시했고 사유재산에 대해서는 회의적이었다. 그래서 상업이 성장하는 환경에서는 그 복지 전략을 강제하기가 힘들었고 심지어는 진지하게 상상하기조차 어렵게 되었다. 근대의 복지 전략은 자본주의와의 상호작용 속에서 훨씬 유연한 상태를 유지하고 있다. 그러나 산업화 이전의 유럽에 비해 봉건적 지배계급에 의한 중재가 거의 없고(적어도 중국과 베트남의 경우에는 그러했다) 행정적으로 만들어낸 행위주체를 가진 중국식 관료제에서 나타난 위험성이 현대 복지 전략의 상태에 대해 더 많은 공감을 자아낸다. 비록 맹아적 형태일지라도 경영자적 정치를 했던 동아시아의 오랜 경험은, 수백 년에 걸친 엘리트 관료제의 합리성을 확장하려 했던 노력이 지역에서 필요로 했던 것들을 외면하는 것으로 나타났던 것처럼, 어떻게 해서 그 합리성 자체를 뒤엎고 심지어 그 합리성의 위장된 재봉건화를 장려할 수 있었는지를 잘 보여준다. 고도로 발달한 국가의 제도와 시민의식 그리고 더 많은 다양한 경제적 자산을 가진 현대의 복지국가는 합리적 중재를 행함에 있어 그들도 똑같이 능력의 한계를 지니고 있다는 것을 알지 못하는 것 같다. 그러나 만약 우리가 근대라는 시간을 완전한 '분리 상태'로 보는 근본주의자의 시각을 갖지 않는다면, 동아시아의 역사에는 우리의 주의를 환기시키기에 충분한 이야기들이 있다.

한국과 중국, 베트남은 정부의 임무에 있어서 더 작고 더 현실적인 관점과 더 크고 더욱 구세(救世)적인 관점 사이에 긴장을 가지고 있었다. 이러한 긴장은 경험적 현실주의와 규범적 이상주의를 분리시키기보다는 그 둘을 결합한 보기 드문 종류의 정치이론으로 표출되었다. 수백 년 동안 유럽의 정치사상은 수천 권에 달하는 '군주를 위한 거울'이라는 책자와 덕목 수록집에서, 어떻게 사회가 실지로 다스려졌는지에 대한 경험적 탐구는 거의 무시한 채, 주로 어떻게 사회가 다스려져야 하는지에만 관심을 기울였다.[93] 중국식 관료제의 정치이론의 상당수는 적극적으로 활동했던 관료들에 의해 만들어졌기 때문에 위에서 말한 두 가지에 대한 관심을 잘 혼합하는 경향이 있었다. 이들이 예언적이면서도 행정적인 어휘를 뒤섞어 썼던 것은, 오늘날의 일부 사회과학자들이 사회공학자와 사회과학자의 역할을 혼동한 채, 사회에 대한 분석적 기능에 그치지 않고 처방을 내리려 하는 야심을 구별하여 표현하려는 것에 비교해볼 만하다. '경세제민(經世濟民)'—축약되어 오늘날의 '경제(經濟)'로 쓰이는 단어이다. 중국어: 징지, 베트남어: 낀 떼 (kinh te)—과 같은 동아시아의 국가운영에 관한 판에 박힌 방식은 관료적 실용성의 고려와 대중 복지의 향상에 대한 염원의 혼합을 집약해서 보여주었다. 고대의 문헌인 『예기』(禮記)의 이상향에서 그 이름을 따오고 선혜청(宣惠廳)이라 부르는 관청이 관장했던 17세기 조선의 세제 대개혁인 대동법(大同法)의 명칭이 이를 잘 보여준다.[94] 중국식 관료제사회가 아니고서는 고대 이상사회의 이름을 붙인 세제가 실제로 존재했다는 것은 생각하기 힘든 일이다.

고대의 탁월한 복지의 이상

이 세 중국식 관료제사회에서는 하나의 특별한 사회공학적 프로젝트가 지속적으로 시도되어 왔다. 여기서는 아주 간단히 소개할 뿐이지만, 이 프로젝트의 모험담은 아마 동아시아에서 사회적 구제(救濟)의 목적과 행정적 배려가 공존해왔음을 가장 잘 보여주는 사례가 될 것이다. 그 프로젝트는 '균전제(均田制)'인데 중국 일부에서 5세기부터 8세기까지 실제로 시행되었다. 균전제의 지지자들은 제국시기 이전의 고대 하(夏), 상(商), 주(周) 세 왕조를 가리키는 '삼대(三代)'—중국어: 산다이, 베트남어: 땀 다이(tam dai)—의 복지의 이상을 되찾고자 했다. '균전제'는 삼대에 존재했다고 추정되는, 토지의 국가 소유 및 균등한 소유를 표방한 아주 이상적인 제도인 '정전(井田)' 모델을 '타협적으로' (제임스 팔레의 말을 인용하자면) 채택한 것으로서 동아시아에서는 가장 유명한 제도이다. 그리하여 이 세 봉건 왕조의 인도주의적인 독창성을 담고 있는 이 고사(古事)는 중국식 관료제 사회에 널리 퍼졌고, 봉건제 이후 행정가들의 창의적 능력에 대한 믿음의 기이한 투영이 되었다.

'균전제'는 토지를 소유함으로써 세금을 내는 농민을 더 많이 확보하고자 하는 행정적 포부와, 부자의 토지겸병을 제한하고 빈곤을 줄이고자 하는 구세적 목적을 결합하고 있다. 실제로 이 제도의 시행은 중국에서 당나라 때 이미 폐지되었다. 그러나 그 염원은 중국뿐만 아니라 한국과 베트남의 수많은 학자-관료의 엘리트적 '삼대'의식의 본질적인 부분으로 남았다. 1300년대 말에 조선은 중요한 토지 개혁을 시도했다. 조선 정부의 가장 중요한 자문가인 정도전(鄭道傳, d. 1398)이 토지 문제에 대한 글을 쓰면서 사용한 문장은, 그보다 거의 9백 년 전인 중국 북위(北魏)에서 처음으로 '균전제'를 지지했던 관료인 이안세 (李安世)*가 사용했던 문장과 서로 맞바꿀 수 있을 정도로 유사했다. 동 아시아의 관료제사회에서 마지막으로 '균전제'를 시행한 것은, 북중 국에서 이와 같은 조건부적인 관료적 이상향의 특별한 형태가 고안되 어 나온 지 약 14세기가 지난 1839년에 베트남의 빈 딘(Binh Dinh) 지역 이었다.[95]

'균전'이라는 전통에 대해 관료제사회의 해석자들은, 빈곤은 영구 적이고 불가피한 것이 아니라 정치적으로 만들어진 것이라고 가정했 다. 빈민을 정치적이거나 행정적인 부산물에 불과하다고 보는 견해는, 세습 권력이 일반화되어 있었던 봉건사회에서 작성된 고전인『맹자』 같은 경전에까지 거슬러 올라간다. 중국과 여타 동아시아사회가 이 고대 경전이 작성되었던 사회와는 다른 방향으로 진보해감에 따라 오 히려 이 경전이 더욱 중요시되었다는 점은 대단히 아이러니한 점이다.

맹자를 거부했던 결코 무시할 수 없는 숫자의 사상가들은, 이 경전 이 인간의 본성에 대해 끔찍할 정도로 단순하고 내적 일관성이 결여 된 견해를 조장한다거나 모호하고 감상적인 정치적 주관주의에 빠져 있다고 비난했다. 그럼에도 불구하고 이 경전은, 관료들에게 정책적

● 이안세(李安世, 443~493): 중국 북위의 관리였다. 북위는 485년 계구수전제(計口授田制)에 바탕 을 둔 '균전 조칙(詔勅)'을 내렸는데, 이는 이안세의 건의에 따른 것이었다. 그 내용은, 15세 이상 의 남녀에게 노전(露田)·마전(麻田) 등의 경작지와 택지(宅地)·원지(園地)를 지급하고(여자에 게는 남자의 절반을 지급), 만 70세에 이르면 국가에 반납하게 하였으며 또 남자에게는 반납하 지 않아도 되는 영업전(永業田)으로서의 상전(桑田)을 따로 지급했다. 북위에 의해 창시된 균전 제는 토지의 사유를 통제·제한하고, 국가 소유의 토지를 분급(分給)하는 형식으로 생산 담당자 인 농민들의 이탈을 막아 국가가 이를 강력히 지배하려는 것으로서, 유목국가였던 북위가 농경 정착화하는 과정에서 생긴 제도이다.

논쟁이 단순히 행정적 수완이나 부적절하고도 거친 싸움으로만 전락해 버리는 것을 방지해줌으로써 사회적 선에 대한 일반 이론을 제공해 주었다. 더욱이 관료들은 『맹자』 속에 나오는 봉건적 지위와 고대적 특권에 제약을 받았던 지배층들보다 더 자유로웠다. 이들은 정부의 물질적인 지원혜택을 여건에 따라 더 자유롭게 처리할 수 있었다. 이렇게 해서 빈자에 대한 맹자의 견해는 오랜 기간을 거쳐 관료들의 마음에서 예기치 못한 설득력을 얻을 수 있었다. 악정이 빈곤을 초래한다는 동아시아의 오랜 믿음과 달리 유럽인들은 수백 년 동안 빈자에 대해, 경멸할 만한 게으름뱅이 또는 상업적 측면에서의 국가 경제의 배신자 또는 구호금을 내는 부자들의 영혼을 구원하기 위한 도구라고 하거나 심지어 피에르 드블라(Pierre deBlois)가 중세적인 말로 특징지었듯이 빈자는 그리스도의 비카(vicarius Christi)*, 즉 현세에서의 그리스도의 대리인으로 생각하는 경향도 있었다.[96]

또한 『맹자』 같은 경전은 과거시험에도 출제되었다. 과거시험은 여러 측면에서 의심할 바 없이 빈곤을 정치적 증상으로, 즉 행정적 문제로 보게 하는 정치문화의 형성에 공헌했다. 산업화 이전의 주요 문명들에서는 숭앙하는 고전적 고대의 이상에 부응하는 인위적 학교의 세계와, 학교를 넘어선 세속적 직업 세계 사이의 관계에 기인한 위험 요인이 있었던 것으로 보인다. 앤서니 그래프턴(Anthony Grafton)**의 말에 따르면, 유럽이나 동아시아의 산업화 이전의 학교는 "고대인들을

---

* Vicar는 신의 대리자 또는 종복이라는 뜻으로, 그리스도의 비카는 주교, 교황, 성령 등을 나타내는 말로도 쓰였다.
** 앤서니 그래프턴(Anthony Grafton, 1950~): 미국 프린스턴 대학 사학과 교수이다. 유럽의 르네상스 시기에서 근대에 이르는 기간에 관한 지성사가로 많은 저작을 발표했다.

정치적 상담가로 다시 살려냈다."[97] 정치에 대한 교육은 고대의 제도들을 영광스럽게 여기는 고전적 역사였다.

그러나 과거시험 덕택에, 동아시아의 관료제 사회에서는 학교 세계와 학교 밖의 세계가 분리되기는 했지만 그 양상이 심하지 않았다. 유럽에서는 고전적 역사가 종종 혁명적 잠재력을 지닌 소외되거나 폐기된 덕목의 모델을 제공했다. 고대 로마의 공화제가 지닌 모습은 유럽의 절대왕정의 정당성에 대해 난처한 질문을 제기했던 것이다. 토마스 홉스(Thomas Hobbes)*는 1600년대에 영국 혁명이 대학들 때문에 일어났다고 비난하기까지 하였는데, 대학들이 젊은 영국 청년들에게 "아리스토텔레스, 플라톤, 키케로, 세네카 그리고 로마와 그리스의 역사에서 보이는 자유에 대한 주장"을 불어넣어 주었기 때문이라고 했다.[98] 동아시아의 과거제는 속세에서의 성공과 학교의 고전 교육 사이에 좀 더 직접적인 관계를 만들어냄으로써 유럽보다는 교육 세계와 관료 세계 사이의 모순을 완화시켰다. 그 결과, 정부 밖에서부터 혁명을 일으키려는 욕망이 아니라, 정부 내에서 적어도 제한적이나마 복지를 확장하는 법을 만들고자 하는 욕구를 가지게 되었다.

그러나 동아시아의 관료제사회가 더욱 복잡해지면서, 이러한 욕구가 실현될 확률은 희박해졌다. 이는 산업화된 사회의 공권력 해체론

• 토마스 홉스(Thomas Hobbes, 1588~1679): 영국의 철학자로 옥스퍼드 대학에서 스콜라 철학을 전공했다. 스튜어트 왕조를 지지하는 정치가로 지목되자 청교도 혁명 직전에 프랑스로 망명하여 유물론자인 가생디와 철학자인 데카르트 등과 알게 되었다. 그 후 크롬웰 정권하에서 런던으로 돌아와 정쟁에 개입하지 않고 오직 학문연구에만 힘썼다. 각자의 이익을 위해서 사람은 계약으로써 국가를 만들어 '자연권'을 제한하고 국가를 대표하는 의지에 그것을 양도하여 복종해야 한다고 보았다. 전제군주제를 이상적 국가형태로 생각했다. 주요저서로 『철학원리』, 『리바이어던』, 『자연법과 국가의 원리』 등이 있다.

을 부분적으로나마 환기해준다. 원매가 암시했듯이 수백 년에 걸쳐 재해석된 '삼대'의 비전은, 입헌정치의 비전처럼 원래의 예상보다 훨씬 더 많은 조정이 필요한, 여러 가지가 뒤섞인 의미로 변했다. 정치적인 문제가 행정적인 것으로 전환됨에 따라, 엘리트의 행정적 목표 추구는, 원래의 목표가 아니라 행정 자체가 목표가 되어버리는 문제를 가져왔다. 이런 양상이 지속되면서 이는 장기적으로 더 큰 복지를 가져온 것이 아니라 유럽의 정치적, 종교적 투쟁이 낳은 폭력적 행동주의만큼 해로운 공중의 무관심이라는 부작용을 이끌어냈다.

특히 정부의 세제 정책은, 현대의 복지국가에서처럼 중국식 관료제에서도 더 큰 인류 복지 추구의 일부였다. 그리고 세제 정책을 둘러싼 투쟁은 빈곤과 같은 정치적인 문제를 행정적인 관심으로 전환시키는 역할을 했다. 그러한 과정에서 대중적 요구의 대표성이 약화되고 개인 납세자의 복지는 손상되거나 사라지게 되었다.

시험대에 오른 관료적 세제 개혁

중국식 관료제사회는 1789년 이전 유럽의 수많은 사회들과는 달리, 아마 고정불변의 것으로 보이는 봉건적 면세권과 여타의 특권을 지닌 지방이나 귀족, 성직자가 없는 사회였다. 그렇기 때문에 중국식 관료제사회는 생활 보조금처럼 세율도 상부로부터의 변경을 전제로 하여 임의적으로 처리할 수 있었다. (조선의 양반들은 비공식적으로 납세를 회피했는데 이는 성격이 다른 문제였다.) 관료제적인 중앙집권화가 가장 불안정하고 역사적 기록이 가장 빈약하게 보존되어 있는 베트남에서조차, 판 후이 쭈 같은 주요 인물이 1800년대 초에 쓴 글을 보면, 베트남의 국가 조세제도의 계보를 1013년까지 거슬러 올라가서 서술하고 있다. 만약 헤겔이 독일인이 아니라 한국인 또는 베트남인이었다면, 그는 아마도 인류의 진화에 대한 조세의 역사를 그의 이론 틀의 중요한 구성요소로 삼았을 것이다.

고전적 조세 정책의 원칙은, 『맹자』에까지 거슬러 올라간다. 이 원칙은 빈곤을 낳는 것은 악정이라고 할 뿐 아니라, 이상적인 낮은 세율의 표준, 즉 수확 또는 일반적인 소득의 10퍼센트 미만의 세율이 대중의 복지와 이에 따른 선정(善政)의 기반임을 강조하고 있다. 고대의 10퍼센트 조세율의 혜택에 대한 믿음은 동아시아의 중국식 관료제의 이상이 지니고 있는 매우 구세적인 측면에 해당한다. 아니면 이것은 적어도 복지의 기능에 있어서 조세의 역할에 대한 과장된 믿음과 연관되어 있다. 그 때문에 중국의 신랄한 비판자인 왕부지(王夫之, 1619~1692)는, 조세중심의 견해가 '만능'이라는 식의 허풍을 질타했다.[99] 구세적 조세라는 판에 박힌 방식은 중국과 베트남, 한국에서의 화폐경제 확대와 행정적 업무의 복잡화 정도에 직접적으로 관련해서 다양한 압력을 받아 왔다.

중국에서 공정한 세율로서의 절대적인 10퍼센트의 기준에 대한 믿음은 당·송시대에 이미 무너졌다. 당시 맹자를 거부했던 사상가 섭적(葉適)*은, 세율의 정당성은 영원히 변하지 않는 이상이 아니라 변화하

---

* 섭적(葉適, 1150~1223): 남송시대 온주(溫州)의 영가(永嘉) 출신으로 사공학계열의 학자이다. 자는 정칙(正則)이고 시호는 충정(忠定)이며 수심(水心) 선생이라고도 부른다. 국가정책, 국방, 민생 등의 경세적인 문제를 관심사로 삼고 경세적인 입장에서 경서를 해석하는 경향이 강했으며, 이재(理財)의 중요성을 강조했다. 저서에 『수심문집』(水心文集)이 있다.

는 상황에 따라 결정되는 것이라고 주장했다. 빈곤과 행정적 조치가 서로 연결되어 있다고 믿는 사회에서, 이러한 제안은 14세기 동안이나 지속된 오랜 윤리적 황금률의 폐기를 정당화하는 것과 같았다. 그러나 공정한 세율이 정부의 사업이나 정부 능력의 정도에 따라 달라져야 한다는 주장은, 구세적인 문제 대신 관리자적인 문제를 제기한 것이었다. 이는 또한 관료들 사이에서 조세에 대한 이론적 논쟁이 점차 논쟁 자체에 대한 논쟁으로 변질되고, 사회 현실과 유리되도록 하는 위험을 무릅쓴 것이었다. 세율이 어느 정도 되어야만 할지를 어떤 관리자가 결정할 수 있겠는가?

동아시아 역사상 이러한 관리자 중 가장 중요한 인물은 아마도 당나라의 조세 개혁가이자 780년의 중국의 유명한 '양세법(兩稅法)'의 창시자인 양염(楊炎)*일 것이다. 이 법은 세계사의 분수령이다. 개개인의 남성 납세자를 대상으로 한 '양세' 개혁은 그보다 3세기 전에 북중국에서 시행되었던 '균전제'와 관련이 있었던 조용조(租庸調) 세금을 대체한 것이었다. 조용조 세금이 사라진 것은, 8세기에 나온 이 세제 개혁에 의해 이미 토지소유의 불평등을 법제적으로 종식시키려 했던 오랜 염원도 훼손되었다는 것을 의미한다. 양염이 모든 조세를 여름과 가을의 두 번의 단순한 납부로 통합시킨 것은 엘리트 기획가의 자아도취에서 나온 것이었다. 그러나 이는 조세 수취자의 초점을 사람으로부터 소유 토지의 크기로 이동시켰고, 재정적 합리화의 노력으로 국가와 국민 사이의 관계를 비인격화시켰다.

---

* 양염(楊炎, 727~781): 당의 정치가로 산서성 봉상(鳳翔) 출신이다. 덕종(德宗)때 재상으로서 양세법을 실시하는 재정 개혁을 추진했는데, 이러한 중앙재정 재건책은 번진(藩鎭) 세력의 반발을 불러일으켜 결국 좌천되었다가 살해되었다.

양염이 일궈낸 이 행정적 혁명은, 엄청난 통합이 필요한 조세 개혁을 위에서부터 아래로 강요할 수 있는 무제약적 능력을 8세기의 중국 엘리트가 지니고 있었다는 것을 보여 준다. 프랑스 혁명 이전이라면, 이런 조치에 대한 봉건적 장벽이 지속적으로 존재했던 유럽의 수많은 소규모 정부들 중 그와 같은 능력을 고려해볼 만한 정부는 거의 없었을 것이다. 유럽에서 가장 잘 조직되어 있던 국가인 1700년대의 프러시아의 프레더릭 대제(Frederick the Great)*조차도 그토록 많은 귀족들이 향유하고 있던 면세권을 과감히 폐지하지는 못했던 것이다. 프레더릭 대제는 영국의 보상금에 더해서 그가 직접 소유했던 공국들로부터 받는 세입으로 수많은 전쟁을 치러야만 했다.[100]

양염의 조세 개혁을 충실히 살핀 서구의 역사가들 중, 이것이 세계사의 발전에서 가진 중요성을 의심하는 사람은 아무도 없다. 1992년에 나온 '전 지구적 조건'에 대한 논문집에서 윌리엄 맥닐은, 이 개혁은 중국의 통제경제가 시장지향의 경제로 선구적인 전환을 한 획기적인 사건이라고 주장했다. 양염이 조세를 실물에서 화폐로 전환하는 것을 받아들였다는 것은, 그가 중국사회에서 시장 기능의 확대를 합법화한 중대한 역할을 했다고 볼 수 있다는 것이다. 이것은 맥닐이 양염의 합법화 이후 3세기 이내에 중국에서 출현했다고 지적한, 매우 포괄적인 '근대의 시작'을 준비한 것이었다.

사실상 맥닐은 8세기에 중국에서 일어난 조세 개혁에 대한 중국 내의 뜨거운 논쟁에서 한쪽 편을 든 것이다. 이러한 논쟁은 1920년대의

• 프레더릭 대제(Frederick the Great, 1712~1786, 재위 1740~1786): 프러시아의 프리드리히 2세를 가리킨다. 계몽적 전제군주로 알려져 있으며, 프러시아의 관료제와 공무원제도를 개혁하고, 종교적 관용을 주창했다. 학술, 문화, 예술을 장려한 것으로도 유명하다.

후준(胡鈞)과 같은 제국시기 이후의 중국 재정행정의 선구적 역사가들에게까지 거슬러 올라갈 수 있다. 그 후 중국의 역사가들은 양염이 시행한 화폐 조세로의 전환이 수백 년 동안 반복적으로 문제를 일으켰다고 불평했다. 중국의 조세 수취에는 현저한 지역 차이가 존재했고, 양염과 같은 개혁가들이 폐지하고자 했던 이전의 조세 수취 관행들이 계속 되풀이되었다는 것이다.[101]

그러나 여기서 중요한 것은 양염의 조세 개혁 및 그 결과를, 산업화 이전의 제국시기에 막스 베버보다 11세기나 먼저 나타난 관료제적 합리화와 그로 인해 야기된 역효과의 조숙한 변천이라는 관점으로 순수하게 이해해 보는 것이다. 근대적 관료제를 미리 보여준 중국의 관리들은 오래된 문제들을 해결하려 애쓰다가 새로운 문제들을 만들어냈다. 이 새로운 문제들은 국가를 해묵은 난제에 대한 해결책으로서 내세우는 방식으로 통합되었다. 행정적 계획수립은 의도하지 않은 결과를 낳는 경향이 있기 때문에 현실 세계는 결코 그와 같은 합리화에 부합될 수 없다는 중국 관리들의 자각 또한 근대적 풍취를 지닌 것이었다. 아이러니하게도 (또는 실망스럽게도) 의도하지 않은 결과가 나왔다는 것, 그것은 문제 해결을 위해 적용했던 인간 이성의 한계를 일깨워주었던 것이다.

하나의 예로서, 1800년대 청나라의 충직한 관료였던, 비교적 잘 알려지지 않은 한 지현(知縣)은* 중국 농촌의 빈곤과 부패가 늘어나는 것에 충격을 받고 중국의 조세에 대한 비판적인 역사 저술에 착수했다.** 맹자

• 여기서 비교적 잘 알려지지 않은 한 지현이란, 탕성열(湯成烈, 1805~1880)을 말한다. 1831년 거인(擧人)으로 절강(浙江)성 무강(武康), 영가(永嘉) 등의 지현을 역임했다.
•• 역사 저술은 『황조경세문편속편』에 실린 「치부편」(治賦篇) 1~7을 가리킨다.

와 같은 방식으로 그는 이와 같은 사회적 병리현상과 조세 문제가 서로 결부되어 있다고 가정했다. 중국 농촌의 수난사를 추적하면서 이 관료는 중국에서 행해진, 위에서부터 아래로 시행된 세 차례에 걸친 조세 합리화에 그 고통의 원인이 수없이 도사리고 있음을 찾아냈다. 바로 8세기의 양염, 16세기의 수보(首輔) 장거정(張居正)* 그리고 1700년대 초의 옹정제(雍正帝, 1678~1735, 재위 1722~1735)의 조세 개혁이었다. 중국에서 조세 개혁의 주기는 이 사례들만 놓고 보면 갈수록 짧아졌음을 알 수 있다. 양염과 장거정 사이에는 800년의 격차가 있지만, 장거정과 옹정제 사이에는 단지 150년밖에 차이가 없다. 도덕적이고 사회학적 관점에서 이를 파악했던 19세기의 관료에게 이것이 의미했던 바는, 주기적 조세 개혁이라는 특별한 해결책을 통한 중국 관료체제의 자기 혁신은 그 효과가 갈수록 줄어들었다는 것이다.

위로부터 시작되었던 개혁에서 매번 지방정부의 자유재량이던 자금은 대부분 압수당했다. 이러한 상황은 지방정부로 하여금 나중에 중앙정부가 다시 한 번 쥐어짜기를 하면 압수될 것에 대비해 미리 더 많은 추징금을 고안해내도록 만들었다. 그 지현이 봤던 대로 지방정부의 부패는, 중앙정부가 행정적인 이유라는 명목으로 행하는 주기적인 구걸에 대한 불가피한 반응이었다고 할 수 있다. 이러한 시각에서 보면, 당대의 조세 혁명은 근대 상업 혁명의 전조(前兆)가 아니었다.[102]

• 장거정(張居正, 1525~1582): 자는 숙대(叔大), 호는 태악(太岳)이며 시호는 문충(文忠)이다. 호북(湖北)성 강릉(江陵)현 출신으로 만력제(萬曆帝)의 신임을 얻어 황제가 즉위한 직후부터 10년간 수보의 자리에 앉아 국정의 대부분을 처리했다. 대내적으로 대규모의 행정정비를 단행하여 전국적인 호구조사와 토지측량을 단행했으며 대외적으로도 공격적인 정책을 펼쳤다. 『서경직해』와 『장태악집』 등의 저술이 있다.

이 조세 혁명과 이후의 수백 년에 걸친 개혁은 오늘날 더욱 낯익은 중국의 모습, 즉 납세자가 겉으로만 순종하는 것, 다양한 수준의 정부 관리들의 파벌, 정실주의를 만들어냈다.[103]

그러나 행정적 판단 때문에 예기치 않은 결과가 도출되는 것을 비판했던 그 19세기의 지현 또한 바로 자신이 분석했던 현상의 한 부분이었다. 그는 정치적 문제를 행정적 문제로 바꾸어버리는 좋은 예를 보여주었다. 그는 중국의 중앙정부가 직접적으로 지방사회의 이익 또는 지방의 사회계층에 구걸하고 있다는 사실은 보지 못했던 것이다. 그는 그것을 정부의 행정단위인 지방 현에 구걸하는 것으로 보았다. 이것은 중앙정부의 조세 확대에 대해 매우 안이하게 비정치적인 방식으로 인식한 결과였다. 지방의 자금을 압수한 것을 두고 국가는 '귀공(歸公)'이라고 표현했다. 그에 대해 이를 비판한 한 엘리트는, '귀민(歸民)'에 따라 그와 같은 압수는 중단되어야 한다고 주장했다. 그러나 봉건제 이후의 행정 언어는 특수한 사회적, 정치적 행위자로부터 유리되어 있었기 때문에 군주와 지방 사이의 이해관계에 갈등이 있을 경우 이에 대한 갈등 의식을 고양하는 것만큼이나 애매하게 만들기도 했다.

물론 이것은 관료제가 지닌 합리성의 한계를 드러낸 것이지만, 정치의 안정을 위해서는 이득이 되는 것으로도 볼 수 있었다. 1947년에 불만을 터뜨렸던 중국의 한 자유주의자는 1999년에 다시 발표한 글에서 과장을 섞어, 왜 중국의 오랜 역사에서 중국의 납세자는 영국인처럼 '발언할 권리'를 요구하지 않았는지에 대한 질문을 던졌다. 중국에서는 국가로부터 독립된 사회 집단이 존재하지 않았기 때문이라는 것이 그가 원했던 답이다. 그러나 중국 관료의 관념 속에 들어 있던 때이른 근대적 시각으로 이를 본다면, 정치적인 문제를 행정적인 문제로 바꾸어버린 것이 그 답이라 할 수 있을 것이다.[104] 중국식 관료제 내의 정치이론은 이와 같은 관리자적인 의식의 위험성을 분석해냈다. 이것은 서구의 저자들이 거의 최근에 와서야 겨우 시작하게 된 일이다. 관료제에 있어서 정치적인 문제가 행정적인 문제로 전환되는 현상을 다룬 가장 뛰어난 저서 중 하나인 『이데올로기와 유토피아(*Ideology and Utopia*)』(1929)에서, 칼 만하임(Karl Mannheim)*은 그가 잘 알고 있는 프러시아 관료들의 편협한 행정적 합리성이 지닌 주요 위험요인은, 예를 들어 나치와 여타의 혁명가들처럼 그들 고유의 행동반경을 넘어서 작용하는 불합리한 세력들의 위험성에 대해서는 눈을 감도록 만드는 것이라고 주장했다.[105] 그러나 비록 제한적일지라도, 봉건제 이후의 동아시아에서 관료제적인 지배의 형태가 오랫동안 실험적으로 시행되어온 결과를 보면, 다른 종류의 위험들 역시 그리 극적이지는 않을지라도 똑같이 중대한 위험이라는 사실을 알 수 있다. 그러한 큰 문제 중하나는, 상부구조에서 이성적인 통제를 위한 관리자적 기법을 강요함에 따라, 그 정치제도의 하부에서는 무관심이 늘어나거나 대립 없는 형태의 소외가 늘어난다는 점이다.

17~18세기에 이르러서, '상층'으로부터 '하층'이 비대립적 양상으로 소외되었던 문제는 중국식 관료제의 사상에 있어서, 특히 중국에서 중대한 걱정거리가 되었다. 필립 쿤은 중국인이 가진 시민적 덕성에 대한 중국 관료들의 태도를 '비관주의'라고 불렀는데, 고염무는 이

• 칼 만하임(Karl Mannheim, 1893~1947): 독일인 사회학자. 지식사회학이라는 새로운 사회학 분야를 개척하여 이데올로기의 존재구속성을 강조하였고 영국에 망명한 이후로는 전투적 민주주의자로서 시국적인 발언도 하며, 시대의 진단학으로서의 사회학의 의의를 역설했다. 사회심리학의 도입과 미래사회의 계획화에 역점을 두었다. 주요저서로는 『지식사회학의 문제』(1925), 『이데올로기와 유토피아』(1929), 『변혁기의 인간과 사회』(1935), 『현대의 진단』(1943) 등이 있다.

러한 비관주의의 전형적인 인물이었다.[106] 지방에서 감독을 담당한 행정 요원의 충위가 급증하는 현실을 공격하면서, 고염무는 관료제를 위해 자발적인 방식의 신봉건적 혈액을 투입한다면 지방 차원에서 공권력이 더 의미 있게 존재하게 될 것이라 주장했다. 고염무는 만약 봉건제의 미리 정해진 사회적 관계와 더불어 봉건제의 정신이 관료제 사회의 구조 속으로 주입될 수 있다면 대중의 무관심과 소외감은 종식될 수 있다고 생각했다. 그가 이를 위해 선호했던 방법은, 지현보다 상위의 관리들에게는 순수하게 능력주의 사회가 지닌 동학(動學)의 전형인 임기에 따라 비세습적으로 교체되는 제도를 계속 유지하는 한편, 모든 지현들은 어느 정도의 검증 기간을 거친 이후에는 그 지위를 평생 동안 유지시켜 주고 그 아들들이 그들을 계승하도록 추천하는 방식이었다.[107] 고염무가 제안한 봉건제와 관료제적 원칙의 이원적 이용은, 오늘날 유럽 사상가들이 중국과 비슷한 크기의 단위인 유럽연합의 문제 해결을 위해 전통적인 지역 연합과 새로운 초국가적 연합으로 된 공동체의 이원적 구조를 인정하자면서 내놓은 제안들과 흥미로운 유사성을 보여주고 있다.[108]

고염무는 비세습적인 중국식 관료제는 잘못된 개념에 기초하고 있는데, 그것은 혈족에 기반을 둔 이기심의 총합보다 더 큰 어떤 '공공의 정신'이 존재할 수 있다고 믿는 것이라고 주장했다. 그가 국가 행정의 제한적인 재봉건화를 주장한 것은 이러한 면을 인정한 것이었다. 그러나 고염무의 봉건제에 대한 동경은 유럽의 낭만주의에서 발견되는 고대의 귀족제의 화려함과 분위기에 대한 향수라고는 찾아 볼 수 없는, 중국 관료의 순수한 합리적 심사숙고에서 나온 것이었다. 아마도 현대의 서구에서 고염무와 동등한 예를 찾는 최선의 방법은, 자본주의의 자기 파괴적 합리주의를 완화하고 그것에 정서적 안정제를 제공하기 위해 자본주의 이전의 기독교를 부활시킴으로써 자본주의의 문제점을 해소하자고 하는 정치적 비판자를 생각해보는 것이다.

중국에서 대중적 무관심에 대한 관료들의 불안감은 고염무의 사망 이후 약 백 년 동안 높아져만 갔다. 지현이었던 왕휘조(汪輝祖, 1731~1807)는 청송(聽訟)과 같은 정부의 공적인 업무에 구경꾼들이 접근할 수 있도록 해서, 그 구경꾼들로 하여금 자기도 관련이 있다는 것을 느끼게 해야 한다고 요구했다. 왕휘조가 1793년에 쓴 유명한 책인 중국의 지방정부를 위한 가이드북*은, 보통사람들이 정부의 법률이나 국가의 제례(祭禮)에 관심을 주지 않는 상황에 대한 관찰로 가득 차 있다. 왕휘조는 지현들이 지역의 10대 청소년 해설자 집단을 고용하여 백성들의 소외 문제를 해소할 필요가 있다고 권고했다. 그렇게 할 경우 이러한 해설자들은, 이상한 금기로 가득차서 마치 낯선 타국민 같다고들 하는 대중을 지현들이 이해하도록 도움을 줄 수 있었을 것이다.[109]

국가 업무에 대한 대중의 무관심에 대하여 불평을 토로했던 중국 정치이론의 화법은 18세기의 유럽 정치사상의 화법과는 유사성이 별로 없다. 그러나 이는『퍼블릭 오피니언 쿼털리』** 같은 잡지나『왜 미국인은 정치를 싫어하는가』(Why Americans Hate Politics)와 같은 책에서 투표권자들의 저조한 관심에 대해 지속적으로 다루고 있는 내용과 같이 현대 서구세계의 저작들이 사용하는 화법과 더 많은 유사성을

- 그 책은『학치억설(學治臆說)』이다.
- • 『퍼블릭 오피니언 쿼털리(*Public Opinion Quarterly*)』는, 미국 여론연구학회(American Association for Public Opinion Research, AAPOR)가 옥스퍼드 대학 출판사에서 발행하는 영향력 있는 학술지이다.

가지고 있다.[110] 프랑스 혁명 때까지 유럽에 미만했던 중대한 정치적 고민은, 종파적 종교의 열광적인 행위 때문에 파괴되는 것을 막을 수 있을 만큼 충분히 인위적이거나 사회적으로 충분히 자율적인 정치 질서를 확립할 수 있는 인간의 정치적 기술이 없다는 점이었다. 이런 이유로 토마스 홉스는 그가 '리바이어던(Leviathan)'이라고 명명한, 새로운 종류의 국가의 '인위적 의지'에 대한 믿음이 있었다. 제국시기의 중국에서 그리고 정도가 좀 더 약하기는 하지만 베트남과 조선에서 이에 상응할 만한 정치적인 두려움은, 오히려 정치 질서가 너무 인위적으로 되어버린다는 점이었다. 유럽은 단지 격렬한 종교적 관심과, 그런 관심 때문에 생겨난 군대 때문만이 아니라, 종교전쟁의 말기에 나타난 근대 초기의 이 '국교' 국가들('confessional' states)—영국의 성공회와 프러시아의 신교와 같은—과 근대 민족주의 국가와의 거리가 놀라울 만큼 가깝기 때문에 근대적 유형의 정치적 무관심을 오랫동안 방지할 수 있었다. 1차 세계대전의 전장에서 주전론적인 기독교 성직자들의 예가 보여 주듯이, '국교'와 민족주의 국가는 정말로 융합되어 있었던 것이다.

동아시아 관료제사회에서는 유럽과 같이 정치를 '뜨겁게' 유지했던 종교전쟁은 존재하지 않았다. 동아시아의 정치이론가들이 유럽의 정치이론가들보다 더 일찍 발견한 사실은, 행정적 실용성의 원칙이 증가하고 그보다 더 오래된, 가족이 아니면서도 사적인 관계에 있었던 봉건적 충성의 의의가 약화돼버린 정체에서는 그 정치체제에 대한 구성원들의 정서적 연루가 감소할 수 있다는 것이었다. 이러한 감정적 연루의 감소가 서구화된 오늘날의 중국 자유주의자들이 중국사에서 부질없이 찾고 있는 납세자들의 반란이 존재하지 않도록 했지만 말이다.

브뤼셀에서 이끌고 있는 관료화된 유럽연합에 대한 날카로운 비판자들은 1995년에 들어, 유럽은 "너무 크고 너무 모호한 개념이어서 어떠한 납득할만한 인간 공동체를 건설하기 힘들며", 이와 같은 "지나치게 거대한 규모의 초국가적인 단위"는 '만성적인 민주주의의 결여'를 겪을 수밖에 없다고 불평했다.[111] 만약 이 주장에서 '민주주의의 결여'를 '결속력의 결여'로 바꾼다면, 이는 유럽만큼 거대한 중국의 정치이론에서 수백 년 동안 핵심적인 문제가 되었던 것을 잘 묘사한 것이라 하겠다.

이 모든 것은, 지금으로부터 12세기 전에 양염이 당나라에서 행한 조세 개혁이 단지 시장을 기반으로 한 정치체제로의 전환을 향한 첫 발걸음을 내딛었다는 사실 때문에만 세계사에서 기념비적인 사건이 된 것이 아니라는 점을 시사해 준다. 왕휘조가 1793년에 묘사했듯이, 그것이 실제로 성공하지는 못했을지라도 결과적으로는 상류층과 하류층 사이에 대립 없는 소외 또는 격리 현상을 야기하면서 지역 공동체들에 대한 정부의 포섭을 무력화시킬 수 있었던 양염의 조세 개혁은 위에서 아래로 시도된 관료적 합리화의 방식을 일찍이 보여준 전조였다는 점에서도 획기적이었다. 여기서 대립 없는 소외란 중국의 정치사상가들에게는 지방의 부패한 서리들을 의미했고, 오늘날에는 무관심한 투표권자들을 의미하는 것이다. 아주 최근에 이르기까지 서구의 정치이론은 확실히 비교론적 시각에서 이러한 특정한 유형의 발전론적 위험성을 인식하는 데는 취약했다.

중화제국의 후기에 들어 상업과 상인의 영향력이 눈부시게 확대되었고 이러한 변화는 토지 개혁에 대한 기대와 맹자의 조세 원칙을 더욱 더 포기하도록 위협했다. 1700년대에 청나라 황제는 추가 예산 세입을 오늘날 족벌 자본주의자의 전조라고 할 수는 없을지라도 '지대 추구자(rent-seeker)'—정부와의 관계와 면허를 사업의 이득을 위해서 쓰는 사람들—라 할 수 있는 거대상인들에게 점점 더 의존하게 되었다. 건륭 치세의 투자 관리인이자 물주였던 소금 상인들은 건륭제가 중앙아시아와 대만에서 벌인 군사 활동에 들어간 대부분의 자금을 대주었다.[112] 빈민 구제의 행정이론 역시 이러한 상업의 확대 또는 더욱 더 복잡해진 경제로 인해 국가의 직접적인 경제 통제가 필연적으로 쇠퇴하게 된 점에 영향을 받지 않을 수 없었다. 상당수의 고위 관료는 악정이 빈곤을 야기한다는 뿌리 깊은 생각조차 포기해 버렸다. 그 대신 대중의 소비문화의 변화를 빈곤의 원인으로 비난했다.[113] 진혜전(秦蕙田)*같은 몇몇 고위관료는, 빈곤은 정치적으로 야기되는 결함이 전혀 아니고, 단순히 비효율적인 분배의 문제일 뿐이라고 주장했다. 제국의 부는 제대로 순환되지 않고 있었다. 빈곤 퇴치의 비책은 토지의 균분 시책에 있는 것이 아니라, 중화제국의 복지 대상을 통합할 수 있도록 화폐의 합법적 사용을 완전히 허용하는 데 달렸다는 것이다. 이것은, 정부가 부유한 호(戶)에게 다양한 특권을 판매하여 사창과 빈자들에게 재분배하는 방식으로, 부유한 호의 재산을 동원함으로써 가능해진다고 했다. 이와 같은 시책을 보면, 부자는 마치 자선 기관이나 NGO처럼 사회를 변화시키는 데 유용한 힘을 부여받고 있는 듯하다. 그들은 역사적으로 형성된 사회계층이라기보다는 공권력을 보완하기 위해 준비되어 있는, 국가가 직접 관할하는 재산처럼 묘사되고 있

---

* 진혜전(秦蕙田, 1702~1764): 자는 수봉(樹峰)이고 호는 미경(味經)이며 형부상서를 지냈다. 경학가로도 유명하다. 『강남통지』(江南通志) 수찬에 참가하였고, 『오례통고』(伍禮通考)등의 저작이 있다.

는 것이다.[114]

그러나 조선과 베트남에서는 동아시아의 원초적인 복지의 이상(理想)이 18세기의 중국에서만큼 심하게 훼손당하지 않았다. 그 시기에 이르러서도, 중국의 조세 개혁의 주기가 지닌 더욱 시장 지향적인 공리주의와는 어울리지 않는 '균전' 공동체주의자의 이상이, 베트남과 조선의 관리들 사이에서는 중국보다는 훨씬 더 신뢰를 얻고 있었다. 여기에는 많은 이유가 있었다. 부정적 관점에서 이것은, 현대 세계에서도 볼 수 있듯이 취약한 국가는 강력한 국가보다 그 역할을 변화시키고 국가의 책임을 줄이는 데에 종종 더 많은 어려움을 겪는다고 하는 상황을 반영한 것이었을 수 있다. 또한 그것은 베트남과 조선의 상업화 진전 과정이 지지부진한 속도에서 벗어나지 못했던 것의 반영이었을 수도 있다. 조선의 개혁가들은 청나라와 같은 경제, 사회적 엘리트를 배출하려 시도했으나 실패했는데, 이는 제임스 팔레가 시사하고 있듯이, 상업에 대한 편견이 '양반 의식'에 너무 깊이 뿌리내려 있었기 때문이다.[115] 베트남은 남중국해의 교역에 상당히 활발히 참여하였음에도 불구하고 결코 중국, 일본에 필적할 만한 자생적인 상인 계층을 발전시키지는 못했다. 역사적으로 대부분의 기간 동안 중국의 화폐가 베트남에서 유통된 돈의 대부분을 차지했다.

그러나 유행 풍조에 관한 정치이론에서 경제적 결정주의의 시각을 취하는 것은 지나친 단순화로 흐를 위험성이 있다. 이와 같은 유행 풍조에 영향을 끼친 중국식 관료제의 규모를 살펴보는 것이 더욱 적절할 것이다. 조선과 베트남의 행정을 맡았던 지배계층은 중국보다 훨씬 규모가 작았다. 지방에 필요한 정책을 직접 다루기보다는 다른 관료들을 감독하는 것이 주요 임무인 관료들이 늘어난 현상 역시 중국보다 훨씬 약했다. 베트남과 조선의 소규모 관료제는, 엘리트 사상가들로 하여금 정부 관료에 의해 위로부터 만들어진 토지 재분배 시책이 지역 차원에서도 더 많은 공공적 지지를 얻을 수 있으리라 추정하도록 조장했다. 이러한 유형의 국가의 복지 방침은 중국식 관료제 중에서 규모가 더 작고 더 가난한 곳에서만 가능하다고 하는 가정은, 자유는 오직 소규모의 국가에서만 만개할 수 있다고 했던, 루소로 대표되는 유럽적 신념의 아시아 관료제에서의 메아리라고 이야기할 수도 있겠다. 그러나 한정된 임기에 따라 관료를 순환시키며 임용하는 정부 구조는, 그것이 '하부', 즉 지역적 이익에 관해 관리들의 객관성을 강화할 수는 있을지라도, 관리들의 사회적 지식을 속박한다는 사실은 간과하고 있다. 더 작은 규모임에도 불구하고 베트남과 조선의 관료제사회에서 사회적 신뢰와 정부기관에 대한 믿음이 더욱 강하게 연결되어 있었다는 증거는 거의 없다.

그렇다 할지라도 1700년대와 1800년대의 베트남의 군주는, 당나라의 양염을 순전히 중국 행정의 퇴폐적 산물이라고 보는 확신에 따라 행동하면서 중화제국의 주기적인 조세 개혁의 논리를 완전히 거부해버렸다. 1723년에 북부 베트남을 다스렸던 찐(鄭, Trihn)* 가문의 영주는 자신이 동아시아의 정치적 토지 관리의 역사를 검토했다고 선언했다. 찐 끄엉(鄭棡)은, 중국의 과거 10세기에 걸친 세제 개혁을 반박하면서 모든 조세제도 중 최상의 것이면서 베트남 백성들이 그 목적을 이해

---

* 찐(鄭, Trihn) 가문: 타인 똥 치세에 절정을 이루었던 레 왕조는 그의 사후 쇠퇴하기 시작했다. 레 왕실은 이후 300년 가까이 존속했지만, 그 권위는 명목상에 지나지 않았다. 16세기 초 막(莫)씨가 제위를 찬탈했고, 막씨가 쫓겨난 이후에는 일본의 도쿠가와 막부시대의 쇼군에 비견되는, 쭈어(主)라고 불렸던 찐씨와 응우엔씨에 의해 레 왕조는 남북 분열 상태에 빠졌으며, 레씨는 겨우 황제의 이름만 지켰다.

하는데 가장 쉬운 제도는 양염 이전인 당나라 초기의 '조용조(租庸調)'
—베트남어: 또 중 디에우(to dung dieu)—제도였다고 주장했다. 바로 이
것은 거의 1000년 전에 당나라에서 폐기된 조세제도였다. 찐 끄엉은 중
세 초기에 나온 이 조세의 원칙을 당시 두드러지게 다양한 지방 세율
을 가지고 있었던 북부 베트남에 다시 도입하려고 시도했다. 그와 그
의 후계자들 중 몇몇—특히 찐 조아인(鄭楹)*—은 명백히 이를 홍하(紅
河) 삼각주에서 부활시킨 '균전제'의 일부로 만들기를 희망했다.

불행히도, 북부 베트남의 세제 개혁은 현실에서는 실패했다. 중국
에서는 개인의 책임감이 정치 질서와 사람들 사이의 관계를 더욱 보
편적인 비인격적 관계로 만드는 것을 두려워했는데, 그 때문에 조세
수취에 있어서도 개인의 책임감이 비인격화되는데 대해 보상을 하기
위해 세세한 사회공학적 노력을 하는 경향이 있었다. 그런데 북부 베
트남의 개혁 역시도 이런 집착에 빠져들고 말았다. 결국 베트남의 조
세 개혁가들도 비인격화에 대해 지나치게 보상을 했던 것이다. 통킨의
조세 검사관은 모든 경작지를 비옥도에 따라 세 종류로 분류하는 작
업을 위해 파견되었는데, 분류에 따라 각기 다른 조세 분담액이 책정

○　찐 끄엉(鄭棡, Trihn Cuong 재위1709~1729). 1709년 찐 깐의 뒤를 이어 권력을 장악한 찐 끄엉은
고향을 등진 농민들을 초무하기 위해 이들에게 세금을 면제해 주었다. 2년 뒤에는 세원을 보다
확실히 하기 위해 소위 균급공전례(均給公田例)를 반포했다. 그러나 민정의 토지 분배에서 우선
순위는 관이 결정하지 않고, '향음좌차'(鄕飮座次)라 하여 촌락 내에서 촌민들 스스로 정한 순위
에 따르게 했다. 또 정기적인 토지를 분배하는 중에 생기는 새로운 지급 및 지급한 토지의 환수,
그리고 토지를 지급받을 수 있는 최초의 연령도 촌락이 결정하도록 했다. 찐씨는 현실을 인정하
여 사장(社長)의 권한을 확대해 주고 촌락의 관습을 존중해 준 결과 이제까지 국유지였던 공전
(公田)이 뒷날 촌락 공유의 공전으로 전환되는 길을 열었다.

●　찐 조아인(鄭楹, Trihn Doanh 재위1740~1767). 찐 쟝의 뒤를 이어 집권했다. 군비를 조달하고 부
족한 국고를 채우기 위해 3관의 돈만 내면 누구에게나 향시에 응시할 자격을 주었다. 이는 베트
남의 과거제에 혼란과 쇠퇴를 가져왔다.

되었다. 심지어 불교 사찰도 '매우 유명한가,' '유명한가' 또는 그냥 보통 정도인가에 따라서 다른 등급으로 토지에 대한 면세권을 부여받았다. 이와 같이 과세가 가능한 자원에 대한 야심찬 구조조정은, 관료주의적으로 창출된 공간의 편의성에 대한 관료 특유의 믿음을 반영한 것이었다. 이와 같은 일은 매우 봉건적인 사회의 조세 행정관에게서는 일어날 수 없는 것이었다. 그러나 이러한 구조조정은 관료적 주관주의로 빠져 버리는 경향이 있어서, 중국의 주요 개혁가들이 매우 다양한 조세 정책으로 지역민을 소외시켜 버리게 된 것과 똑같이 베트남에서도 지역민의 감정을 완전히 거슬리게 했다.[116]

베트남과 마찬가지로 조선의 관료 사상가들은, 후기 중화제국의 사상가들처럼 빈곤을 정치적인 왜곡이 만들어낸 것이라고 설명하기를 포기하는 데까지 나아가지는 않았던 것으로 보인다. 찐 꾸엉에게 영감을 불러일으킨 것과 마찬가지로, 당나라 초기의 '균전제'와 조세제도가 상고시대인 '삼대'의 이상을 실현하는 데 가장 가까운 제도라는 점을 유형원(柳馨遠)•은 동의한 것 같다. 찐 꾸엉과 동시대의 인물인 이익은, 조선은 백성들의 토지소유를 점진적으로 평준화하기 위해서 당나라 초기의 토지와 조세제도의 용어마저 부활시켜야 한다고 주장했다. 심지어 정약용은, 중국 고대의 정전제보다는 그 취지에서 더욱 소박한 '균전제'를 먼저 부활하고 '장기간'의 세월이 흐르게 되면, 조선에서 고대의 '정전제' 자체를 시행하는 것도 가능하다고 생각했다.[117]

• 유형원(柳馨遠, 1622~1673): 조선 중기의 실학자. 학행(學行)으로 천거되었으나 모두 사퇴하고, 농촌에서 농민을 지도하며 실학을 최초로 체계화했다. 저서 『반계수록(磻溪隨錄)』을 통하여 중농사상에 입각한 전반적인 제도개편을 구상했다.

이러한 차이가 생긴 것은 조선의 군주들의 경우, 당나라 초기에 행해진 조세의 실험적 재정비를 1700년대 초의 북부 베트남의 세제 개혁에서처럼 고되게 시도해본 적이 없었기 때문이다. 조선의 양반 지주들은 토지 개혁의 주요 방안들에 맞서 견고한 장벽을 쌓아놓고 있었는데, 베트남의 지주계층에서는 그것이 결코 가능하지 않았다. 이는 또한 조선의 실학 개혁가들이 더욱 점진적인 토지 개혁을 도입하기 위한 청사진을 제시했던 데 대한 설명이 될 수도 있겠다. 그러나 베트남과 같이, 조선의 개혁가들도 여전히 농지를 균등하게 나누는 것으로써 농민들의 행복을 법제화하기를 원했다. 조선과 베트남에서는 조세정책이 복지를 행정적으로 추구하는 더욱 보편적인 방식의 일부로 남아 있었던 것이다. 이처럼 조세 '만능'주의의 관점이라고 표현된, 철학적 원대함과 행정 권력이 결합된 방식은 안정성에 대한 고려가 미약하기만 했다.

반복되는 결속력 부족의 문제

결속력의 부족은 대개 서구에서는 근대적인 문제로 여기고 있는데, 이는 근대 초기에 유럽의 봉건적 결합을 느슨하게 만든 우파 지향의 자유주의적 개인주의의 성향에 기인한 것으로 보고 있다. 그러나 이에 앞서 동아시아에서는, 과거시험에 기반을 둔 중국식 관료제와, 지역의 요구와는 동떨어진 관료 기획자들이 통치자와 피치자 사이의 수직적 관계를 약화시켰고, 그리하여 결속력 부족이라는 문제를 낳았다.

그 규모 때문에 사태를 더욱 심각하게 만들곤 하는 중국에서는, 정부와 지역 기반의 혈통집단—가족과 종족(宗族)—사이에 새로운 종류의 수직적인 관계(과거제 제외)를 창출함으로써 결속력 부족을 방지하려는 수많은 제안이 있었다. 1800년대 초에 위원(魏源, 1794~1857)은, 기존의 종족 내 자선제도(학교, 사창, 묘지)는 한때 사회 복지를 관장했던 봉건적인 조직들을 대체하기에는 너무 약한 것이라고 비난했다. 그의 해결책은 정부 주도로 중국의 종족들을 초종족적으로 융합시키고, 이 조직을 정부가 지도하는 것이었다. 심지어 위원과 동시대인이었던 북경의 한 학자는 한걸음 더 나갔다. 그는 예부가 중국의 모든 종족을 중앙에서 관리하도록 하고 이를 5개의 부류로 분류해야 한다고 주장했다. 관료의 정리 과정을 거친 이후에 새롭게 정비된 종족들은 국가가 보장하는 추방과 족보에서의 제명의 권한을 부여받을 수 있고, 순회하는 관료에 기반을 둔 정치 질서에 의한 사회의 파편화는 막을 내리게 되리라는 것이었다.[118] 그러나 이러한 종족적인 가부장제를 경찰국가로 전환시키려는 꿈은 오히려 중국이 얼마나 봉건제에서 멀어져서 관료제로 변해버렸는지를 보여줄 뿐이었다.

　세 중국식 관료제 국가 모두는 신유가의 한 제도를 공유하고 있었다. 그 제도의 목적이 지역의 정치 활동에 감동을 다시 불어넣는 것은 아니었을지라도, 그것을 부분적으로 다시 활성화하고 임기제에 의해 이동하는 관리들이 가질 수밖에 없었던 사회적으로 제대로 구현되지 못한 자아와는 대조적인 공동체주의적 '자아' 인식을 강화시키는 것을 목적으로 했다는 점은 중요하다. 이 제도는 향약(鄉約)—중국어: 샹위에, 베트남어: 흐엉 으억(huong uoc)—이다.

　향약은 교화와 기근의 구제, 기타 상호부조 형태, 치안유지 그리고 무례하고 범죄적인 행위의 처벌을 위해 지역적으로 조직된 단체였다. 향약이 국가와의 수직적 관계를 강화하는 메커니즘으로 직접 기능하지는 않았다 하더라도, 지역 중심의 이념을 규정해나가는 과정과 예(禮)는, 분명히 이 세 중국식 관료제 사회가 두려워하는 시민의 무관심의 확산을 막는 것을 의도하고 있었다. 11세기 중국 송나라 때 기원한 향약은 대체로 한국에서는 1500년대부터 중요시되었다. 원래 중국에서 만들어진 『여씨향약(呂氏鄕約)』이 1517년에 한글로 번역되었다. 베트남의 향약으로 최초로 알려진 것은 북중부 베트남의 어느 마을의 것인데, 이는 1600년대 초반에 나왔다.[119] 향약이 가장 필요했을 것으로 생각되는 중국에서는, 이것이 수백 년 동안 시행되기는 했으나 가장 열악했다. 이 주제는 아직 연구가 더 필요하지만, 향약은 아이러니하게도 관료문화가 엇비슷하게 약하고 그 필요성이 훨씬 덜했던 조선과 북베트남, 북중부 베트남에서 더 번성했다.

근대적인 것의 전조로서 향약은 중국식 관료제사회의 다른 많은 것들과 마찬가지로 모호한 점이 많았다. 한편으로 독일의 학자인 모니카 우벨뢰르(Monika Ubelhör)가 지적하였듯이 향약은 원래 송나라 시절에 사라져가고 있던 봉건제의 대체물로 고안된 것이었다. 향약의 목적은, 학자-관료들이 당나라 때의 '명문세족(名門世族)'들을 밀어내고 있던 중요한 시기에 귀족제 이후의 공동체 의식을 조성하기 위한 것이었다.[120] 다른 한편으로 향약은 국가의 목적에 봉사하지만 국가로부터 직접적으로 통제받지 않는 인위적 형태의 협동조직이었다. 그래서 향약은 서구의 수많은 자유주의자들이 근대적인 정치의식의 발흥과 유지에 불가결한 것이라고 믿는 독립적인 시민사회의 발현과는 거리가 멀었다.

그러나 독립적인 시민사회가 근대적 정치의 발흥과 유지에 중요하다는 믿음을 역사적으로 조건 지어 보면, 그 보편성에 대한 의문이 제기될 수 있다. 유럽에서 수백 년에 걸쳐 진행된 종교전쟁은, 종교를 정치로부터 분리시키려는 투쟁의 일환으로서 사회로부터 국가의 분리를 개념적으로 정착시키려는 서구의 절박한 소망을 자극했다. 그런데 유럽의 최근의 역사는 오히려 더욱 동아시아적인 것이 되어가고 있다. 사회와 정부가 아주 '얽혀있어서' 그 구별의 중요성을 약화시키고 있기 때문에, 많은 국가의 노동조합과 고용자 집단이 국가의 기획 속에 통합되어 왔던 것이다.[121] 전후 영국에서 나온, 유사 자율적 비정부 기구를 가리키는 용어인 캥고(quango)*는 서구의 주요 정책결정의 영역에서 이러한 차이가 사라져 가고 있음을 보여주고 있다. (미국은 이런 경향에서 예외적이다.) 그리고 정부가 조직한 비정부기구라는 용어인 '공고스(gongos)'**는 이보다 한걸음 더 나아간 예이다. 동아시아 관료제사회의 향약은 일종의 신유가의 캥고(quango)라고 볼 수 있는데, 이는 근대적인 제도의 발전과 그렇게 차이가 나는 것은 아니라고 하겠다.

각각의 중국식 관료사회는 향약을 서로 다른 식으로 정착시켰다. 조선의 향약은 중국보다 신분의 구별을 형벌로써 고수하는 데 더 많은 신경을 쓴 듯하다. 이이(李珥, 1536~1584)의 유명한 1577년의 해주 향약은, 서자와 노비 같은 사람들을 지역의 좌석배치와 의례에서 차별하고, 노비의 잘못에 대해 더욱 가혹한 처벌을 하며, 대체로 엘리트 이외의 계층에 대한 엘리트들의 처벌을 강조했다는 면에서 그 정도가

• 캥고(quango): quasi-autonomous non-governmental organization의 약자로 영국의 독립적 공공기관을 가리키는 용어이다.

•• 공고스(gongos): government-organized non-governmental organization의 약자이다.

중세 중국보다 훨씬 심했던 것이다.[122] 조선의 향약을 설계한, 서원을 기반으로 한 사대부들이 이러한 면을 강하게 필요로 했다는 것은, 조선이 능력 위주의 시험과 쇠퇴해가는 사회적 동원을 위한 봉건적 방식을 다시 붙잡으려는 야심 사이의 내적 갈등에서 벗어나지 못했음을 시사해 준다. 비록 조선의 사대부들이 중국의 사대부들보다 그러한 갈등을 조절하기에 더 좋은 위치에 있었지만 말이다.

조선과 달리 베트남에서는 사대부들이 서원에 기반을 두고 있지 않았고 서민들과 그렇게 거리를 두고 있지도 않았다. 베트남의 향약은 대체로 뜨 반(tu van)—『논어』의 문구로 사문(斯文), 즉 '정통 문화'—모임으로 알려진 향촌 조직을 만든 향촌 내 식자층을 통해 입안되었다. 향약을 쓴 사람들이 중국이나 조선의 신유가적인 사대부들보다 더 직접적으로 향촌 생활에 깊이 관여하고 있었기 때문에, 향촌의 문화가 향약 전반에 스며들어가는 것이 좀 더 용이했다. 더욱이 16~18세기 베트남의 농민은 의심할 바 없이 조선보다 이동성을 더 많이 가지고 있었다. 그래서 지역의 엘리트들과 협상을 하는 데 좀 더 유리한 위치에 있었다. 베트남은 조선보다 훨씬 뒤늦은 시기인 1802년까지도 계속 국경이 변동되었다. 게다가 조선에서는 1400년대에 농민들의 호패를 만드는 일이 법제화된 데 비해, 1700년대 말에 반란을 일으킨 떠이 썬(西山)당°의 황제가 호패를 도입하기로 결정하기는 했으나 그것을 강제하지는 못했다. 물론 그 전에는 전혀 그것을 심각하게 고려한 적조차 없었다. 그래서 베트남 정부는 향약을 지역의 유가적 실천주의의 도구로 사용하려 했지만, 베트남의 향약은 한국이나 중국의 향약보다 훨씬 더 아래로부터 형성되었던 것 같다. 어떤 베트남 향약은 심지어 야생동물을 사냥하는 규칙에 관한 것에 초점을 두었고, 또 다른 경우는 향촌 내에서 속이거나 도둑질을 하는 것을 막기 위해 신년 때 행하는 원시적인 피의 서약에 초점이 둔 것도 있었다.[123]

그러나 1500년에서 1800년대 사이의 동아시아의 관료제사회의 다양한 향약들을 보면, 세계사적으로 중요한 공통점이 존재한다는 것을 알 수 있다. 유럽과 동아시아 모두 이 시기에는 명백한 규범을 가진 인위적 공동체를 건설하는 데 주력했다는 사실이다. 법에 의존한 유럽의 '리바이어던' 국가와, 대중의 무관심을 방지하려 했던 중국과 조선, 베트남의 농촌에 두어졌던 향약과 같은 공동체들은 이 문명들이 무엇을 부족하다고 생각했는지 보여준다.

유럽의 정치적 질서는 상부의 포괄적인 정치적 권위가 너무 약해서 종교전쟁을 통제할 능력을 갖추지 못했고, 치명적일 정도로 독립적인 공동체주의의 열정을 지니고 있었기 때문에 손상을 입었다. 유럽에서 가톨릭과 신교 간의 전쟁은 오늘날의 르완다를 연상케 할 만큼 대량학살로 이어졌을 뿐 아니라, 귀족들이 이끄는 가톨릭 연합과 신교 회의, 무장한 종파들이 주축을 이루어 피비린내 나는 투쟁을 낳았는데, 그들은 모두 취약한 유럽의 정부들을 잠식해가는 방식으로 공동체의 힘을 재창출했다. 봉건적 형태의 권위가 여전히 살아 있던 환경

○ 떠이 썬 당 운동은 1771년 응우옌씨 지배 아래 꾸이 년 부근의 떠이 썬 마을에서 응우옌씨 3형제가 일으킨 반란을 시작으로 순식간에 전국으로 확산되어 응우옌씨와 찐씨를 차례로 무너뜨리고 한 세기 반 동안 지속되었던 남북 대립에 종지부를 찍었다. 이들은 곧 이어 레씨 왕조도 멸하고 새로운 정권을 수립했다. 베트남 역사상 최대 규모의 농민운동으로 꼽힌다. 응우옌씨 3형제 중 하나인 응우옌 반 후에(阮文惠)는 꽝 쭝(光中) 황제가 되어 대규모의 개혁을 실시했다. 그의 개혁의 핵심은 경제, 특히 농업문제의 해결이었다. 그는 또한 학문, 예술, 문화를 후원했는데 특히 독자적인 민족문화의 창달을 위해 노력했다. 숭정서원(崇正書院)을 만들고 지방의 선비들에게는 자기 고장에 학교를 설립하도록 권장했다. 한자 대신 베트남 고유문자인 쯔놈을 공식문자로 지정하기도 했다.

에서 유럽의 1500년대와 1600년대의 종교적 혼란은, 공동체 구성원들의 무관심 또는 대립 없는 소외가 그다지 문제시되지 않았을 것이라는 확신을 갖게 해준다. 불협화음을 만들어 내는 공동체주의가 너무 강했기 때문에 위협이 되었던 것이다.

그러나 동아시아의 관료제사회에서 충성심을 부분적으로 비인격화한 관료 선발제도와 유가적 시민종교(civil religion)*의 제한적이나마 매우 현실적인 성공과 결합하여, 정치 질서에 공동체주의의 열정이 결여되어 있었다. 이러한 열정 부족에 대한 대응의 예는 왕양명(王陽明, 1472~1528)이 강서성 남부에서 1520년에 만든 향약을 들 수 있다. 왕양명의 향약은 프랑스에서 일어났던 성 바돌로매 축제일(Saint Bartholomew's day)의 대학살**과 같은 세기의 것이었다. 그의 향약은 북을 치고 술을 따르는 의식이 수반된 일련의 구두 서약과 문답을 낭송하는 방식으로, 촌락민의 집단적인 선행을 권장하고 있다.[124] 이는 거의 국가에서 후원하는 신유가의 복음 교육 시간이었다고 볼 수 있는 것이다. 중국식 관료제사회는, 중국식 표현에 의하면 백성들이 '공(公)의 음식을 먹었다'고 하는 곳에서 보이는 귀족적인 상호관계의 규약들이 완전히 쇠퇴해 가는 것을 어쩔 수 없이 지켜볼 수밖에 없었다. 지역 차원에서 국가 정치에 대해 정서적으로 공명하는 것이, 유럽에서

---

* 세속화된 사회라 할지라도 그 사회 스스로 이상적 이미지를 표상하는 상징적 표현과 행위에 의한 종교적 명시의 형태가 존재하는 경향이 있고 이는 국민의 시민적, 정치적 현실을 위한 초월적인 틀과 사회구성원을 통합시키는 일련의 공통적 가치와 실천사항을 제공한다. 루소는 『사회계약론』의 마지막에서 이를 제시하며, 사회계약의 존중과 자연종교의 일반적 교의와 관용을 중심으로 한다고 하였다. 루소는 이를 일종의 '사회성의 감정'이라고 했다. 조국애나 내셔널리즘의 핵심을 이루는 논점이다. 또한 벨라(Robert Neely Bellah)는 현대사회의 공공성을 지지하는 심정, 습관의 문제와 연계하여 이 개념을 사용하고 있다.

** 1572년 8월 24일 파리의 구교도가 신교도 약 2천 명을 살해한 사건.

는 너무 강했던 반면에 동아시아에서는 너무 미약했던 것이다. 그러나 이러한 동아시아적 양상은 왕양명의 시대에 수많은 유럽인들이 동경해마지 않았던 성취였다.

계속 나타나는 맹자의 유령

물론 근대의 대의민주주의는 중국식 관료제와는 달리, 무관심이나 지역 차원에서 정치적 책임감이 미약하다는 위험성에서 벗어나지는 못했지만, 이에 대해 잘 대응하고는 있다. 중국식 관료제사회에서는 관리자적 조종이 이러한 취약성을 더 악화시켰다 할지라도, 관리자적 방식의 해결책이 또한 유일한 치유책일 수밖에 없었다. 이러한 점에서 악정이 가난을 만들어 내고, 선정은 이를 종식시킬 수 있다는 믿음은 아마도 복합적인 기능을 가지고 있었던 듯하다.

호황이든 불황이든, 상업경제든 농업경제든 간에 이러한 믿음은 살아남았다. 학자-관료들은 이 믿음을 포기하지 않았다. 1800년대 초 내전에서의 회복을 위해 노력하고 있던 매우 가난한 북부 베트남에서, 당시 베트남 조정의 최고위직 관료였던 판 후이 쭈는, 모두가 가난할 뿐만 아니라 상고시대의 '삼대'의 이상으로 돌아가기를 거부하는 부자들이 별로 없는 때가, 정확히 균전제가 '쉽게' 도입될 수 있는 왕조의 출발점이라고 주장했다. 가난한 사람들은 국가가 토지소유를 고르게 하는 것을 강제하여 그들의 '병'을 치유해주는 것을 기꺼워할 것이었다.[125] 이러한 관점은 인민의 빈곤이 혁명을 한층 수월하게 만든다는, 다음 세기의 모택동주의의 이론과 의도하지 않았을 지라도 매우 흡사한 것이었다.

그러나 찻집마다 돈을 펑펑 쓰는 상인들로 가득 찬 사치의 시기였던 중국의 18세기에도, 이러한 믿음은 관료제적인 정치에서 비록 훨씬 약화되었을지언정 사라지지 않고 남아 있었다. 건륭제가 한때 공공연히 냉소를 하며 던졌던 추측성 발언과 같이, 중국에서 강제적으로 균전제를 시행할 것을 '끊임없이' 옹호하는 사람들은 과연 '가난한 유가 사대부'들뿐이었던가? 전혀 그렇지 않았다. 1743년 고위직의 만주 관리이자 정부 사창의 전직 감독관이었던 고종(顧琮, 1685~1755)은 정부가 고안한 균전제를 강소성(江蘇省) 회안현(淮安縣)에서 시험해보자고 주장했다. 균전제가 만들어내는 어떤 형태의 행정적 과잉과 시행착오라도 이 한 곳으로 일단 한정할 수 있도록 우선 시험해보자는 것이었다. 이에 건륭제조차도 불안을 느껴 복지 정치의 재분배 시책을 정면에서 공격하지는 못했다. 1700년대에 그는 부자들의 '잉여'의 부가 아직까지는 가난한 사람들의 부족분을 구제하기에 충분할 만큼 넉넉하지는 않다고 이야기하는 것으로 궁지를 모면하려 했다.[126] 베트남에서 한국까지 가난의 종식을 위한 법제화에 대한 믿음은 결코 실현된 적이 없었지만 계속 되풀이되었다.

도덕적 양심, 그리고 상고시대의 이상에 대한 공부와 현직 업무를 위한 훈련을 잘 조화한 과거시험의 효과 외에도, 이와 같은 근본적 복원력이 잘 유지될 수 있었던 데는 다른 이유들도 분명히 존재했다. 건륭제와 같은 황제가 공공연히 주기적으로 '훑어내야' 한다고 되뇌었던, 좋은 관직을 두고 심한 경쟁을 벌이는 노동시장에 갇혀 있던 정부 관리들은 그들 스스로가 도구가 될 수 있는 변화의 행위의 신화를 통해 자부심을 찾아야만 했다. 그들은 더 이상 귀족적 덕성을 구현하는 것으로 자부심을 얻을 수 없었던 것이다. 또한 '삼대'의 이상에 대한 지지는, 그 기준이 너무나 정형화되고 문헌화되어 있는 데다 현실의 경험으로부터도 동떨어져 있었던 관료의 평가 기준에서 벗어날 수 있는 도구로서도 작용했다. 아이러니한 것은, 삼대의 이상 그 자체가 문헌으로 된 것일 뿐이어서 지역의 사회적, 정치적 행위자가 구체적으로 할 수 있는 것들은 결여되어 있었다는 점이다.

이처럼 경전에 근거한 유산의 일부는 그 복합적인 기능 때문에 동아시아 대부분의 지역에서 구질서의 몰락에도 불구하고 완전히 사라져버리지는 않았다. 가난은 정치적으로 만들어진 것이고 행정적 수단으로 줄여나갈 수 있다는 관념은, 서구의 기준이 아니라 동아시아의 기준으로서는 오래된 것이지만, 그렇다고 시대에 뒤떨어진 것은 아니었다. 집단농장이 해체되기 시작한 1988년 봄철의 베트남은 기근의 가장자리에까지 몰려 있었다. 이러한 상황에 대해 수많은 내부의 비판자들이 있었다. 가장 신랄한 비판자들 중 한 사람은 프랑스에서 교육받은 박사이자 베트남 공산주의 운동의 뛰어난 원로인 응우옌 칵 비엔(Nguyen Khac Vien, 1913~1997)이었다. 1988년 9월 이 연로한 공산주의자는, 정부의 간부들이 빈(Vinh) 부근의 그의 고향 지역에 있던 더없이 훌륭한 텃밭경제(market-garden economy)를 곡식에 대한 스탈린주의적 계획경제의 집착 때문에 망쳐버렸다고 질책했다. 베트남인들의 영양실조는 정부의 잘못된 정책 때문에 생긴 것이지 폭풍우나 경작지의 부족 때문이 아니라고 간부들에게 상기시켜주면서, 비엔은 그가 찾을 수 있는 가장 효과적인 수사법을 구사했다. 그것은 마르크스가 아니라 맹자였다.

특히 1988년 응우옌 칵 비엔은 당보(黨報)에 약 23세기 전의 맹자와 양혜왕의 극적인 만남을 소개함으로써 여기에 하노이 정치국의 관심을 집중시키려 했다. 경전 교육을 받은 베트남인이라면 누구나 알고 있듯이 맹자는 양혜왕에게, 만약 국가가 농민들의 경작에 개입하는 것을 자제하고 기근 구휼을 위한 창고를 관리하며 세금을 가볍게 유지하고 정부 관리와 엘리트들이 수확을 지나치게 소비하지 못하게 하여, 식량을 취할 수 있는 권리가 널리 퍼진다면 기근이나 식량 부족은 있을 수 없다고 말했던 것이다.[127]

만약 맹자의 유령이 20세기 말에도 여전히 베트남의 수도를 배회한다면, 관료제는 그것이 아무리 상고시대의 규칙일지라도 여전히 책임을 위한 규칙을 필요로 하기 때문일 것이다. 또한 악정이 빈곤을 만든다는 메시지는 그것이 지극히 봉건적인 경전의 그늘을 지니고 있을지라도, 매우 근대적인 것처럼 보이기 때문일 것이다. 귀족이 사라진 산업화 시대에 서구의 신장된 국가 공권력의 가능성은 오늘날 서구의 주요 사상가들로 하여금 이 분야를 탐구하도록 동기를 부여하고 있다. 1998년 노벨 경제학상 수상자인 아마티아 센(Armatia Sen)*은, 사용할 수 있는 식량이 줄어든 것이 아니라 식량에 대해 접근할 수 있는 권한이 줄어든 것이 기근의 주요 원인이라고 주장했다. "기아로 인한 사망은 합법성의 반대급부를 반영한 것일 수 있다"는 센의 주장은, 이것이 매우 다른 어구로 표현되었고 고대의 동아시아인들이 이해할 수 없는 민주주의의 드높은 가치를 전제하고 있다 할지라도 맹자의 말을

• 아마티아 센(Armatia Sen, 1933~): 인도 출신의 경제학자이자 철학자로 1998년에 노벨 경제학상을 받았다. 현재 하버드 대학의 교수로 재직하고 있으며, 사회적 선택이론과 후생 및 빈곤 지표, 기아문제에 대한 실존 분석 연구를 통해 불평등과 기아, 빈곤 연구를 하는 후생경제학의 대표적인 학자이다.

연상시킨다.[128]

　그러나 산업화 이전 시기의 동아시아와, 현대적으로 매우 산업화된 세계 사이의 진정한 유사성은 봉건제 이후에 복지국가를 이룩하려는 노력을 공유했다는 점에 있다. 동아시아에서의 노력이 훨씬 더 원시적이고 제한된 것이었다고 할지라도 말이다. 이러한 일은 분명히 긍정적인 것이고 또한 인류의 역사에서 불가결한 것이었다. 그러나 여기에는 위험요소들도 있다. 산업화된 복지국가의 추상적 법치주의 그리고 중국식 관료제의 내부 지향적인 관료들의 기획 및 현실의 문서화는 모두 복지의 기획을 도덕적 근원에서 멀어지게 했을 뿐만 아니라, 그 기획의 목표가 되는 사람들의 적극적인 결속력을 방해했다. 동아시아의 관료제가 관료의 개입으로 인한 도덕의 손상에 대해 오랫동안 자기중심적인 '삼대' 비판에만 머물렀던데 반하여, 산업 국가들은 훨씬 복잡하고 민주적인 해결책을 가지고 있다. 그러나 앤서니 기든스 같은 학자가 근대적이라고 간주한 위험요소를 자본주의가 만들어내기 오래전에, 우리는 동아시아의 역사에서 놀라울 만큼 이른 시기에 있었던 이러한 위험요소들을 상당수 찾아낼 수 있다. 이와 같은 모든 사실은 다음의 질문에 대한 답변을 구하기 위해 역사가들이 새로운 실험을 해야 할 필요성을 더해주고 있다. 동아시아는 몇 시인가?

4 장

중국식 관료제와
경영이론의 위험한 만남

20세기에 중국과 베트남은 군국화된 공화국으로 변모했는데(북한은 이 논의에서 제외되어져야 한다), 이 두 나라의 역사적 계보는, 프랑스 혁명과 나폴레옹에 의해 처음 만들어졌고 레닌이 재규정한 정치체제와 이들을 연결시키는 것만큼이나 옛 중국식 관료제사회와도 연결시키기는 어렵다. 중국과 베트남은 이중적 성격을 지닌 국가가 되었다. 이 두 나라는 대중 국가(mass nation)의 정치적 구현체로 추정된다. 그러나 이 둘은 또한 명백히 대중 국가 내부의 경쟁적 이익집단이 야기하는 혼란을 넘어설 수 있도록 설계된 관리 기구이기도 했다. 20세기 말에 중국과 베트남의 개혁가들은 집단화되고 산업화된 노동자사회에 시장경제를 도입함으로써 이러한 이중적인 양상을 더욱 복잡하게 만들었다. 이 두 사회의 불안정성은 공자보다 찰스 디킨스(Charles Dickens)에게 더 친근할 것이다.

동아시아 관료들의 이상은 이러한 변화 속에서 종언을 고했다. 관복을 입고 시를 지으며 과거를 통해 정부에서 지위를 얻으려 했던 사람들은 더 이상 나타나지 않을 것처럼 보였다. 중국과 베트남의 역사적 연속성은, 아니 근대적인 것의 연속성은, 제도의 지속이 아니라 어떤 종류의 위기의 지속에서 더 잘 나타나 있다. 그 위기는 관료들 스스로 수백 년에 걸쳐 수없이 비판해왔고, 현실 사회의 요구를 과장하거나 잘못 이해한 대가로 생기는 전체주의적인 또는 상명하복 방식의 문제 해결 능력인 '만능'의 관점, 즉 관료주의적 주관성(bureaucratic subjectivism)의 위기였다.

이러한 상황은 위대한 비극 작가라면 진정한 위기로 인식할 만한 것이다. 왜냐하면 위기가 외부에서 찾아오는 것이 아니라 주인공들이 형성해온 기질 자체에 위기가 내재되어 있기 때문이다. 그렇지만 지금은 외부 세계에서도 똑같이 관료주의적인 진전을 이루어 동아시아의 옛 관료주의적 전통이 지닌 몇몇 덕목들을 다시금 새롭게 인식하도록 하고 있다. 이러한 인식은 레닌주의 국가가 아닌 대한민국의 예로 인해 더욱 확고해졌는데, 한국이 국가 공무원 시험제도에 대한 새로운 지혜를 중국에 제공하기 시작했기 때문이다. 이것은 사람이 개를 물어뜯었다는 뉴스처럼 희한한 이야기는 아니라 하더라도, 산업화 이전 동아시아에서 정치적 영감이 전파되던 순서가 이제 뒤바뀌었다는 점에서 흥미롭다. 서구의 비즈니스 스쿨의 경영학이론도 산업화 이전 시

○ 찰스 디킨스(Charles Dickens, 1812~1870): 영국의 소설가인 디킨스는 소년시절부터 빈곤의 고통을 겪었고 학교에도 거의 다니지 못한 채 12세 때부터 공장에서 일했다. 자본주의 발흥기에 접어들었던 19세기 전반기 대도시 번영의 이면에는 무서운 빈곤과 비인도적인 노동 등의 사회적 모순과 부정이 미만했고 그것을 직접 체험한 그는 이후 신문사의 통신원이 되어 풍속의 견문 스케치를 작성하는 직업을 갖게 되었다. 이런 것을 모아 단편 소품집 『보즈의 스케치』를 1836년에 출판함으로써 문학가로 출발하게 되었다. 자서전적인 『데이비드 코퍼필드』, 공장직공의 파업을 다룬 『고된 시기』, 프랑스 혁명을 무대로 한 역사소설, 『두 도시 이야기』 그리고 자서전적인 『위대한 유산』 등의 작품이 있다.

기 동아시아의 인력 계발 방법의 효력이 놀라울 정도로 근대적인 특질을 갖고 있다는 데 동의하면서 가끔씩 관심을 기울인 바 있다. 더욱이 서구의 경영이론은 중대한 정치적 문제들을 거의 논란거리가 없는 것처럼 보이는 합리적 조직에 관한 문제로 전환시켜 버리는 데 있어서 산업화 이전의 동아시아인들보다도 훨씬 앞서 있다. 이러한 점에서 본다면, 현대의 동아시아에서 새로이 나타나고 있는 관료주의적 주관성의 위기는 전 지구적 차원에서 살펴보아야 할 위기와 결코 무관하지 않다.

중국식 관료제에 대한 정신분열적 시각

1800년대 초에 하인리히 하이네(Heinrich Heine)*가, 칸트(Immanuel Kant, 1724~1804)의 비판 또는 피히테(Johann Gottlieb Fichete, 1762~1814)의 선험적 이상주의 이후 미래의 독일 혁명은 결코 부드럽고 유쾌하게 일어날 수 없을 것이라고 한 언급은 유명하다. 마찬가지로 그 무렵 동아시아의 경우도, 중국식 관료제 이후 중국과 베트남, 한국의 혁명은 결코 부드럽게 일어나지는 않을 것이라는 예언을 한다면 그 또한 옳다고 하겠다. 1840년 이후 동아시아의 관료들은 서구와 일본의 식민주의 지배로 인해 겪어야 했던 치욕의 주요 희생양이 되었다. 1840년 이전에 이 세 나라의 학자-관료들이 쓴 모든 백과사전식 편람과 정부에 대한

---

* 하인리히 하이네(Heinrich Heine, 1797~1856): 독일의 시인. 낭만주의와 고전주의 전통을 잇는 서정시인인 동시에 반전통적, 혁명적 저널리스트였다. 독일 시인 중에서 누구보다도 많은 작품이 작곡되어 오늘날에도 애창되고 있다. 주요 저서로는 『로만체로』 등이 있다.

정교한 논의들은, 그처럼 치욕을 겪은 지식인 엘리트들과 혁명가들에게는 중요한 이론의 유용한 자산 목록이 아닌 수치스러운 것이 되어버렸다. 그들의 반응은 1차 세계대전에서 참호전으로 대량 살륙이 벌어진 이후 『일리아드』와 같은 고전작품을 읽으면서 그것이 군인과 군사(軍事)에 초점을 두고 있다는 것 때문에 고통을 느끼는, 세련된 유럽인들의 반응만큼이나 극단적이었다.

특히 분노한 비판자였던 량치차오(梁啓超, 1873~1929)는 1896년에, 관료제의 유산에 맹비난을 퍼붓기 시작했다. 그는 과거제에 대해, 전제적 황제들이 자기 권력을 강화시켜 독자적인 비판이론과 반대 논리를 억누르고 백성들을 우매한 채로 남겨 놓기 위한 편리한 수단에 불과하다고 주장했다. 이런 식으로 군주들은, 하인들이 자신을 공격하는 것을 방지하기 위해 그들을 옭죄었던 가부장과 같다는 것이었다.[129] 1896년 이후 정치적으로 불안했던 수십 년 동안은 (어떤 사회과학자들은 지금까지도) 량치차오가 지적한 대로, 중국식 관료제의 군주는 사회 발전을 가로막은 편집증적인 가부장이라는 극적인 이미지에서 벗어나기 힘들었다. 그러나 가장 정밀한 전문 역사가들조차도 중국식 관료제가 기반을 두고 있던 과거제를 실제로 누가 주도했는가에 대해서는 완벽한 답을 내리기가 매우 어렵다. 과거시험의 출제와 과목의 결정에는 황제뿐만 아니라, 완전한 재량권을 가지고 교묘하고 다양한 수법들을 통해 시험의 틀을 만들었던 수백 명의 시험관과 '감독'관들도 한몫했던 것은 분명하다.

과거시험을 전제정치의 수단으로 간주하는 논의는, 서구의 이론과 유사한 정치이론의 전통이 동아시아에 없었다는 사실에 실망한 나머지, 중국식 관료제가 쇠퇴하기 이전에 관료들이 스스로 만든 제도에 대한 비판의 깊이를 인식하지도 못하고, 그에 대등한 비판을 내지도 못했다는 점에서 커다란 아이러니였다. 이러한 비판들은, 표준화된 시험의 단일한 문화의 창출로 인해 능력주의가 스스로 무너졌다는 예감을 포함하고 있었다. 순환제에 따라 보직을 이동하는 비세습적인 관리들에 기반을 둔 정치체제는 그 자체로 충분한 후원을 이끌어내기에는 사회적으로 너무 유리되거나 정서적으로 무기력하게 변할 위험을 감수해야 하고, 특히 위기 시에는 더욱 그렇게 된다는 (고염무의 지적과 같은) 공포도 포함하고 있었다. 또한 중국식 관료제와 과거제를 폄하하는 경향에 저항하여 이를 칭찬한 동아시아 혁명가 집단의 소수파 주요 인물들은 많은 사례에서, 예를 들어 쑨원(孫文, 1866~1925)처럼 관료문화의 완전한 이방인이었다는 점도 아이러니다.

1949년 이후 중국에서 옛 관료제에 대한 공격은, 극단적인 면에서는 제레미 바메(Geremie Barmé)*가 매우 적절하게 '자기혐오'의 문학이라고 평한 것의 일부가 되었는데, 그것은 또한 역설적으로는 중국의 국가적 독자성을 재확인하는 것이기도 했다.[130] '중국인의 결점'과 같은 제목을 붙인 책들의 여러 작가들은, 중국 관료주의의 수백 년에 걸친 서열 의식은 작가 연합의 지도자들, 비즈니스계의 경영자들, 대학의 총장들과 교수들, 그리고 학생연합과 향촌 조직의 지도자들까지 오염시키면서 오늘날 중국인의 삶의 다양한 분야에 퍼져 있다고 주장한다. 만약 관료주의 문화가 본래적으로는 인류에 대한 중국의 공헌이었다면, 이제는 인류의 발전 단계에서 그 긍정적 역할이 소진되어버

---

* 제레미 바메(Geremie Barmé): 호주국립대학을 졸업하고 저널리스트로 중국에서 일하면서 현대 중국 문화와 사상에 대하여 연구했다. 중국현대사에 관한 다큐멘터리 필름인 『천안문』 (1995), 『아침해』(2003) 등을 만들었으며 현재 호주국립대학 교수로 있다.

렸다는 주장도 나왔다. 중국 사회주의 혁명에 진정 위험한 것은 관료주의 문화임에도, 마오쩌뚱(毛澤東, 1893~1976)이 자본주의가 사회주의 혁명에 주된 위협이라고 보았던 것은 잘못이라는 것이다.[131] 2000년 10월 장쩌민(江澤民, 1926~) 주석은 중국 공산당의 '일하는 방식'에 대한 회의에서 현재 당 지도부의 간부들은 여전히 산업화 이전 중국문화의 관료주의적 '부서주의'에 갇힌 '죄수'라고 이야기했다. 장쩌민의 부서주의란 기만과 협잡의 관행, 정부의 공직과 그 재산의 매매행위, 개인적 지위의 추구, 복지부동의 처세술 등을 말한다.[132]

　　베트남에서 옛 관료제가 지니고 있던 장점은, 1885년에서 1954년 사이에 프랑스가 인도차이나를 식민 지배하면서 베트남 관료들의 공직 윤리를 자기 목적에 맞도록 이용함에 따라 완전히 사라져 버렸다. 프랑스는 심지어 베트남에서 산업화사회 이전의 제도인 과거제를 1919년까지도 보존시켰는데, 이는 중국이 폐지하고 14년이나 지난 후였다. 유럽 제국주의의 지배를 토착적 학자-관료의 도덕적 권위와 '연계'시키려는 전략의 일부였던 것이다. 그들이 베트남에 머무르기 위한 투쟁의 마지막 몸부림이었던 디엔 비엔 푸* 4년 전인 1950년에 프랑스의 인도차이나 문교부는, 유가의 중용적 덕목으로 정치적인 화평을 설명하는 데 정통하다고 간주된 과거 베트남의 주요 학자-관료들—응우옌 꽁 쯔(Nguyen Cong Tru, 1788~1858) 등—에 대한 찬양서의 발간을 열심히 후원했다. 호찌민(1890~1969)은 프랑스에 대항하여 산속에서 게릴라전을 벌이고 있어서 관료제를 갖추지 못했을 때도, '관료주의적'

• 1953년 호찌민이 이끌었던 비엣민(월맹)과 프랑스 사이의 디엔 비엔 푸 전투를 말한다. 이 전투에서 패한 프랑스는 인도차이나에서 퇴각하게 되었다. 디엔 비엔 푸는 베트남 북쪽의 디엔 비엔 성의 성도이다.

거리감을 피하기 위해 베트남 공산당 간부들이 일하는 방식을 개혁할 필요가 있다는 소책자를 썼다. 물론 중국식 관료제에 대한 중국과 베트남의 거부감이 완전히 일치하지는 않았다. 중국처럼 국가의 독자성에 대해 대단한 자부심을 가지고 있지는 않았던 베트남의 작가들은 상대적으로 '자기혐오'를 문학적으로 구사할 필요가 적었다. 더욱이 베트남 혁명가들 중에는 관료의 후예가 너무나 많았다. 1990년 유네스코(UNESCO)는 관료의 후손인 호찌민을 세계적인 문화계의 명사로 선정하였는데, 이는 마르크스-레닌주의 정치가로서는 상당히 드문 일이었다. 부분적으로 이 결정은 유네스코가 호찌민의 관료적 감수성을 알고 있었기 때문으로 보인다. 이 일은 베트남 자체에서도 호찌민의 유가적 심성을 찬양하고 1400년대의 유명한 베트남의 학자-관료 응우옌 짜이(阮鷹, Nguyen Trai)* 사당의 묘비명을 읽고 있는 안경을 쓴 호찌민의 모습을 보여주는 책을 만들도록 하는 계기가 되었다.[133] 1990년대에 나온 다른 책들은, 1802년 이전의 3대에서 6대에 걸쳐 과거시험에서 원시(院試)에 합격자를 낸 베트남 관료 집안의 계보를 찬양하고 있다. 이와 같은 책들은, 인류의 진보를 이끈 것이 '천재'와 '위인'이라는 헤겔의 말을 인용하면서 관료 집안에 대한 존경을 보여주고 있다. 베트남 신문의 기고자들은, 베트남 정부가 11세기에서 1919년 사이에 배출된 거의 3,000명에 가까운 원시 합격자를 기리기 위해, 프랑스의 판테온과 유사한 '교육 박물관'을 건립하라고 권유하기도 했다.[134] 1991년 역사는 다시 반복되었다. 하노이의 각료회의는 공적 시

---

* 응우옌 짜이(阮鷹, Nguyen Trai): 호 꾸이 리는 즉위 직수 시행된 시험에서 태학생 20명을 선발하였는데, 응우옌 짜이도 이들 중 한명이었다. 그는 레 러이(黎利)를 도와 레왕조의 건국에 중요한 역할을 했다.

험을 통해 공무원들의 직계와 봉급을 정하고 선발까지도 하는 전국적인 공무원제도를 '부활'할 것을 지시했다.

중국 역시 정치적으로 모호한 측면이 많았음에도 불구하고 옛 관료제의 부활을 피할 수는 없었다. 1980년 8월, 덩샤오핑(鄧小平, 1904~1997)은 중국 관료문화의 독소는 1978년 이전의 신빙성이 결여된 계획경제의 산물이라고 주장했다. 그것이 산업화 이전의 제국으로부터 물려받은 광기만은 아니라는 것이다. 덩샤오핑은, 중국의 가장 우수한 간부들은 우수성을 보여주기 위해 승진의 새로운 '사다리'가 필요하고 미래에는 그 배분이 시험에서의 성공에 달린 '굉장히 많은' 자리와 전문적 직함이 생길 것임을 분명히 밝혔다. 1980년대에 중국의 성(省)과 시(市) 지방정부는 청해(青海)의 『인재천지(人才天地)』 또는 심양(瀋陽)의 『인재신보(人才新報)』와 같은 인력의 모집과 관리를 위한 잡지를 펴내기 시작했다. 새로운 시험제도에 기반을 둔 공무원제도를 위한 임시 규정이 1993년 10월에 중국에서 발효되었다. 1995년에 이르러서는 중국의 몇몇 역사가들이 산업화 이전 시대의 옛 과거제를 나침반, 화약, 종이와 인쇄술 이후 중국의 '다섯 번째의 위대한 발견'이라고까지 묘사할 정도로 과감해졌다.[135]

중국식 관료제의 다른 관습도 '인재' 숭배와 관련하여 복귀의 징조를 보여 주었다. 후야오방(胡耀邦)*은 당의 총서기에서 축출되기 이전인 1987년, 개혁을 위한 자기 계발의 일부로써 당의 청년 간부들이 2억 자에 해당하는 책을 읽을 것을 서약하여, 독서를 통해 거듭나기를

---

* 후야오방(胡耀邦, 1915~1989): 1981년에서 1987년까지 제11, 12대 중국공산당 중앙위원회 총서기를 지냈다.

요구했다. 이 프로그램은 매년 4백만 자의 속도로 읽어도 완결하는 데 50년이 걸린다는 불평이 일어나자 이에 당황하여, 당시 사회과학원 원장이었던 후성(胡繩)*은 실제로 20년 안에 완성할 수 있다고 대응함으로써 불평을 진정시키려 했다. 이 프로그램의 책들 중 오직 4분의 1만이 정독이 필요한 이론 서적이고, 나머지는 "의관을 정제하고 정좌하여" 읽을 필요가 없는 소설이나 역사책, 기행문이기에 한 시간에 5만 자의 속도로 재빨리 읽어낼 수 있다는 설명이었다.[136]

책에 기반을 둔 박식함, 이 세상을 순전히 행정적으로 다스릴 수 있다는 전통적인 관료주의적 신념은 1978년 이후의 중국과 베트남에서 분명히 살아 있었다. 이는 가장 합리적으로 수학적, 과학적 사고를 함으로써 전 세계를 계산이 가능하도록 만들 수 있을 것이라는, 서구 근대성의 중심에 있던 계몽주의의 신념과 융통성 있게 보자면 분명 유사성을 띠고 있었다. 후야오방과 후성은, 궁리(窮理)는 독서를 필요로 한다는 옛 성리학의 주장을 내세워 새로운 전통주의에 호소하고 있었다. 그들은 거의 패러디에 가까울 정도로, 산업화 이전 시기의 정단례(程端禮, 1271~1345) 같은 관료의 계승자임을 자처했다. 정단례는, 덜 중요한 책은 속독을 하고 성현들의 글은 꼼꼼히 읽는 식으로 독서의 완급을 조절할 수 있도록 젊은이들을 위한 매일의 독서 계획을 담은 유명한 『정씨가숙독서분년일정(程氏家塾讀書分年日程)』을 쓴 인물이었다.

그러나 중국식 관료제 내의 많은 비판자들도 그 위험성을 알고 두

• 후성(胡繩, 1918~2000): 중국의 저명한 철학가이자 근대사 전문가이다. 중국 사회과학원장, 전국정협부주석 등을 지냈다. 주요 저서로는 『제국주의와 중국정치』(帝國主義與中國政治), 『아편전쟁에서 오사운동까지』(從鴉片戰爭到伍四運動), 『중국공산당 칠십년』(中國共產黨的七十年), 『사회주의란 무엇인가, 사회주의의 건설』(什麼是社會主義, 如何建設社會主義) 등이 있다.

려워했던, 서책의 숙지가 인생의 숙지를 촉진시킬 수 있다는 신념은 오히려 오늘날 더욱 위험해졌다. 그러한 신념이, 하층계급 혁명의 종말을 알리는 관료적 엘리트주의의 복귀에 대한 아주 뚜렷한 방어적 고민을 가진 사회에 끼어들고 있는 것이다. 2000년 여름, 중국 인사부 장관은 1993년 이래 7년 동안 중국의 새로운 공무원 시험이 2000명 이상의 농민과 만 명 이상의 '노동자' 배경의 사람들을 공무원으로 임용함으로써 '사회신분'의 경계를 부활시키기보다는 부수어버렸다는 것을 보여줘야만 했다. 그는, 중국은 여전히 공무원 시험이 지닌 '트리클다운의 힘'*을 크게 증대시켜야 한다고 초조하게 덧붙였다.[137]

중국의 새 공무원 시험이 지닌 '트리클다운의 힘'에 대한 관심은 과거에 대한 토속적이고 근본적인 향수가 아니라 엘리트 차원에서의 복잡한 국제적 압력이 시험 부활의 진정한 이유였음을 시사한다. 중국과 베트남 양국은 모두 선진 산업국인 외국으로의 심각한 두뇌유출 문제에 직면하자, 자국의 지식계층에게 좀 더 매력적인 미래를 제시할 필요가 있었다. 중국의 자료에 따르면, 1978년에서 1997년 사이에 해외에서 공부한 3만 명 이상의 중국 유학생 중 단지 3분의 1만이 본국으로 돌아왔다고 한다. 이는 다른 '개발도상국'의 해외유학생 중 3분의 2가 평균적으로 자기 나라로 돌아간 비율에 비하면 훨씬 낮은 것이다.[138] 더욱 걱정스러운 일은 상해나 호찌민 시 같은 곳의 외국계 회사의 인사 관리 관행이 당이나 정부 조직의 관행과 심각하게 경쟁이

---

* 트리클다운의 힘(trickling down power)은 '적하'(滴河) 효과라고도 한다. 넘쳐흐르는 물이 바닥을 적시는 것처럼 대기업이나 고소득층 등 선도부분의 경제적 성과가 늘어나면 중소기업이나 저소득층 등 낙후 부분에도 혜택이 돌아가 총체적으로 경기가 활성화되는 효과를 말한다. 미국 부시 대통령이 1989년에서 1992년까지 채택한 경제정책인데, 1993년 클린턴 정부가 들어서면서 이 정책은 폐지되었으나 트리클 다운 효과는 경제 용어로 정착했다.

되고 있다는 점이었다. 그 때문에 중국의 관료 조직은, 자기들이 통치한다고 믿는 사회에서 대학과 고등학교의 가장 우수하고 명석한 졸업생을 채용하기가 어려웠던 것이다. 상해 시의 관리들은 공공연하게, 마이크로소프트 같은 외국 기업이 국내의 어떤 기관도 따라갈 수 없을 만큼 중국 고용자에게 '신뢰'와 '자부심'을 주고 있는 것 같다면서 그들의 '인재' 확보 기법의 '혁신성'에 대해 감탄해마지 않았다.[139] 이렇게 해서 미국의 다국적 기업은, 동아시아에서 매우 오래된, 즉 귀족제 이후의 동아시아 관료들이 소유권을 세습적으로 직접 물려받지 않는 방식으로 존경 받기 위해 힘써왔던 수백 년 동안의 노력을 인정받기 위한 새로운 외부적 준거점이 되었다.

경제적 세계화는 중국식 관료주의 문화를 포함한 지역 문화에 새로운 의미를 부여한 듯 보였다. 중국식 관료제는 그 모든 잠재력과 위험 요소에도 불구하고 축출당하지 않았다. 그 점에 있어서 언제나 중국식 관료제는 내부적으로는 너무나도 근대적이었다. 그것은 어느 정도로는 확장되어가는 초국가적 기반 위에서 재창조되었다. 옛 관료들의 꿈은 중국의 에너지였던 만큼이나 한국과 베트남의 에너지와도 연관되어 있던, 여러 문화에 의해 공유된 프로젝트였다. '인재 배치의 혁신성'과 같은 신전통주의적 슬로건이 이제는 '생산 수단의 사회화' 같은 옛 집단주의자의 슬로건을 대체하게 된 것은, 적어도 옛 관료주의의 몇몇 장점은 확대되고 있는 동시에 여러 문화에 걸쳐 신속하게 재생산되고 있음을 의미한다. 그러나 이제 그것은 맹자와 맞먹을 정도로 마이크로소프트의 성공에 대한 이상주의적 해석에 근거를 두고 있다.

그 결과는, 전통적인 중국식 관료제의 위험 요소를 모두 가지고 있으면서도 그 피상적인 세계주의적 성향 때문에 본래의 반대자들을 무력하게 만들어버린, 점점 더 여러 가지 언어를 구사하는 경영자의 언어로 나타났다. 한 중국 연구자는 1983년에서 1999년 사이에 '리더십 연구'라는 분야에 관한 거의 1,000권의 책이 중국에서 출간되었다고 추정했다. 이러한 책들은 특징적으로 공자와 손자(孫子)를 레닌과 마오쩌둥에, 그리고 링컨, 나폴레옹, 아인슈타인, 프레더릭 윈슬로 테일러에 결합시키고 있다. 특히 공자와 테일러를 비교한 것은, 20세기의 자유주의적 서구에서의 개인이 아닌, 비즈니스 조직을 합리성의 축소판으로 보는 것에 대한 집착을, 동아시아의 역사적 잠재의식에다 결부시키고 있음을 의미했다.[140] 그러나 서구의 경영 서적들도 동아시아 방식을 정당화하면서 같은 일을 하고 있었다. 1990년, MIT의 슬로언 경영대의 전문가인 피터 센게(Peter M. Senge)*의 베스트셀러인 『제5훈련』(The Fifth Discipline)**은 상당히 의도적으로 옛 동아시아 관료의 '학(學)'
—지속적이고 끊임없는 공부와 실천—을 서구의 사업가들이 지닌 사고의 파편화에 대한 해결책으로 제시하면서 높이 평가했다. 이는 후야오방이나 후성의 의도와 크게 다른 것이 아니었다. 중국의 국영기업을 개혁하려 했던 행정가들은 '인재'의 미국 판본을 도로 빌려 와서 센게의 '풍부하고' '세상을 놀라게 한' 통찰력에 관해 토론했다.[141]

또한 중국과 베트남의 개혁가들에게 있어 이와 같은 복합적인 경영

- 피터 센게(Peter M. Senge, 1947~): 스탠포드에서 공학을 전공하고 미국 MIT 슬로언 경영대에서 경영학 박사를 받았으며 같은 학교의 조직학습연구소 소장을 지냈다. '학습조직'(Learning Organization) 이론의 창시자이자 시스템 다이내믹스 분야에서 주요한 성과를 일구어냈다. 그는 『제5훈련』에서 과거의 전통적, 권위적 조직과는 다른 학습조직과, 단편적 처방이 아닌 근본적인 혁신을 강조했다. 또한 개인이 시스템의 다른 요소들과 상호작용하며 배우는 '시스템적 사고'(System Thinking), 그리고 개인보다는 조직 내의 개인들 사이 및 조직 전체와의 상호작용을 강조했다.
- 한국에서는 『제5경영』이라는 제목으로 번역되어 출판되었다.

에 대한 사고는 잠재적 기능도 지니고 있었다. 20세기 말에 중국과 베트남의 지도자들은 모두 정치의 궁극적인 목적을 정의하는 데 명백한 어려움을 겪고 있었다. 즉 그들은 서구의 민주주의 모델을 온전히 받아들이기를 주저했던 시기에 또한 서구의 민주주의에 대한 정치적 대안도 생각해 내야 했던 것이다. 1998년 중국의 한 향촌 개발 전문가는, 집단주의의 실패와 그 여파가 있던 시기에 당의 간부들이 너무나도 공공영역을 부패시키거나 그 정당성을 상실해버린 불리한 정책적 환경이 조성되었고, 그래서 중국인들은 자기 촌락 조직을 개설할 때 조차도 '협동에 대한 공포증', 즉 공합증(恐合症)에 시달려야 했다고 말했다.[142] 국가 지식인(state intellectual)들은, 다양한 방식으로 중국식 관료제를 부활하는 것이 서구의 민주주의가 지탱하고 있으며, 그리고 초기의 당의 과도한 절대적 지배권이 잠식했던 공공선의 이상을 일시적으로나마 대체할 수 있다고 생각하게 되었다.

시험에 기반을 둔 공무원제도가 베트남에 재도입되었던 1991년 5월, 베트남의 일부 사상가들은 새 제도를 통해 배출되는 공무원들이 구태의연한 당 간부들을 밀어낼 정도로 공직에 대한 새로운 신비감을 확실히 국가에 제공하게 되기를 바랐다. 베트남 정부의 간부이자 한 법률전문가는, 공무원은 고등교육을 받은 능력주의 사회의 사회질서를 대표하는 반면, 당 간부는 원시적이고 비전문적인 '평등주의'를 대표한다고 대담하게 그 둘을 대조했다.[143] 다시 중국식 관료제화가 이루어지면 그 기능은 아마도 정치적 민주주의의 모든 위험요소가 없이, 민주주의의 본질이 지닌 드높은 도덕적 권위를 흉내내는 것일지도 모른다.

대한민국이 주는 영감

이러한 이유에서, 과거의 관료제를 비방하는 '자기혐오'보다는 관료제에 대한 유토피아적 관점이 더 큰 위험인 듯했다. 1988년에 중국의 한 중견 경제 전문가는, 왕부지가 3백 년 전에 조세정책 '만능'의 관점에 대하여 불평을 토로했던 것과 유사한 경고를 했다. 그는 중국 개혁의 기획자들은 유토피아주의로 빠질 정도로 행정적 '목표의 기준'을 이상적인 것으로 만들어서는 안 된다고 경고했다.[144] 그러나 이러한 역사적 메아리는 어떤 의미에서는 적절했지만 또 다른 면에서 보면 기만적인 것이었다. 소련과 마오쩌둥의 관점인 대중의 이익에 반하는 착취적인 사회계층으로서의 관료제의 이미지가 후퇴하면서 종종 미래학적인 용어로 표현되었던, 관료제에 대한 비판 없는 평가가 허용되었고, 그리하여 이전의 혁명주의가 관료제를 악마처럼 여겼던 경향도 사라져 갔다. 뿐만 아니라, 더욱 중요한 것은 산업화 이전 동아시아 자체에서 관료주의적 정부가 수백 년 동안 쏟아냈던 비판적 자의식과도 거리를 두게 되었다는 점이다. 그 결과로 중국 당나라 때의 이부(吏部)의 논쟁 또는 베트남 언관(言官)의 전략적 침묵이라는 동아시아적 유산과 완전히 결별한, 그래서 역사적으로 볼 때는 부당하게도 관료제의 형태에 대해 무지한 시대가 되었다. 무엇보다도 동아시아답다고 할 수 있는 관료제에 대한 회의가 이제는 부유한 서구 국가의 안정된 지식인들의 사치로만 여겨지게 되었다. 그리고 동아시아의 중국이나 베트남보다 경제적으로 발전한 산업사회인 한국은 과거의 레닌주의적 관료제와는 단절되어 있어서, 중국과 베트남의 엘리트들이 관료제에 대한 자기의 미래학적 모습을 투영할 수 있고, 관료제를 어떻게 재구

축할 것인가에 대한 교훈을 얻을 수 있는 곳으로서 중요시되었다.

1992년 10월 서울에서 열린 행정, 정치학회의 연설에서 하노이에 위치한 베트남 국가 법률원의 원장직을 오랜 기간 맡고 있던 다오 찌 욱(Dao Tri Uc)*은 베트남이 이전에 소련 공산주의 진영의 일원으로서 가지고 있던 관료제에 대한 편견, 즉 관료제는 언제나 대중으로부터 동떨어져 있다고 보는 편견을 버렸다고 밝혔다.** 다오 찌 욱은, 관료제에 대한 마르크스-레닌주의의 판에 박힌 공격은 베트남에 진정으로 필요한 것, 즉 나라 안의 사회적·정치적 관계를 조정하는 데 있어 국가가 객관적인 '행정적 심판'—따이 판 하인 찐(tai phan hanh chinh)—으로서 기능하는 것을 이끌어내는 데 방해가 될 수밖에 없었다고 했다.

국가가 공정한 '심판'일 수 있다는 가능성에 대한 다오 찌 욱의 믿음은, 관료들이 어떻게 중재할 것인가라는 산업화 이전 시기의 동아시아인들의 중대한 관심사들을 거의 망각한 것이었다. 오히려 그의 믿음에는, 관료제를 자비로운 역사적 매개자로 보았던 18세기 서구 계몽주의의 순진한 풍취가 담겨 있다. 그 이후, 동아시아의 기준으로는 뒤늦었지만, 관료제와 미몽으로부터의 각성의 결합에 대해 걱정하기 시작한 것은 음울한 독일 철학자들이었다. 이 음울한 독일인들의 사상은, 동아시아 관료주의의 학습이론을 다시 가다듬은 미국의 비즈니스 스쿨과 더불어 오늘날 부분적으로는 세계적인 아이디어의 공감대를 이루고 있기 때문에, 다오 찌 욱은 1992년에 서울에서 그것을 다뤄야만 했다. 그는 그것을 거부할 수 없었던 것이다. 다오 찌 욱은 한국

---

* 다오 찌 욱(Dao Tri Uc): 현재 베트남 법률가협회 부회장을 맡고 있다.
** 이 연설문은 한국행정학회의 회의 자료인 Dao Tri Uc, 「베트남의 관료제와 정책」(*Bureaucracy and Policy in Vietnam*, 1992) p. 57~91에 있다.

청중들에게, 관료주의적 사고는 정치적인 문제를 행정적인 문제로 전환해버리기 일쑤여서 인간의 불합리한 면에 대한 그 스스로의 지속적인 이해 능력을 손상시킨다는 칼 만하임의 유명한 이론—『이데올로기와 유토피아』(1929)—을 발췌해 비판했다. 만하임의 견해는 너무 비관적이어서 1992년의 베트남 개혁가들에게는 도움이 되지 않는다는 것이었다.

다오 찌 욱은 한국인들에게, 베트남이 진정으로 필요로 하는 것은 '정치적 행정가'라는 새로운 계층이라고 했다. 그리고 그러한 계층은 아마도 다양한 정당에서 나오거나, 정당에 전혀 기반을 두지 않은 곳에서도 나올 수 있다는 것이었다. 또한 그는 이 새로운 계층이 옛 관료들처럼 교육에 기반을 둔 특별한 세계관을 지니게 될 것이기 때문에 베트남의 정당 정치인들보다 뛰어날 것이라고도 했다. 그가 이렇게 이해하고 있었던 것은 그 새로운 계층이 정보과학에 능숙하고 그리하여 베트남의 다양한 사회 세력들과의 '협상'에 즉각적으로 대처할 수 있을 것이라는 데 연유하고 있는 듯하다.[145] 이 연설에 잘 나타나 있듯이, 하노이 또는 베이징에서 당의 독단적 지배권을 은폐하기 위한 제안들은 어쩔 수 없이, 산업화 이전 동아시아의 수많은 정치이론뿐만 아니라 근대성의 위험요소들을 더욱 잘 표준화한 서구의 인식과도 반대로 가고 있다. 1800년대 초 스페인의 화가인 고야(Francisco José de Goya y Lucientes, 1746~1828)는 (만하임과 베버 등에 앞서) 이성의 꿈이 괴물을 불러올 수 있다는 유명한 경고를 했다. 그로부터 2백 년 후 중국과 베트남에서 이성의 꿈을 다시 불러오도록 촉구한 것은 실패한 집단주의 실험이라는 괴물이었다. 최소한 이것은 옛 관료들에 대한 꿈을 은밀하게 다시 일깨우는 것이었다.

다오 찌 욱이 서울의 학회 토론장을 베트남의 새로운 행정적 개혁 전략을 제안하는 데 이용한 것은 이웃나라에서 공감을 이끌어내는 것 이상의 의미를 가진다. 여러 문화에 걸친 행정 엘리트의 아이디어 재생산은 오늘날 세계적인 것이 되고 있다. 그러나 베트남과 조선의 사신들이 북경에서 만나 '필담(筆談)'을 한문으로 서로 주고받을 때인 수백 년 전의 동아시아에 존재했던 특별한 지역적 공감대는 사라지지 않았다. 만약 동아시아의 항해도가 있었다면 그러한 세계적인 사상은 더 빨리 바다를 누볐을 것이다. 볼테르 등 1700년대의 유럽 대륙의 개혁가들에게 '영국 숭배와 사회학은 사실상 동의어'였다고 한다.[146] 20세기 말 중국과 베트남에서 일본과 한국에 대한 연구는 사실상 사회학과 동의어라고 말한다면 이는 상당히 과장된 것일 수도 있다. 이렇게 이야기하기에는 세계적으로 영감을 주고 있는 것들이 너무나 많기 때문이다. 그러나 영국의 제도가 18세기 유럽 대륙의 몇몇 사상가들의 자유 추구에 있어서 상상력을 불어넣어 주었던 것과, 오늘날 일본과 한국의 사례가 행정의 합리성 추구라는 면에서 중국과 베트남의 개혁가들에게 상상력을 불어넣어주고 있는 것은 서로 유사하다. 18세기 유럽 사상가들이 영국의 제도를 찬양하고 그것을 따르려 했던 것이 반드시 대영제국의 힘에 대한 애정을 의미하지는 않았듯이, 중국의 한 작가가 1993년에 "새로운 것이 옛것을 대체하는 동아시아의 양상"이라고 일컬은 것에 대한 중국과 베트남의 관심 역시 일본이나 한국에 대한 큰 애정을 의미하는 것만은 아니었다. 1994년, 지역 협력을 위한 특정의 제안에 대해 어떻게 생각하는지를 묻는 북경의 한 여론조사를 보면, 일본해 경제구역 또는 황해 경제구역과 같은 좁은 개념의 동아시아 협력보다는 ASEAN(동남아시아 국가연합), 또는 동아시

아만의 상호교류를 넘어선 거대한 아시아 태평양 공동체에 대해 중국인들은 더 큰 열정을 보여주었다.[147]

베트남인들이 특히 동아시아 정치이론에 대한 새로운 관심을 가지게 된 것은 아이러니하게도 베트남이 ASEAN에 참가했을 때인 1995년의 일이었다. 그리고 동아시아의 관료제도를 다시 연구하기 위해서는 기본적인 언어 능력을 복원하기 위한 지대한 노력이 필요했다. 1997년에 하노이 정부의 9개 부처에서 간부들을 상대로 진행한 조사를 보면, 12퍼센트의 간부만이 여전히 러시아어를 말할 수 있고 3퍼센트 미만의 간부들만이 중국어를 할 수 있는 반면, 48퍼센트의 간부들은 영어를 안다고 주장한 것으로 나타났다. 1993년에 영어만큼 중국어도 베트남의 도시들과 특별 경제구역에서 전략적 외국어로 정하자는 제안이 나오자 하노이 외국어대학의 개혁가들은, 중국어를 배우는 것은 베트남 학생들이 모국어를 이해하는 데 도움이 될 뿐 아니라 (베트남 어휘의 '90퍼센트 가량은' 중국어에서 유래하였기 때문에) 일본어와 한국어를 더 쉽게 익히도록 도와준다고 주장했다.[148]

동아시아에서 공유하고 있는 행정의 합리성을 탐구하기 위한 새로운 모험은 옛날 그 모험이 끝났던 곳, 즉 공무원 임용 시험에서 다시 시작되었다. 한국의 근대적 공무원 시험은 박정희 정부 때(1961~1979)에 완성되어 견고한 법률적 틀을 갖추었다. 북경과 하노이의 시장-레닌주의자들이 관료제를 새롭게 수용함에 따라 공무원 시험에 대한 관심이 높아졌다. 한국의 공무원 시험은, 일본이 1910년에 조선을 식민지로 만든 이후 없애버린 양반 관료를 위한 산업화 이전의 옛 시험제도가 아니었다. 1998년 한 중국인이 이를 경탄의 눈으로 보았던 대로, 한국의 새로운 시험제도는 8세기 신라시대까지 거슬러 올라가는 한국의 식민지 이전의 유가적 시험, 식민국 일본이 시험을 좀 더 효율적으로 만들기 위해 시행한 (대부분의 한국인을 정부 고위직에서 제외시키면서 진행된) 전통적 시험의 표준화, 그리고 관료의 직위에 따른 적합한 분류를 도입했던 전후 미국의 영향이 잘 조합된 것이었다.[149]

한국의 시험제도에 대한 중국인의 감탄은, 종전과는 반대로 중국이 한국으로부터 배운다는 것을 보여줌으로써 과거의 중국 조공관계의 익숙한 패러다임을 뒤엎었다고 해도, 중국이 한국의 것을 국가 건설을 위한 영감의 원천으로 삼았다는 것에만 놓여 있는 아이러니는 아니다. 그러한 아이러니는 또한 동아시아의 한 국가이지만 산업화 이전 시기에는 그와 같은 시험제도를 가져본 적이 없었던 일본의 영향에 부분적으로 의지하고 있으면서도, 근대의 잉태에 대해 자기의 기여를 재발명하는 데 힘을 쏟고 있는 현재의 동아시아 상황에도 놓여 있다. 19세기의 일본은 중국식 관료제를 가지고 있지 않았기 때문에 막스 베버의 고향으로부터 아이디어를 빌려오는 데 아무런 문제가 없었다. 그래서 메이지(明治)시대의 공무원제도는 프러시아를 모델로 했던 것이다. 이것은 이토 히로부미(伊藤博文, 1841~1909)가 식민지의 통감이 되었을 때 한국에까지 확대되었다. 한국의 근대 관료제는 상당 정도 식민국 일본의 창조물일 뿐만 아니라, 유럽 특히 독일의 공무원제도 모델에 대한 일본의 이해에 기초한 것이었다.[150]

그러나 일본, 독일, 미국의 영향에도 불구하고 한국의 새로운 시험제도는 중국과 베트남에서도 수백 년 전으로 돌아가면 찾을 수 있는, 문헌에 기반을 둔 능력주의 사회의 위험요소에 대한 옛 질문을 필연적으로 제기하게끔 한다. 여기에 그 연속성이 존재한다. 과거로부터 이어지고 있는 익숙한 질문 하나는 다음과 같다. 즉, 시험은 얼마나 쉬운 접근성을 가져서 사회 통합을 촉진하도록 설계되어야 할까? 그리고 얼마나 많은 노력을 들여 진정 우수한 엘리트를 배출하도록 해야 할까? 1990년대에 한국형 시험제도를 중국에 도입하라고 촉구했던 한 중국인은, 한국에 비해 취약한 중국의 교육 수준으로는 수용하기에 시험문제가 '너무 어렵다'고 생각했다. 만약 한국의 시험이 중국으로 이식된다면, 이는 복구된 시험제도의 사다리를 오르도록 유도할 필요가 있는, 중등학교 정도의 교육을 받은 당 간부들에게는 불리하여 이들은 줄어들 것이었다. 그러나 중국의 비평가들은 한국의 시험이 군인이나 기술자같이 국가에 가치 있는 봉사를 한 '모범적인 사람들'은 우대한다고 찬사를 보냈다.

과거에서 이어진 또 다른 익숙한 질문은, 면접시험이나 교사의 추천이 아니라 시험 절차와 글쓰기에 기초를 둔 지식은 얼마만큼의 비중을 두어야 하는가라는 것이었다. 당나라 때의 관료들은 그에 대한 답을 내려고 격론을 벌였다. 그러나 한국의 시험이 가진 두 가지의 특징은, 만하임식의 정치의 행정적 전환에 대한 독일식 공포를 부인하려고 신경을 썼던 다오 찌 욱과 같은 중국, 베트남의 관료들에게는 뿌리칠 수 없는 매력을 지니고 있었다. 그 특징의 하나는 중국, 베트남의 시험의 빈약하기만 한 '임시적인' 규정과 비교해볼 때, 한국의 시험은 법률의 규정과 그에 따른 안정성을 가지고 있다는 것이었다. 또 다른 하나는 한국의 시험이 정보이론과 그리고 컴퓨터를 기반으로 하는 예측하기와 예산수립 등의 '현대적'인 과목에 역점을 두고 있다는 것이었다.[151] 다오 찌 욱은 한국인들에게, 베트남의 새로운 중국식 관료제는 '정보과학' 분야에 뛰어난 이해력을 갖춘 관리들을 갖게 될 것이라고 말했다. 시험문제에서 정보이론과 미래학을 '현대적'이라고 규정한 것은 시험에 정치적인 것을 넘어선 덕목이라는 생시몽주의적인 매력을 심어주었다. 다른 말로 하자면, 전통적 중국식 관료는 증가하고 구태의연한 간부들은 줄어든다는 것이다.

과학 숭배와 중국식 관료제의 이상

한국의 공무원 시험제도에 대한 이러한 국지적 해석은, 여러 문화에 공유된 관료제적 이상이 어떠한 식으로 재현되든지 간에 중국과 베트남에서는 정치적으로 과학을 빙자하는 현상과 불가분하게 연결되어 있음을 보여주었다. 19세기 유럽의 오귀스트 콩트(Auguste Comte, 1798~1857)는, 과학자들이 궁극적으로 사회 질서의 도덕적 기초를 규정하는 데 있어 성직자와 신학자들을 대체할 것이라고 예언했다. 그로부터 거의 2백 년 후 동아시아에서 과학자들이 새로운 형태의 중국식 관료들을 대체하는 것은 더욱 어려운 일이 되었다. 그와는 반대로 과학자들은 관료들의 우선권 재정립을 도와줄 공산이 커졌다.

1993년에 중국에서 발효된 국가 공무원에 대한 임시 규정을 설명하면서, 중국의 인사부 장관은 공무원을 재조직하는 목적은 정부 조직에 대한 인사 관리의 '과학화'에 있다고 말했다. 그 인사부 장관은 이것을 중국사에서 보이는 야심찬 기획들과 완전히 동떨어진 것으로 보았을 것 같지는 않다. 비슷한 맥락에서, 1998년에 베트남 국영 항공사의 한 경영인은, 18세기 유가사상가인 레 꾸이 돈이 재능에 관한 견해를 피력했던 대로 식민지 이전 시기에 쓰였던 경영 훈련의 '진보적인' 이론을 베트남인들이 보다 잘 활용할 것을 요구하는 글을 썼다. 그 경영인은 하노이와 호찌민시의 독자들에게, 공자 자신이 사실상 세계적 경영학의 창시자였다고 했으며, 모든 형태의 일에 그 방법을 제공하는 '과학'이 존재한다는 미국의 프레더릭 윈슬로 테일러의 주장은 단지 인간의 성취와 발전의 가능성에 대한 산업화 이전의 동아시아적 관점을 그럴듯하게 산업 분야에 확대해석한 것이라고도 했다.[152]

1965년에 나온 중국사상의 과학주의에 대한 선구적 저작인 쿽(D. W. Y. Kwok)의 저서에서 설명하고 있듯이, 과학 숭배란 우주의 모든 측면을 과학적 방법을 통해 알 수 있다고 추정한 것만을 의미하는 것은 아니었다. 이는 또한 아인슈타인 같은 과학자가 이해했던 대로, 과학에 대한 존중을 과학과는 명확한 관련성이 없는 분야의 정책을 홍보하는 데 이용해먹는 이데올로기적 경향을 의미하기도 했던 것이다.[153] 쿽의 저서는 나온 지 몇 해만에 다른 학자들의 인정을 받았다. 적어도 중국과 베트남의 국가 지식인들에게 있어, 모든 종류의 진리에 대한 근본적인 안내자를 찾으려는 전체주의적 접근 방식의 과학숭배는 산업화 이전의 학자-관료들의 성향과 눈에 띄게 달라진 것은 아니었다. 그렇다 할지라도 쿽의 책을 인정한 학자들은, 마르크스주의가 과학이라는 주장을 포함하여 과학주의의 다양한 형태를 모두 단호히 거부하고 비판했던 중국의 자유주의적 과학자들의 존재를 강조했는데, 그것은 옳은 일이었다.[154]

그러나 민주주의가 제대로 기능하지 못하는 상황에서 과학과 기술은, 대다수가 공학자로 구성된 중국과 베트남의 엘리트들이, 투표과정이 아니라 계획된 신비감을 통해 국가를 공공선의 구현체로서 상상하게 만드는 데 사용할 수 있는 유용한 도구였다. 고급 기술과 정보의 시대에서는 상명하복 방식의 위계적으로 작동하는 권력은 잠식될 수밖에 없다는 서구의 몇몇 커뮤니케이션 이론가의 주장에도 불구하고, 동아시아에서는 이것이 국가를 약화시키지는 못했다. 그와는 반대로 고급 기술과 정보의 시대는 과학 공원과 국립 '디지털 도시'의 비전과 함께 국가의 유지와, 국가를 일상적인 정치적 갈등으로서는 전복할 수 없는 합리적인 의식의 매개자로 만드는 촉매제로 작용했다. 아이러니하게도 과학의 중재적 능력에 대한 믿음—누가, 무엇이 중재할 수 있는가 라는 중국식 관료제사회의 오래된 문제에 대한 새로운 대안—은 정부가 실제로 과학 분야에 지급한 지원금에 비해 아주 과도한 것이었다. 1990년대 말에 중국의 어느 학자는 제너럴 모터스, 포드와 같은 다국적 기업들이 각각 해마다 중국 정부보다 연구와 개발에 더 많이 투자한다고 계산했다. 중국과 베트남의 국가 경제 기반이 침식된 것이, 지방과 국영기업으로부터의 세입의 감소와 함께 이와 같은 낮은 지원금을 주게 된 원인이었다.[155] 그러나 양쩐닝(楊振寧)*과 같은 해외의 중국인 과학자들이 1980년대 초에 중국에 권장했던 것과 같은 지식인들의 작업을 평가하기 위한 정치적으로 독립된 제도가 없는 상황에서, 전문화된 관심을 가지고 등장한 공직의 지식인 계층은 그들에게 명분을 줄 수 있는 개발에 대한 낙관주의, 즉 과학에 관한 미담을 여전히 필요로 했다. 그리고 이러한 필요성은 정부 지원금의 난맥상과는 무관한 것이었다.

국가 지식인들만이 개발을 위한 과학의 미담을 좋아한 것은 아니었다. 과거의 유교적 가족 이데올로기가 그랬듯이 이러한 가치들도 공

---

* 양쩐닝(楊振寧, 1922~): 중국계 미국 물리학자로 미국명은 프랭크 양(Frank yang)이다. 1957년 노벨 물리학상을 공동 수상했다.

유될 수 있었다. 1996년 중국의 한 여론조사에서, 국민들은 여타 국가 기관, 언론 기관, 교육 기관, 은행보다 과학연구 기관에 훨씬 높은 신뢰감을 표했다. 같은 조사에서, 중국인들은 과학에 대한 지지도에서는 조사한 14개국에서 가장 상위에, 과학에 대한 기초적 이해도에서는 14개국 중에서 가장 하위에 위치하고 있었다. 이것은 아마도 과학연구의 실행이 여전히 제한적인 사회에서는 과학에 대한 신뢰가 긍정적인 이데올로기적 힘으로 작용했을 것이라는 점을 확신케 해준다.[156] 중국과 베트남의 과학 대중주의자들은, 국민에게는 '진정한' 과학과 '거짓' 과학을 구분할 능력이 없다고 불평할지도 모른다. 그러나 1990년대에 물을 기름으로 만들 수 있다는 예언가나 축지법을 행할 수 있다는 기공(氣功) 도사의 말에 속아 넘어간 중국인들도, 200개가 넘는 중국 고급 행정학교의 관료 지망생들에게서 엿보이는 것과 같은, 과학적으로 상상하는 미래의 희망에 대한 갈망을 반영하고 있다고 하겠다. 2000년 4월 상해 시의 당원들을 대상으로 한 '가치 지향성' 조사에 따르면, 그 중 절반도 안 되는 당원들만이 의심 또는 회의가 과학의 기본 정신이라는 데 찬성했다.[157]

물론 동아시아의 과학주의는 서구의 다양한 과학주의의 왜곡된 판본이기도 하다. 페리 링크(Perry Link)는, 1990년대 초에 불만을 품은 한 중국 물리학과 학생이 중국의 정치적 지도자는 과학 자체에는 거의 관심이 없고 단지 새로운 입자 가속기가 그들에게 주는 '체면'이나 '자부심'에만 관심이 있다고 불평한 말을 인용한 적이 있다.[158] 그러나 그들과 비슷한 서구 정치인들도 많다. 2000년 상해의 한 철학자는, 17~18세기 물리학의 기계론적 입장의 영향으로 지식에 대한 '경직된' 정의에 사로잡힌 나머지 일반적인 지식 창출에 실패함으로써 중국에서 '사고(思考)의 과학'이 위기에 빠졌다고 실망을 표했다.[159] 그러나 과학 숭배자들의 발상법 역시도 서구의 진정한 과학자들에 비해 뒤처져 있었다.

그와 동시에 중국과 베트남의 과학주의는, 여러 문화에 공유된 것이든 아니든 간에 옛 관료들의 이상을 다시 가다듬으려는 시도의 일환으로서 검토할 가치가 있는 두 가지의 중요한 특징을 가지고 있었다. 그 첫째로 중국과 베트남의 과학 숭배는, 그 사회가 사회계층별로 발전에 따르는 위험에 노출되는 빈도에 차이가 있다는 점에서 서구의 수많은 이론가들이 대체로 인정하는 것보다 훨씬 더 심각한 상황임에도 이를 정당화해야만 했다는 것이다. 둘째로 중국과 베트남의 과학주의는, 여러 문화에 공유된 중국식 관료제로의 복귀 프로젝트에 통합되어 옛 관료제와 연결된 비판적 성찰을 완전히 부활시키지는 않았지만 그 중 일부를 불가피하게 다시 끄집어냈다는 점이다.

위험의 사회적 불균형이란 측면에서 근대성이 위험에 대한 취약성으로부터 부자와 빈자를 평등하게 만들었다는, 앤서니 기든스의 "체르노빌은 어디에나 있다"라는 시각에 대해 기든스의 중국인 번역가가 반박해야만 했던 이유를 이해하기는 어렵지 않다. 농민들의 낮은 수입, 자연을 개조하는 데 따르는 위험, 적절한 기술 확대 서비스의 부재, 농산물 시장의 심한 가격 변동성, 그리고 농업 기술의 공급자와 그 수용자 간의 수많은 중간 단계 때문에 발생하는 정보의 왜곡 등의 상황에서, 과학을 위험이 없는 것으로 묘사하고 있는 과학 숭배라는 낙관주의는, 기본적인 과학 실험의 실제 위험을 거의 견디기 힘든, 여전히 엄청난 규모의 농업경제를 지닌 가난한 개발도상국들에게는 특별한 호소력을 가지고 있었다. 20세기 말 중국의 농민을 위해 국가 소속

과학자들이 매년 평균적으로 만들어내는 7000개 이상의 고급 농업 기술 연구 활동 중, 오직 3분의 1만이 실질적인 농경 활동을 위해 쓰였다. 이는 유럽이나 북미에서 농업 연구의 시험 결과가 농경 활동으로 전환하는 비율의 절반 정도에 해당하는 것이다.[160] 개발을 위한 과학의 미담은 위험을 덮어버리곤 한다. 그래서 그 미담이 가진 대중 영합주의는 과학의 진정한 혁신을 향촌에 적용하여 산업화할 때 따르는 위험성과, 그리고 이러한 위험을 관리하는 능력에 있어서 계층 간 차이의 정도에 정비례하여 심화되었다고 하겠다. 이처럼 엘리트들이 유포시킨 미담은, 서구사회에서 "어떻게 주식 시장에서 부자가 될 수 있는가" 하는 식의 서적들이 경제적 위기관리에 있어 계층 간의 차이를 은폐시키는 것과 동일한 방식으로, 계층 간의 차이를 작게 보이도록 했다.

이러한 환경에서, 과학주의는 행정적 실체만큼이나 이데올로기적인 설득력을 가질 수 있었다. 1997년, 베트남의 120만 국가 공무원 중단지 1만 5,000명만이 과학과 산업기술의 분야에서 일하고 있었던 만큼 베트남 자체에서는 과학에 관한 일들이 거의 추진되지 않았다.[161] 그럼에도 불구하고 1980년대의 베트남의 가장 뛰어난 사회학자가 자신을 '미래—뜨엉 라이(Tuong Lai)—교수'라고 불렀던 것은 나름대로 다 이유가 있었다. 진보를 과학에 의해 보장된 모험으로 묘사한 것은 국가가 꾸민 일종의 종말론에 속했다. 그리고 이러한 묘사들은 동아시아의 공상과학 소설에 유포되었다. 중국의 작가 예용리에(叶永烈)의 1970년대 말의 유명한 소설 『명왕성으로 날아간 사나이』를 그 예로 들 수 있다. 이 소설은 눈더미 속에서 잠들게 되었던 립 반 윙클˚과 유사한 티베트 농노의 이야기를 그려내고 있다. 이 농노가 새로 사회주의 도시가 된 라싸(Lhasa)에서 깨어나 해동되었을 때, 그는 중국의 근대적 성취—완전 자동화된 슈퍼마켓과 같은—에 너무나 흥분하여 자신의 몸을 다시 냉동하는 것을 애국적 차원에서 동의한다. 그래서 그는 중국의 명왕성 탐험의 임무에 참여하게 된다.[162]

오래된 비판적 성찰이 재출현했을 때, 옛 관료제의 가장 중요한 유산 가운데 하나는 문헌의 주관성을 통해 스스로를 위태롭게 했던 관료제에 대한 내부 비판이었다. 서구 세계가 교회와 국가의 영역을 분리하기 위하여 수백 년이나 분투하고 있었을 때, 동아시아인들도 그와 똑같이 적어도 명목상으로는 관료주의 사회에서의 언어와 경험 사이의 위험한 관계를 관리하는 일에 신경을 쓰고 있었다. 현실을 문헌에 담을 때 발생하는 왜곡이 관료 생활에 뿌리 내리게 되었다고 한 11세기 중국의 사마광의 말처럼, 주된 문제점은 순환하는 관리들 때문에 소외를 발생시키는 정부였다. 이런 상황에서 '글로 쓴 것'은 전부 존재하도록 만들었고 '실용적인 것'과 '현실'은 전부 사라지게 되었던 것이다. 베트남의 사상가들도 이에 동의했다. 시험에 기반을 둔 정치체제의 '정신적 기능'의 '질병'은 너무나 극단적으로 흘러서, 1700년대 베트남의 사대부였던 응오 티 념(嗚時任, Ngo Thi Nham)이 경고했듯이, 과거를 치르는 학생들은 더 이상 자연 풍경의 본질을 제대로 이해할 수 없게 되었다.[163]

혁명 이후 중국과 베트남에서 국가를 위해 일한 20세기 말의 공직

○ 미국의 작가 W. 어빙이 1820년에 발표한 단편집 『스케치북』에 들어 있는 단편소설의 주인공이다. 미국 뉴욕 주의 허드슨 강 근처에 살고 있는 게으름뱅이며 공처가인 립이 주인공이다. 그는 산에 사냥을 갔다가 이상한 모습의 낯선 사람들을 만나 그들의 술을 훔쳐 마시고 취해 잠들었는데, 깨어나 마을로 돌아와 보니 아는 사람이 전혀 없었다. 그는 20년간이나 잠들어 있었던 것이다.

자들은 엘리트의 주관성을 다시금 문제점으로 인지했다. 1998년에 중국의 한 사회학자가 관찰했듯이, 중국의 향촌을 연구한 국가 지식인들은 향촌의 엘리트들이 점차 더 정치화되어간 것이나 향촌에서 권력이 아래로부터 위로 구축되었던 방식을 잘 이해하지 못했다. 그러한 지식인들은, 어떻게 국가가 상명하복의 방식으로 향촌을 장악해갔는지에 대해 더욱 이론적으로만 관심을 쏟았기 때문이다. 이는 시장을 토대로 한 상업의 확산과는 맞지 않는 신전통주의적인 태도였다.[164] 그러나 이제 관료주의적 주관성의 문제는 언어의 세계화에 따른 영향으로 훨씬 더 복잡해졌다. 기술관료 엘리트는 그들의 직무상의 언어조차도 다른 문명에서 유입되었던—사마광은 결코 상상하지 못했던 위험이었다—시기에 직면했을 때, 기록과 현실 사이의 간극에 대한 오래된 불안감 때문에 고통을 겪었다. 한 저명한 중국인 경제학자는 1978년 이후 중국 엘리트들이 외국의 새로운 경제 학설과 그 용어들—공공선택이론, 이중경제구조이론, 근대기업론, 공급부족이론, 비용효과이론, 불균형성장이론—을 대거 수용함에 따라 피상적 이해와 '기계적인 베끼기'를 피할 수 없었고 그리하여 정책 입안에 있어 오류의 위험이 있음을 지적했다.[165]

신전통주의적인 불안감은 산업화 이전 시기의 정치적 비판에 사용되었던 현실감 있는 비유법이 어느 정도까지는 되살아났음을 의미했다. 앞에서 살펴봤던 대로 관료제 이전의 '삼대'의 제도, 즉 중국뿐만 아니라 한국과 베트남의 이상주의자들이 수백 년 동안 지지해온 제도이자, 더욱 완벽한 사회 질서를 가졌다고 하는 고대의 하, 상, 주 왕조의 구세(救世)주의적인 이상을 가진 제도에 대한 강박의 기억도 그러한 불안감 속에 도사리고 있었다. 이러한 이상의 긍정적인 기능은 옛 관료들에게 사회적인 선(善)에 대한 이론과, 관료제 외부의 관점에 의한 사회적 책임이라는 관념을 제공했다는 것이다. 그리고 부정적인 기능은 바람직한 미래라는 말의 의미가 관료 엘리트들에 의해 거의 완전히 통제되어서, 미래가 지적으로 닫힌 영역인 문서에 속박되어 있는 방식으로 신화화될 수밖에 없었다는 것이다.

1997년 한 중국인 미래학자는, 그가 오늘날 중국의 유교적 미래학이라고 일컫는 것을 공격했을 당시 그의 마음속에는 이러한 부정적 기능이 자리 잡고 있었다고 했다. 그는 현대의 중국 지식인들이 '삼대 콤플렉스'라고 명명한 정신적 습관의 중독을 없앨 때까지는 세계적인 문제에 대한 국제적 대화에 온전히 참여할 수 없으리라고 주장했다. 이 비평가는, '삼대 콤플렉스'라는 정신 상태 또는 미래 없는 미래학은 중국이 서구로부터 들여온 경영이론과 과학이론의 주요 부분을 왜곡시켰다고 했다. 그렇게 된 것은, 산업화 이전의 '삼대' 도식과 별로 다르지 않은 방식으로 행정적인 목적을 뚜렷이 하기 위해 그리고 무한한 가능성들을 폐쇄적인 정신적 구조물로 전환하는 과정에서 이론들을 만들어냈기 때문이라는 것이다.

여기에서 또다시 관료제의 문서세계가 있는 그대로의 경험세계를 대체하면서, 변화의 바람직한 모습들이 너무 쉽게 문서세계의 용어에 영향을 받아 추상적인 것으로 바뀌어버리는 데 대한 두려움을 갖게 되었다. 1997년에 그 중국인 미래학자는, 세계적 이론 중 특히 6개의 이론이 중국 사상가들의 소위 '삼대 콤플렉스', 즉 있는 그대로의 것을 변질시켜버리는 행정적 영향력에 흡수되어 중국에 들어옴에 따라 어려움이 있을 것이라고 꼽았다. 그것은 정보이론, 소산구조론(消散構造論), 시너지이론, 파국이론, 제어론(사이버네틱스)과 시스템이론이다.[166]

시스템이론의 중국식 관료제화

시스템이론*과 제어론(사이버네틱스)의 기초는 루트비히 본 베르탈란피(Ludwig von Bertalanffy)**에서 노버트 위너(Norbert Wiener)***에 이르기까지의 여러 사람들에 의해 형성되었는데, 이들은 서로 겹치는 부분이 있다. 그런데 이 두 이론이 중국식 관료제 속에 녹아들어간 것은 특히 주목할 만하다. 동아시아의 옛 관료제가 이 두 이론에 비옥한 토양을 제공했다는 것은 분명하다. 노버트 위너는 1948년 사이버네틱스에 대한 책을 썼는데, 그 책은 이 새로운 이론의 기초적인 도서의 하나가 되었다. 미국의 수학자이자 공학자였던 노버트 위너는, 어떤 물리적이거나 사회적인 시스템의 복합적 요소들이 환경과 상호작용하면서 어떻게 안정화되거나 불안정화되는지를 이해하기 위한 모의실험의 모델링에 기초하여 총체적 접근을 이루는 것이 가능해진 컴퓨터시대의 새벽을 알렸다.

중국과 베트남의 개혁에 내재된 권력에 대한 믿음과 그리고 그 개

• 시스템 이론: 시스템은 복잡한 환경 내에서 전체적인 목표를 달성하기 위한, 상호 관련이 있는 부분의 집합이다. 시스템 개념에 근거해서 특정한 연구대상을 어떤 관계에서 파악하려는 관점을 말하는 것이다. 시스템 이론은 독일의 생물학자 베르탈란피가 제2차 세계대전 이후 여러 학문 분야를 통합할 수 있는 공통적인 사고와 연구의 틀을 모색하는 과정에서 도출된 것으로, 그 후 여러 학문 분야를 통합하는 이론체계에 대한 관심이 1950년대에 들어 급속히 확산되어 가던 중 경제학자인 볼딩이 시스템 이론의 목적과 기본적인 골격을 작성하여 일반시스템이론을 체계적으로 정립하기에 이르렀다. 이렇게 정립된 일반시스템이론은 그 후 경영학 분야에 적용되어 경영 조직에서의 시스템 이론으로 정립되었다.
•• 루트비히 폰 베르탈란피(Ludwig von Bertalanffy, 1901~1972): 오스트리아에서 출생한 생물학자로 일반 시스템 이론(GST)의 창시자이다.
••• 노버트 위너(Norbert Wiener, 1894~1964): 사이버네틱스의 창시자로 알려진 미국의 수학자. MIT의 교수로 재직했다.

혁의 능력을 더욱 이상화한 기술의 대부분은 레닌주의, 유교, 국가 자본주의 뿐만 아니라 노버트 위너로부터 가지고 온 것이다. 위너의 세계는, 영어권 국가가 1940년대에 창출해낸 이후 처음엔 히틀러와, 그 다음엔 냉전시대에서의 투쟁을 위해 만들었던 굉장히 군사화된 실험실 문화의 세계였다. 이러한 실험실 문화는 '오퍼레이션 연구(operations research)'*팀에 집착했다. 장교, 수학자, 물리학자, 심리학자로 구성된 최초의 오퍼레이션 연구팀은 1940년 영국에서 독일에 대항하는 공중전의 과학적 측면을 설계하기 위해 만들어졌다. 2차 대전 때부터 영어권 국가들에 퍼지기 시작한 시스템이론은 미국의 공학자이자 경영이론가인 프레더릭 윈슬로 테일러와 결부되어, 자연과학과 사회과학에서 얻은 최신의 통찰력에 기초하여 만든 합리적 조직을 통해 인간 개개인은 생물학적, 심리적 한계를 극복하여 더욱 효율적으로(이 신조의 가장 큰 덕목) 될 수 있다는 믿음을 널리 확산시켰다. 암묵적으로 개인보다는 조직을 중시하는 미국의 경영이론은 아시아의 공산주의 개혁 국가들의 진보를 위한 상투적인 도식과 아주 편안하게 공존했다. 1991년 이전의 소련 진영의 경제학자들 사이에서 유행했던 시스템이론의 인기는 이러한 집중 현상이 오랜 역사를 가지고 있음을 시사해 준다. '시스템공학'이라는 용어는 지금 중국의 글들을 어수선하게 만들고 있으며, 그리고 중국보다는 정도가 덜하지만 베트남의 개혁가들도 어

• 오퍼레이션 연구(operations research)란, 어떤 조직체의 집행부에게 그 관리 아래 있는 제업무 내지 행동에 관한 최적의 결정에 이르게 하는 것을 목적으로 하는 과학적 방법을 말한다. 한정된 자원을 효율성이 높게 할당하는 방안을 탐색하기 위하여 관련 변인들을 조작·조정함으로써 최적해(最適解)를 구하는 경영 기술이라 하겠다. 이 방법은 원래 제2차 세계대전 중 미국과 영국의 군사작전 연구에서 시작되었으며, 전후 군부에서 뿐 아니라 관공서나 기업체에서도 매우 활발하게 활용하게 되었다.

수선하게 만들고 있다. 이 용어는 전략수립과 개혁의 실천을 가리키는데, 아마 수십 년 전에 벨 전화회사 같은 미국 기업에 의해 처음으로 사용된 듯하다.

이 새로운 사상은 처음에는 마오쩌둥의 북경에서보다 전시(戰時)의 그리고 1960년대 말과 1970년대 초의 하노이에서 더욱 인기가 있었다. 이해가 쉬운 수학 모델은 특히 피비린내 나는 미국과의 전쟁 기간에 교육을 잘 받지 못한 간부들의 수학적이지도 종합적이지도 못한 계획보다는 베트남의 미래에 대한 더욱 낙관적인 시각을 갖게 해줄 수 있었다고 하노이의 한 간부가 1973년에 지적한 바 있었다. 시스템 연구는 또한 행정가와 행정 대상 사이의 입장 차이에 대한 중국식 관료제의 오래된 문제의 해결책이 될 수 있었다. 이론적으로 컴퓨터는 '주도하는' 정부 부서와 그들을 따르는 '대상' 사이에 정보의 상호 교환을 도출해낼 수 있다. 1968년 소련제 컴퓨터가 처음 수입된 이후부터 컴퓨터는 북부 베트남에서 폭파된 교량을 수리하기 위한 가장 효율적인 방법을 산출하기 위한 철도 사업 부처에서, 그리고 홍하의 댐 관리 방식의 효과를 연구하기 위한 수리학(水理學) 담당 부처에서 사용되었다.[167]

또한 1970년대 말과 1980년대 초의 중국 엘리트는 전후 서구의 제어이론과 시스템이론의 관점에서 조직의 행동에 대해 생각하고 있었다. 노버트 위너는 1935~1936년에 청화(淸華) 대학에서 전기공학을 가르쳤다. 이제 그의 영향력은 지연되기는 했지만 상당히 커졌다. 중국 미사일과 우주 프로그램의 아버지인 쳰쉬에선(錢學森, 1911~2009)은 1982년에 시스템공학에 대한 책을 출간했다. 위광위엔(于光远)과 엘리트 개혁가들은 1979년 이후 중국의 모든 사회, 경제적 개혁들을 시스템공학의 사업으로 생각할 만큼 진전을 이루었다. 시스템공학이라는 용어를 기사의 제목에 넣은 중국 잡지들도 나타났다. 이처럼 수입된 서구사상이 중국 행정에 최초로 적용된 것은 3개 분야였는데, 그 목적은 거시경제의 의사결정, 유전과 가스전의 산출량 예측 그리고 인구 통제였다.[168]

1973년 하노이의 과학자인 판 딘 지에우(Phan Dinh Dieu)는, 베트남의 독자들에게 정보는 불확실성의 반대말이라고 했다. 그러나 시스템이론—정보의 순환과 소비를 위한 프로그램이 사회의 모델로 위장한 것—은 정보를 얻을 수 있을 때 유용한 것이었다. 그리고 정보가 인간과 환경의 상호작용에 대한 과학적인 모형을 만드는 것을 가능하게 할 만큼 충분히 많고 믿을 만하다는 통념이 있었다. 이러한 생각은 정보가 왜곡되거나 불충분할 위험성에 대한 식민지시대 이전의 옛 관료들의 불안감을 몰아내 버렸다. 1940년대 영국과 미국의 실험실 문화에는 이러한 불안감은 전혀 찾아볼 수 없었다. 이러한 불안감은 중국식 관료제의 가장 흥미로운 특징 가운데 하나였다.

여기서는 하나의 프로젝트를 다룸으로써 시스템이론의 토착화와, 시스템이론과 식민지 이전 시기의 관료주의적 주관성에 대한 두려움 사이의 어색한 관계를 살펴보고자 한다. 그 프로젝트는 중국과 베트남이 20세기 말에 추진한 강제적인 가족계획 프로그램이다. 1985년 상해의 사이버네틱스 전문가인 왕후안천(王浣尘)이 쓴 '인구 시스템 공학'에 대한 책이 중국에서 출현한 것은 불가피한 일이었다. 이것은 컴퓨터 모의실험을 통해 도출된 추정치로 중국의 인구 변화와 중국 경제 여력의 '모범적 관계'를 수립하는 데 이용되었다. 이 일은 중국 인구 성장의 최적치에 대한 '과학적' 사고를 추구한 것이었다. 2000년 3

월에 공산당 중앙위원회와 내각은 중국의 인구 통제 사업에 대한 의결 과정에서, 계획적인 출산율의 감소는 시스템공학의 실행이었다는 점을 재확인했다. 그해에 청해 성(省)의 기획자와 인구학자들이 출간한 인구 통제에 관한 책에는, 사회 전반의 문제는 반드시 정보 시스템으로 다루어져야 한다고 노버트 위너가 가르쳤다는 것을 밝혀놓았다. 정보과학은 인구 통제의 내부관계를 드러내는 열쇠이자 법칙이라는 것이다.[169]

산업화 이전의 중국식 관료제에서 시도되었던 일 중, 현대 중국과 베트남에서 추진하고 있는 강제적 가족계획 프로그램에 비견할 만한 일은 전혀 없었다. 그러나 사회를 '정보 시스템'이라는 은유로 나타내는 것은 중국식 관료제의 감수성과 잘 맞았고, 정치를 행정에 그리고 현실을 문헌에 예속시켜 왔던 오래된 패턴이 어쩌면 아주 새로운 형태로 이어진 것이나 다름없다는 것도 사실이었다. 인구 통제는 모델을 가지고 모의실험을 했든 아니든 간에 관료주의적 합리성이 실제의 인간 세계를 개조하려는 시도 속에서 의도하지 않은 결과를 만들어낼 위험을 가지고 있었다. 그리고 이는 8세기 또는 18세기의 동아시아에 있었던 조세 개혁보다 훨씬 더 큰 판본이 될 듯 보였다.

인구 계획의 복음 그 자체는 논쟁의 여지없이 근대적일 뿐 아니라 이데올로기적으로 이질적인 것이었다. 그것은 서로 다른 시기에 자유주의적인 페미니스트와 네오파시스트 우생학자 양측 모두에서 출현했다. 아시아에서 출산의 선택에 대한 인권을 선언하면서도 강제적인 가족계획을 시도했던 것은 아시아 공산국들만은 아니었다. 인도는 2차 세계대전 이후 계획적으로, 때로는 강제적으로 출산율 감축을 실행하려 시도한 첫 아시아 국가였다. 수하르토(Suharto)가 집권

(1966~1998)했던 인도네시아 또한 강제적인 인구 통제 프로그램을 가지고 있었다. 그러나 훨씬 더 오래된 관료제의 역사를 지니고 있었고, 히틀러와의 전쟁 때문에 피해를 입은 이후 인구 손실을 심각히 우려했던 유럽의 공산국가에서는 전후에 강제적 출산율 저하를 위한 노력이 부재했다는 사실을 보면, 중국과 베트남의 인구 통제 프로그램은 동아시아 레닌주의의 특징으로 기억할 만한 것이었다. 근대의 견고한 규범 속으로 출산율 감축을 끌어넣으려는 관리자적 야심은, 1929년에 만하임이 우려했던 정치의 관료제화를 넘어선 것이었다. 그것은 만하임이 가진 두려움의 개정판 혹은 확대판, 아니 그가 결코 상상하지도 못한 것으로서, 관료주의 생물학이었다.

동아시아의 레닌주의적 인구 통제 프로그램이 농촌의 저항을 불러일으킨 것은 불가피한 일이었다. 그러한 저항 가운데 일부는 미륵불의 도래에 대한 전통적 민간신앙이 출산 통제에 대한 반대에 혼재해 있었다.[170] 그러나 인구 통제는 이론적으로 촌락민뿐 아니라 모든 사람에게 적용되었다는 점에서, 인구 계획의 이론을 근거로 한 중국과 베트남의 행정적 강제는, 티렌 화이트(Tyrene White)가 동아시아 공산주의 국가의 구성원 내부로부터 나온 저항이라고 일컬었던 문제에도 노출되어있었다.[171] 그러나 이 문제를 덮어두려했던 것처럼 보여지는 국가 지식인들의 불만은, 다시 중국식 관료제로의 복귀가 가능한 프로젝트가 얼마나 많이 과거의 관료제에서 나타났던 비판적 성찰을 부활시킬 수 있을지를 살펴보기에 유리한 입지를 제공했다.

○ 수하르토(Suharto, 1921~2008): 인도네시아의 군인 출신 정치가로 수카르노 대통령에게서 치안
　 대권을 위양 받아 총리, 국방치안장관, 육군장관, 육군총사령관을 겸임하였으며, 제2대 대통령
　 에 선출되었다. 6선 대통령이 되었지만 대규모 반정부 시위로 1998년 몰락했다.

맬서스주의가 중국 혹은 베트남의 전제주의적인 가족계획을 위한 유일한 명분이었다는 주장은 이해할 수는 있지만 엄연히 과장된 것이다. 가족계획에 대한 사상의 계보는 좀 더 복잡하다.[172] 맬서스(Thomas Robert Malthus, 1766~1834)는 결코 중국에 간 적이 없다. 그러나 미국의 자유주의자이자 출산 통제의 전도사였던 마가렛 생어(Margaret Sanger)* 는 중국에 간 적이 있었다. 그녀는 레닌주의 국가의 관료제에 의해 강요되었던 출산율의 강제적 감축에 있어 조금은 모순적인 선구자였다. 산아제한에 대한 중국 최초의 연구회는 생어가 중국 자유주의자의 기수인 차이위안페이(蔡元培)** 의 후원 하에 북경과 상해에서 1922년 2월 서구의 출산 통제 이론에 대하여 연설을 한 3개월 후인 1922년 5월에 소주(蘇州)에서 처음 출현했다. 생어의 연설은 열광적으로 받아들여졌고 번역되었다. FBI의 감시를 받던 중 중국에 간 생어는 무정부주의자 엠마 골드만(Emma Goldman)*** 의 제자였다. 생어는 골드만이 그랬던 것처럼 여성의 출산에 대한 통제권은 노동자의 고용조건에 대한

• 마가렛 생어(Margaret Sanger, 1879~1966): 산아제한 운동을 활발히 벌인 미국인 여성 운동가이다. 빈민가에서 간호사로 근무하면서 다산과 빈곤이 모자의 사망률을 높인다고 생각했다. 그녀의 노력의 결과로 의사가 피임을 지시하는 권리를 인정받게 되고, 1953년에는 국제 산아제한 연맹도 조직되었다.

•• 차이위안페이(蔡元培, 1868~1940): 절강성 소흥(紹興) 출신의 사상가, 교육자. 신해혁명 후 1912년 중화민국 초대 교육총장에 취임하여 근대적 교육제도와 교육정신의 기초를 정하였으며, 이어서 북경대학 교장이 되어 많은 혁신적 인재를 모아 신문화운동과 5·4운동을 배후에서 도왔다. 국민정부 수립 후에는 중앙연구원 원장으로서 학술·교육·문화의 진흥을 위해 힘썼다.

••• 엠마 골드만(Emma Goldman, 1869~1940): 러시아 출생의 미국 무정부주의자로 1916년 산아제한 운동, 1917년 반전활동을 하다 징역 2년형을 선고받았다. 1919년 버크만과 함께 러시아로 강제 송환되었으나 소비에트 정부도 반대하여 이후 영국, 미국, 캐나다 등지에서 살았다. 1936년 스페인 내란이 일어나자 스페인의 무정부주의자를 도와서 활약했다. 저서로는 『러시아에 대한 환멸』과 자서전인 『나의 생애』 등이 있다.

통제권처럼 혁명적 계급투쟁에 필수적이라고 생각했다. 그녀는 골드만과 마찬가지로 피임은 탐욕스런 자본주의 사업가들에게 노동 공급을 줄이는 '출산 파업'을 위한 열쇠라고 주장했다. 계획을 세워 부모가 되는 일은 노동계급의 예속을 종식시킬 것이라고도 했다.[173]

그러나 일찍이 1930년도에 확산된 기술관료적 합리성에 대한 서구의 학설들이 더욱 더 많이 유입됨으로써 강화된 중국의 국가 경영의 오랜 관습은 마가렛 생어가 주창했던 해방의 원래 취지를 잘 헤아리지 못했다. 1930년에 천창헝(陳長蘅, 1888~1937)은 '삼민주의 원칙'과 정부 인구정책의 연관성에 대한 책을 출간했다. 천창헝의 책은 어느 정도의 인구수가 '합리적'인지에 대한 국가 차원의 조사에 기초하여 산아제한과 결혼의 지연을 관리 사업의 하나로 만들어야 한다고 제안했다. 더 나아가 천창헝은 1935년에 국가가 규정한 최적의 인구 규모 기준에는 경제학, 국가 안보, 정치, 사회, 교육, 문화, 우생, 의료 분야의 요구 사항들이 포함되어야 한다고 주장했다.[174] 이처럼 굉장히 많은 변수에 기초한 인구 통제의 이론이 시행 가능한 것일 뿐 아니라 정부에 의해 위로부터 아래로 강제될 수 있다는 환상은, 서구에서 1940년대 사이 버네틱스와 시스템이론이 고안되고 새로운 경영적 사고가 1970년대 말 중국과 베트남에 이식되기 전에도 이미 동아시아에 존재하고 있었던 것이다.

그러나 새로운 경영자적 사고는, 정부 정책의 확신을 과장시켰다. 이는 매 가정 당 하나 혹은 두 자녀 갖기의 강제적 정책으로 이어졌다. 이 정책에서 국가는 1995년에 지방정부에 서로 다른 5개의 연도별 인구 목표를 강요했다. 인구 목표는 바람직한 신생아 수에서부터 매년 말 행정구역별 총 인구수를 할당하는 데까지 이르고 있었다. 그와 같은 목표는 실제 숫자에 기초한 것이 아니라, 미리 예상한 숫자에 근거한 것이었다. 불만에 찬 국가 가족계획위원회의 한 위원은 1995년에, 도대체 간부라는 자들은 인구 이론을 적용하는 데 있어 실제로 나타나는 돌발 사태를 알지 못하기 때문에 국가 지도자들의 셈법은 부자연스럽고 완고하다고 비난했다.[175] 이처럼 미래를 의욕적으로 관료주의화하는 현상이, 아마도 중국 사상가들이 시스템이론에 대해 '삼대 콤플렉스'로부터 고통 받는다고 한 비평이 의미하는 바일 것이다. 이는 미래를 완결되고 제한된 행정적 공간으로 전환시켜버린 중국 관료제의 역사로부터 물려받은 풍조였다.

이 새로운 '삼대 콤플렉스'의 뿌리의 일부는 중국뿐 아니라 서구의 것이기도 했다. 2차 세계대전 이후, 서구의 인구학자들은 필립 하우저(Philip Hauser)의 기념할 만한 단어처럼 '정신분열적(schizophrenic)'으로 되어가고 있었다. 그러나 스스로 정신분열적이라 생각하지 않고 규범적이면서도 경험주의적으로 정책의 결과를 분석했던 산업화 이전의 동아시아의 옛 관료들에게서 이러한 '정신분열증'의 미약한 형태를 우리는 이미 경험한 바 있다.

1945년 이후 서구 인구학자들의 '정신분열증'은, 자신을 경험주의적 과학자로 생각할 것인가 아니면 사회공학자로 생각할 것인가에 대한 전례 없는 '혼란' 때문에 나타난 것이었다. 1940년대의 서구세계는 서유럽과 북미에서의 출산율 저하의 성격에 관한 방대한 문헌을 가지고 있었다. 이 문헌들은 묘사적이고 분석적이었으나 규범적이지는 않았다. 이는 역사적인 이해를 돕는 것이었지, 변화를 관리하려 한 것은 아니었던 것이다. 그러나 1940년대 말부터 시작된 산업화 과정에서의 출산율 저하의 개념은 역사적인 서술에서 벗어났다. 출산율 저하라는 개념에 대해 서구의 인구학자들은, 이것이 서구에서 설명되어야 할 것이 아니라 서구 아닌 곳에서 권장되어야 할 것으로 보기 시작했다. 1940년대에 등장한 '인구 변천 이론'은 이것의 진전에 매우 중요했다. 서구의 인구학자들은 서구 출산율의 역사를 보편화하고 이상화하는 데 이 이론을 사용했다. 그들은 지구상의 모든 국가의 인구는 보통 세 단계를 거치는 인구 변천의 단일한 연속선 위에 위치한다고 주장했다.[176] 근대성에 대한 고전적이고 이데올로기적인 정의, 즉 기술 향상과 인간 해방의 신장은 서로 모순적인 것이 아니라 '공생적인' 목표라는 생각은 동아시아로 이식되기 이전에 과학을 예찬하는 서구인들의 논의에 깊숙이 자리잡고 있었다.

그러나 동아시아 지역의 자료들은 관료주의적 심성에서 '인구 변천 이론'을 공고히하는 데 사용되었다. 이는 시스템이론을 규범의 폐쇄적인 구조로 전환시키는 광범위한 작업의 일부였다. 구로타 도시오 같은 일본의 유명한 인구학자들은, 각각의 동아시아 사회는 시간적으로 다른 층위의 단계에 놓여 있지만 동아시아인들은 공통적인 인구의 변천과정을 거치고 있다고 주장했다. 이러한 점에서, 일본은 1947년에 낮은 출산율로의 '궁극적인' 또는 '최종적인' 전환을 시작했다. 홍콩과 싱가폴은 각각 1961년과 1964년에 전환이 시작되었다. 중국은 낮은 출산율로의 '최종적인' 전환이 마오쩌둥 시대의 끝 무렵에 시작되었던 것으로 보인다. 구로타는 이러한 체계를 인구학적 전환의 '확산 이론'이라고 불렀다.

1990년대에 접어들어 구로타 도시오는 인구학자에서 미래의 동아시아의 결속을 위해 유용한 예언가로 거듭났는데, 이는 일부 중국인의 영향이 컸다. 동아시아 일부 지역에서 있었던, 인류의 출산 행위에 대한 국가의 강제가 간과될 수 있었던 것도 그 때문이었다. 구로타의 '확산' 이론은, 동아시아에 공유된 고전 문화와 그 가치가, 자신의 이익만을 중시하는 일본과 한국이 풍부한 노동력을 가진 아시아의 다른 국가에 자본을 투자할 때, 그 둘의 결합으로 생물학적 근대성을 최대한 제공하면서 모든 동아시아인들을 위한 경제 성장과 최종적 인구 변천을 보장하게 될 것이라는 방식으로 재해석되었다.[177] 이러한 인구학적 '역사의 종말' 시나리오에서, 임신 중절의 강요는 주의를 끌지 못하게 되었다. 출산율 저하는 더 이상 정치적으로 강요된 것이 아니라, 역사적으로 불가피한 것으로 보이게 되었다. 비록 이 같은 근대성의 기반으로서의 인구학적 변천의 개념 자체는 그 기원이 1940년대 정도에나 시작된 것이고 원래는 특별히 서구를 의도에 두었던 것임에도, 이러한 식의 순화는 중국식 관료주의적인 것이었다.

베트남에는 중국의 수많은 개혁가의 사상들이 유입되었다. 베트남의 간부들은 '인재'의 활용 등에 대한 덩샤오핑의 구상을 모은 선집의 번역본을 읽을 수도 있었다.[178] 그러나 얼핏 보기에 베트남의 인구학적 위기는 부활한 옛 관료주의의 가치와 상호작용을 하는 것으로 보이지만, 베트남의 국가 가족계획 프로그램이 그러했듯 중국과는 상당히 달랐다. 베트남에서는 1965년에서 1975년 사이에 적어도 100만 명 또는 그 이상의 사망자가 있었다. 비율상으로 보면 확실히 이러한 재난은 1차 세계대전 중 유럽 전역에서 8백만 명이 사망한 것에 비견할 만한 것이었다. 실로 그것은 1975년 이후의 베트남에서, 1920년대 유럽의 대부분을 지배했던 창백하고 지친 모습의 정치인들과 극히 유사한 정치국 지도자들을 배출해내는 데 일조했다. 중국과는 대조적으로 베트남은 전쟁뿐만 아니라 1975년 이후 징집을 회피하려 했던 남성들이 대거 이주했기 때문에 여성보다 남성이 부족했다. 베트남에서의 강제적 산아 제한은 중국보다 가혹하지 않았고 또한 성공적이지도 못했다.

일찍이 1963년에 하노이에서 한 가정에 한 자녀나 두 자녀 갖기를 입안했던 베트남의 정책은 중국에서 비슷한 정책이 시행된 후 9년이 지난 1988년까지 효과를 발휘하지 못했다. 게다가 여성의 임신 여부에 대해 간섭하려 파고들지도 않았다. 그리고 UN과 오스트레일리아 그리고 베트남의 이웃이자 예전의 적국이었던 태국의 인구 및 개발에 대한 비정부 기구 등 외부로부터의 다양한 충고와 도움에 더욱 더 개방되어 있었다. 다니엘 굿카인드(Daniel Goodkind)가 보여주고 있듯이, 베트남 어느 지방의 가족계획 책자는, "한 자녀를 둔 여성이 되기를 원한다"는 제목의 자장가를 통해 출산 통제를 유도하려고 했다. 이러한 노래는 남성들에게 너무 많은 임신으로 인해 '수척해지고 삭아가는' 여성을 원하지 않는 심리가 있음을 암시해주고 있었다.[179]

그러나 베트남은 비록 중국보다 약하고 경험이 적을 지라도 인구의 '시스템공학'에 대한 위로부터의 접근에 있어, 넓은 의미로는 여전히 중국과 비슷했다. 지방 간부들의 상향, 하향의 직위 이동은 그들이 출산율 정책을 실행하는 업무 성과에 어느 정도 달려 있었다. 베트남은, 월러스틴이 두 개의 병존할 수 없는 근대의 담론이라고 생각했던 것, 즉 인간 해방의 폭이 늘어나는 것과 자연에 대한 기술적 통제가 늘어나는 데 대한 담론 간의 화해를 위해, 인구 프로그램에 담겨 있는 국가의 강제성을 감추기 위한 방식과 동일한 방식으로, 과학적 언어를 이데올로기적으로 이용했다.

비판 전통의 부분적 부활

관료제에 편입된 생물학은 중앙정부가 인구계획의 할당 인원을 성(省)에 내려 보내고 성은 이를 다시 현과 촌에 내려 보내는 식으로 국가 위계 상 위로부터 아래로 강요되었다. 비록 목적은 다르지만 그 사업의 방식은 양염과 같은 8세기 중국의 조세 개혁가에게도 완전히 낯선 것이 아니었다. 23세기의 역사가들은 어쩌면 1800년 이후의 서구의 조직 이론과, 근대성의 맹아를 가졌던 동아시아 관료제의 전통이 서로 융합되는 시기로서 20세기 말의 중국과 베트남의 역사를 볼 수 있을지도 모른다. 조직이론은 조직의 문제에 대한 순수한 기술적 평가로 정치 문제를 제거해버리려 했고, 동아시아 관료제는 비판에도 불구하고 문헌이 경험을 대체하는 현상이 끊이지 않았었다. 이러한 융합의 위험성은, 주관성에 빠진 정책 입안의 착오도 세계적인 이론이 국지적으로 적용 불가능하다는 점과 국내의 관료제 관행에 의한 자기 고립이라는 두 가지 문제 때문에 이중적으로 결정된다는 점에 있다. 이러한 위험성에 대한 중국과 베트남의 비판이 때로 신전통주의적 성향을 지니고 있다는 것은 놀라운 일이 아니다.

몇몇 비판은 국가의 야심과 백성들의 염원 사이의 간극에서 초래되는 대립 없는 소외에 대한 오래된 질문을 제기한 것이었다. 중국의 가장 유명한 국가인구계획 전문가인 차뤠이추안(查瑞传)*은 1995년 북

경의 한 회의장에서 출산율 저하에 관해 전 지구적 정책 입안 연구에서의 이론의 남발을 우려한다고 말했다. 그런데 이러한 이론들 중 일부는 옛날 이론들을 위장하여 재활용한 것이었다. 이론 남발의 결과는, 중국 엘리트들로 하여금 수사학적 '조류'에 휩싸여 표류하게 하여 지역 현실에 대한 인식에서 멀어지게 한다는 것이었다. 지식과 행위 사이의 관료주의적 불균형은 지방의 중국인들이 필요로 하는 것들을 보이지 않게 할 정도로 컸다.

차뤠이추안은 더욱 구체적으로, 출산율의 자발적 감소를 '객관적'이라고 특징지었다. 반면 출산율의 강요된 감소는 '주관적'이라는 것이었다. 출산율의 '주관적인' 감소는 '객관적인' 감소에 비해 더 큰 위험에 처할 수 있다고도 했다. 출산율 감소가 어디서나 맞닥뜨리는 위험, 즉 인구의 고령화, 소비자 수요의 저하, 노동력 공급의 부족, 사회적 활력의 상실에 더하여, '주관적인' 감소는 행정가와 행정 대상 사이의 보이지 않는 분리 현상을 만들어낼지도 모른다. 이러한 분리 현상의 여러 징후 중에는 특히 밑으로부터 제공되는 인구 통계에 대한 의구심이 늘어나는 현상도 포함되어 있을 것이다.[180] 적어도 국가의 '주관성'과 지방의 불복종의 치명적 함정이라는 주제의 일부는 아주 다른 맥락에서 발생하였음에도 수백 년 동안의 중국 관료주의적 비판자들의 우려와 동일한 것이었다.

옛 관료들이 관료제의 합리성을 감찰했던 또 다른 방법은 정책 입안자들이 빈곤의 원인과 같은 문제에 대해 잘못된 질문을 던지고 있었음을 보여주는 것이었다. 인구 계획에 대한 논쟁은 또한 옛 관료제로부터 이어받은 비판의 관습을 부활시켰다. 시스템이론의 끝없는 공학적 은유에 깊이 빠진, 1980년대 중국의 정책 관련 지식인의 상당수는 사회를 마치 거대한 컨테이너처럼 다루면서, '합리적 인구 적재 능력'—합리인구승재량(合理人口乘載量)—을 규정하는 데 몰두하고 있었다. 그러나 컨테이너를 위한 최적의 적재량이 어느 정도인지에 대한 의견의 일치를 이루지는 못했다. 7억에서 16억에 이르는 인구로 추정했을 뿐이다. 이렇듯 본질적으로 불확실한 환경에서 행정적 확실성의 패러다임을 찾아내는 일은—이는 전혀 새로운 경향은 아니었다—신뢰를 받지 못했다.

상해의 한 비평가는, 중국의 환경 위기가 과다한 인구 밀집의 결과라는 주장은 명백한 것이 결코 아니라고 지적했다. 그보다는 엄청난 양의 쓰레기를 야기하는 소비 형태와, 국가가 천연자원을 이용하는데 있어 지나치게 낮은 효율성을 보여준 결과일 수도 있다는 것이다. 특히 훨씬 더 효율적인 에너지 소비를 하고 있는 일본을 보면, 중국의 기획자들과 관리자들의 후진성 그리고 국가의 잘못된 구조가 그들을 위해 완전한 책임을 지는 권위 있는 사람의 존재를 가로막고 있어 공공의 자원이 침해당할 수밖에 없는 중국의 '고질병'을 잘 알 수 있다고 주장했다.[181] 일본은 사실 아시아 공산주의 국가들의 집단주의적 경향이 사라진 후 그들이 스스로를 돌아보는 데 있어 모순적인 역할을 했다. 어떻게 보면 일본은 중국 관리들로 하여금 중국의 인구 증가율의 감소를 위한 권위주의적 행태를 은폐하도록 하는, 출산율 격차의 축소라는 담론의 중심지였다. 이것은 중국 정부가 대중들로부터 멀어지게 되는 대가를 치르더라도 자기 이미지를 실제보다 더 합리적인 것처럼 만들어가도록 해주었다. 그러나 다른 한편으로 일본은 중국 내부의 비판자가, 중국이 가진 자기 이미지의 비현실성 그리고 이론을 수립하는 엘리트들의 행위를 속박하는 원인인 충분한 실용적 경험의 부재를 보여주는 데 이용될 수 있는 외부의 예이기도 했다.

관료제적 인구 통제에 대한 비판자들은 옛날의 비판 전략만을 반복하여 외쳤던 것은 아니다. 그들은 인구 정책 기획자들이 산업화 이전 시기에 만연했던 관료주의적 주관성의 특정한 형태를 재생산해낸다고 직격탄을 날렸다. 한 예로 1990년 남베트남 지역 문화에 관한 한 유명 전문가는, 메콩 삼각주 지역의 출산율 감축을 위한 하노이의 선전 활동은 이 지역 주민들이 베트남의 다른 지역민들과 같이 유교, 도교, 불교 신앙에 영향을 받는다는 신전통주의적 추정 때문에 실패했다고 주장했다. 그러나 이것은 단순히 산업화 이전 시대의 분류 기준과, 수백 년 전부터 전해 내려온 대중적 가치에 대한 엘리트의 오해의 연속선상에서 일어난 일이었다. 서남 삼각주 주민들은 옛 왕조가 인정해준 '삼교(三敎)'와는 거리가 멀었고, 생명을 앗아가는 것에 반대하는 강한 금기를 지닌 채식주의 범신론을 믿고 있었다. 그래서 이들은 국가의 가족계획 담당자들과 구식의 여성 낙태 전문가들 모두를 경멸했다. 서남 삼각주의 주민들은 그들의 신앙을 멋대로 추정한 판에 박힌 관료주의와는 동떨어져 있었기 때문에 그 영향을 받지 않을 수 있었다.[182]

중국과 베트남의 인구 관리 프로그램에서 보이는 관료주의적 주관성의 문제에 대한 치유책은 중국뿐 아니라 베트남에서도 익숙한 것이었다. 베트남은 국가 통치에 있어서도 그랬듯이 국가의 강제적 가족계획의 전도 사업도 고산지대의 소수민족에게는 성공을 거두지 못했다. 북부 베트남의 몽족은 1960년에서 1989년 사이에 인구가 두 배 이상으로 늘었고, 1980년대의 베트남에서는 적어도 6개 이상으로 파악된 종족의 여성들이 평균적으로 8명의 자녀를 낳았다. 그 해결책은, 한 전문가가 썼듯이 정부가 자신의 지도 체계를 무시하고, 그 종족과 촌락의 '신망을 지닌 사람들'인 소수민족 사회의 현지 지도자들의 도움을 구하는 것이었다.[183] 실제로 그러한 충고를 따르기는 쉽지 않을 것이다. 처와 자식의 수에 제한을 받는 것을 싫어하는 일부다처제인 바나 족의 원로, 권위를 높이기 위해 많은 아들이 필요한 몽족의 가부장, 그리고 종족적으로는 베트남인이지만 산아 제한의 계획을 종교에 대한 공격으로 여겨 비난하는 가톨릭 촌락의 수장과 협상해야 한다는 것을 의미했기 때문이다. 그러나 이는 특이한 일은 아니었다. 군현의 지방관들은, 이미 수백 년 동안 본능적으로 1700년대 말에 왕휘조가 내놓은 기념할 만한 주장을 이해하고 있었다. 즉, 비공식으로 또는 은밀하게 관원이 아닌 현지 중재자(왕휘조의 시책에서는 '현의 소문'에 밝은 10대 청소년 정보원)를 채용하여 관료주의 국가가 지방의 공동체에 야기한 소외현상을 해소해야 할 필요가 있다는 것이다.

'세 번째 혁명', 즉 봉건제 이후의 근대 세계에서 전문직 엘리트의 출현에 대한 저서의 말미에서 해럴드 퍼킨은 전문직 엘리트들이 권력을 남용할 가능성이 많다고 주장했다. 그리고 우리는 이것을 어떻게 방지해야 하는지의 문제를 해결하기조차 원하지 않을 수도 있다고 그는 비관적으로 서술했다. 그의 입장에서 보자면, 이것은 서구의 현재와 미래의 문제였다. 그러나 옛 중국식 관료들은 그가 생각했던 전문직과는 전혀 달랐음에도 불구하고 이것은 또한 동아시아에서는 오래되고 연속된 위기의 일부였다. 그러나 동아시아에서 그와 같은 엘리트의 출현은 비관주의만큼이나 낙관주의의 경향도 보였다. 그리고 그 염원의 정신도 지속되었다. 봉건제 이후의 엘리트에 대한 우려의 오랜 전통을 지닌 사회의 저술가이면서 중국의 문화적 민족주의자이자 제도 경제학자인 셩홍(盛洪)은 1993년에, 민주주의를 행정에 능한 도덕적 엘리트들이 이끄는 정부와 통합시킨 완벽한 정치체계를 여전히 잘 상상할 수 있다고 말했다. 또한 그와 같은 계획에서는 엘리트들이 전혀 투표할 수 없었던 두 개의 선거구, 즉 아직 태어나지 않은 인간 그리고 인간이 아닌 생명체, 이 둘의 '실질적 대리자'로서 새로운 역할을 주장할 것이라고 했다. 새로운 중국식 관료 엘리트가 인류의 미래와, 인간이 아닌 자연의 '실질적 대행자'로서 정당성을 갖는다는 이러한 생각은, 엘리트들이 자제심의 가치를 독점했던 역사적 이해에서 나온 것일지도 모른다. 남을 돕기 위해 오직 자제심을 발휘한 사람들만이 엘리트라고 불릴 가치가 있다는 것이다.[184]

물론 그러한 엘리트는 노버트 위너보다는, 완벽한 공직자는 천하를 위해 가장 먼저 걱정하고 그 즐거움은 가장 나중에 누려야 한다고 했던 말로 유명했던 송나라의 학자-관료인 범중엄(范仲淹, 989~1052)과 더 많은 공통점을 지니고 있다. 드높은 도덕의식으로 다른 사람에 대해 책임을 지고 그 자신의 욕구를 자제할 수 있는 엘리트 정책 입안자는, 봉건제 이후의 성격이 강할지라도, 아마도 완전한 기사도를 지닌 기사가 범중엄이 살았던 시기의 유럽의 역사에서 중요했듯이, 중세 동아시아에서도 중요했다. 이러한 엘리트가 21세기에 존재할지, 아닐지는 중요하지 않다. 오늘날 동아시아의 사상에서 이와 같은 생각이 지닌 존재감의 유령같은 그림자는 중국식 관료주의 방식으로 정치에 접근하는 것의 위안이 그 부작용에도 불구하고 여전히 얼마나 중요한지를 보여주고 있다.

동아시아 정치이론의
현재적 재발견과 보편화

서구의 정치적 제국들은 1945년 이후 아시아 등지에서 식민지를 잃었다. 그러나 한때 이 정치적 제국들과 함께했던 서구의 지식적 제국은 대부분 그대로 남아 있다. 이제 서구의 지식적 제국에서는 지난 20세기의 가장 혁신적인 사상이 세계적으로 뻗어나가고 있다. 그리고 식민지에서 벗어난 아시아는, 비록 서구 대학들의 철학 분야에서 그 점에 대해 계속 침묵을 지키고 있음에도 불구하고 지난 세기 가장 혁신적인 서구의 사상이 자유 민주주의에 관한 이론이 아니라 경영이론이라는 것을 별 어려움 없이 간파해냈다. 사상의 질이 아니라 세계적인 영향력이라는 관점에서 따지면, F. W. 테일러, 앙리 파욜(Henri Fayol) *, 노버트 위너, 허버트 사이몬(Herbert Simon) ** 그리고 심지어 앨빈 토플

---

* 앙리 파욜(Henri Fayol, 1841~1925): 프랑스의 광산 기술자이자 감독관으로 오늘날의 경영과정 이론의 기틀을 제공했다.
** 허버트 사이몬(Herbert Simon, 1916~2001): 미국의 사회과학자이자 경영학자였다. 행동과학적 조직론의 창시자의 한 사람이다. 저서 『경영 행동』에서 '만족화(滿足化) 행동원리'를 정식화했다. 『조직론』에서는 조직의 체계적 이론화를 확립하여 의사결정자 모델 이론을 전개했다. 이 연구 업적으로 1978년 노벨 경제학상을 받았다.

러나 리 아이어코카 등이 칼 포퍼, 존 롤스, 이사야 벌린(Isaiah Berlin)*을
훨씬 앞서고 있다.

　중국식 관료제사회였던 아시아에서 이러한 경향은 너무나 선명하
다. 1991년 베트남 공산당의 서기장인 도 므어이(Do Muoi)는, 정치적 개
혁은 베트남에서 국가의 입법, 행정, 사법부를 명확히 구분할 것을 요
구하는데 이는 민주주의를 촉진시키기 때문이 아니라 '국가의 조직
과 경영과학'에서 일궈낸 '세계적인 성취'를 베트남에 더 잘 차용해올
수 있게 도와주기 때문이라고 공식적으로 주장했다.[185] 마가렛 생어같
이 인류의 향상은 명백히 해방을 지향한다는 이론을 펼쳤던 소수의
서구 사상가들조차 사회적 '출산문화'의 지속적 표준화를 목표로 한
국가 인구 통제를 위한 관료제—중국에는 1990년도에 현(縣)과 향진
(鄉鎭)급에서 18만 명의 정규직 공무원을 가지고 있었다—에 동화되
었다. 19세기 서구에서 영웅적으로 해방의 개인주의를 추구했던, 또
는 문제 해결을 위해 개인주의를 추구했던 소설 속의 영웅들은, 1978
년 이후의 중국에서 국가 경영의 공복이라는 중국화한 형태로 다시
태어났다. 예를 들어, 북경 공안국을 위해 일하고 있던 작가들은 셜록
홈즈를 모델로 한 중국판 탐정 이야기를 지어냈다. 이 중국판 탐정 소
설에서 홈즈는 국가기관의 '기량'을 보여주는 공산당 간부였다.[186]

　2000년에는 경제적 세계화가 세계적인 '인재' 확보 경쟁에 '불을 붙
였다'고 중국의 '국방일보'가 보도하기도 했다.[187] 귀족제 이후 동아시

●　이사야 벌린(Isaiah Berlin 1909~1997): 러시아계의 영국의 정치 사상가이자 철학자, 역사가로
　　전통적인 자유주의 지지자였으며, 다원주의를 신봉했고, 정치적으로는 이스라엘의 시온주의를
　　지지했으며 단호한 반공주의를 표방했다. 옥스퍼드 대학에서 60여 년간 가르쳤다. 주요 저서로
　　는 「자유에 대한 두 가지 개념」이 실려 있는 『자유에 대한 에세이 4편』, 『계몽주의시대』, 『비코와
　　헤르더』, 『개념과 카테고리』 등이 있다.

아의 관료들은 온전한 세습적인 지위보다는 행정적 능력에 따른 존경을 얻기 위해 수백 년에 걸쳐 근대적 맹아의 모습을 보여주는 노력을 해왔다. 그런데 이제는 실리콘 밸리에서 월 스트리트에 이르는 대성공을 거둔 서구의 기업들이 오늘날의 자본주의적 관점에서 이러한 노력을 입증해주는 외적 준거점이 되고 있다. 아직까지 우리는 이러한 두 전통의 어렴풋한 합류 또는 종합이 어디로 향할지 상상도 할 수 없다. 그러나 만약 이러한 합류 또는 그 종합이 예전의 중국식 관료제가 가졌던 정치이론의 특징들을 드러내는 것이라면, 그 과거의 정치이론이란 과연 무엇인가?

1945년 이후의 서구 학계는 동아시아의 과학과 교육에 있어서 그리고 최근에는 자본주의 이전 시기의 중국의 경제생활과 국가체제라는 면에 있어서 일궈낸 역사적 성취를 인정해왔다. 그러나 중국과 한국, 베트남의 옛 정치이론만은 그렇게 쉽게 받아들이지 않았다. 이 정치이론에 대해 조금이라도 그것이 오늘날의 관심사와 연결되어 있다고 간주하는 것은 위험하다고 생각했던 것이다. 이는 과장스러운 '언어적 맥락주의자'들이, 이 이론의 언어적 의미와 저자의 의도, 역사적 맥락을 제국주의와 혁명의 강력한 개입 때문에 제대로 복원해내지 못한 것을 두려워했기 때문만은 아니다. 역사가들은 이미 산업화 이전 시기 유럽의 정치적인 언어의 다양성과 경쟁적 성격들을 가장 전제적인 왕정에서까지도 탐구해왔다. 이에 상응하는 동아시아의 정치이론을 탐구하는 데 소홀히 한 것은 정체된 아시아라는 인상을 간접적으로 인정한 것으로서 옳지 못한 것이며 일종의 오리엔탈리즘적인 접근법이다. 이 세 중국식 관료제 사회의 정치, 행정이론을 소위 '유교'의 부가물로만 보거나 소위 '봉건주의'라 부르는 정치 유형에 있어서의 지적 반영물로서만 취급하지 않고, 그 자체를 더 중대하게 다루어야 할 때가 분명히 되었다.

이는 쉽지 않을 것이다. 뛰어난 한 한국학 연구자는 최근에, 우리가 알고 있는 한국은 아주 최근에서야 "이 지구상에서 가장 심하게 계급이 나뉘어져 있고 계층이 분화된 사회, 거의 카스트와 같은 세습적 계급제도를 가진 사회에서 벗어났다"고 주장했다.[188] 그러나 계급의 분화와 본래의 봉건적인 카스트제도는 다르다. 이러한 일반화를 통해 존재를 드러내고 있는 한국의 사상 분야는 비교의 관점에서 바라봐야 할 필요성이 절실하다. 1600년대와 1700년대 조선의 사상가들을 당시 유럽의 사상가들과 비교하기만 해도, 우리는 조선의 '봉건제'에 존재하지 않았던 중요한 요소가 무엇이었는가를 곧 알아챌 수 있다. 그것은 바로 정치권력의 순전히 봉건적인 형태를 대중의 눈에 완전히 신비스럽게 보이도록 하는 정치적 언어였다.

프랑스 혁명 때까지 프랑스의 정치, 사회 질서에 큰 영향을 끼친 글을 쓴 법률가 샤를 로이소(Charles Loyseau)˚를 예로 들어보자. 로이소는 프랑스의 계급 구조의 세부적인 분화를 천상의 계급체계와 비교했다. 군주를 '신의 현존하는 이미지'로 묘사했고, 프랑스 귀족의 모습은 그 기원이 인간의 기억을 넘어서는 것으로 그렸다. 귀족들의 사회적 지위를 규정하는 다양한 문장(紋章), 박차, 금박의 마구와 사슬 등을 사랑스럽고 상세하게 묘사했다. 이러한 것이 봉건적 사상이었다. 심지어는 프랑스 혁명이 발발한 후에도 에드먼드 버크 같은 영국의 사상가는,

---

˚ 샤를 로이소(Charles Loyseau, 1564~1627): 파리의 법률가였던 로이소는 1610년 『질서와 소박한 위계에 관한 보고서』를 저술하였는데, 이는 구체제의 3개의 신분에 대한 가장 완정한 기술로 평가된다. 이 책은 1789년까지 구체제를 정당화하고 옹호하는데 사용되었다.

군주는 역사적으로 극히 오래 존재해온 관습이고, 그러한 오랜 관습이 군주 자체보다 더욱 가치 있는 것이기 때문에, 나쁜 군주일지라도 존경 받을 자격이 있다고 주장할 정도였다. 이처럼 유럽에서는 여전히 활기차게 존재했던 원래의 봉건적인 정치적 언어와는 대조적으로, 같은 시기의 조선에서는 과거제와 관료제가 서서히 은밀하게 그와 같은 언어를 잠식해가고 있었다.

조선의 유학자이자 개혁가인 정약용은, 조선의 왕은 단지 무용단의 우두머리 무용수에 불과하며 만약 그가 무능하다면 비폭력적으로 제거해야 한다고 주장했다. 군주에 대해 존경을 표하는 정약용의 언어는 순전히 행정적인 면에서 유용한 언어였다. 이는, 그와 동시대인이었던 영국의 버크가 그랬던 것처럼, 정약용이 아주 개연성 있게 추정했던 고대의 법률, 관습, 종교, 행복, '명예'의 맥락에서 왕을 제거할 수 있다는 식으로 상층부의 우두머리를 자리매김 하지도 않았고 또 그럴 수도 없었다는 의미가 된다. 물론 정약용은 전형적인 조선의 학자-관료는 아니었다. 그는 야심찬 개혁가였고 국가의 정통 형이상학의 비판자였다. 그러나 그를 비롯해 중국, 베트남의 관료들을 같은 시기 봉건적이고자 했던 유럽의 사상가들과 비교한다면, 이들은 원래의 '봉건적인' 모습의 파편만을 지니고 있다는 가설은 여전히 유효하다고 하겠다.[189]

더 나아가 옛 관료들의 사상에서 다루어진 많은 문제들은 봉건주의로 볼 만한 사고방식과는 아무런 관련이 없거나 유교와도 직접적인 관련이 없다. 그러나 그것들은 우리에게 여전히 유효한 문제들이다. 그 중에서 두 가지는 여기서 다시 언급할 만하다. 그 하나는 공식적으로 비세습적이고 능력을 검증받아야 하는 단일 문화의 자기 파괴라는 문제였다. 비관주의적인 중국의 사상가들은, 중국의 능력주의 사회라는 거대한 실험의 장기적 경향성에는 자기가 재능이 있다고 믿는 사람들이 너무 많이 늘어난 것도 포함된다고 주장했다. 또한 능력을 기르고 발견할 수 있는 원천이 표준화하여 지나치게 단순화된 것, 어떻게 재능을 적기적소에 활용할 수 있을지의 문제에 대해서는 점차 무관심해지는 것 그리고 실제의 경험을 언어적, 문헌적 권위가 대체하는 현상이 늘어나는 것도 이러한 경향성에 포함되어 있다는 것이었다.

조선과 베트남의 사상가들은 이러한 우려를 다른 방식으로 강조할 수밖에 없었다. 예를 들어 베트남에서 이 문제를 분석한 사람들은, 능력주의 사회에서의 수적 증가에 대해서는 별로 걱정하지 않았다. 베트남에서는 다수의 '인재'를 창출해내기 위한 노력 자체가 큰 과제였다. 그러나 이들도 '인재'를 통해 통치하고자 했던 노력이 인재를 규정하는 것을 입법화하는 과정에서 일련의 흥미로운 위기를 만들어냈다는 판단은 공유하고 있었다. 이들은 또한 가시적인 권력과 비가시적인 권력의 관계, 특히 기만적으로 눈을 속이는 언어적 메커니즘에 대한 중국인의 우려도 공유하고 있었다. 한국 사상가들의 경우 유수원 같은 관료는, 썩은 생각과 주관성을 위장하는 도구로 전락한 1700년대 조선 정부 내의 논의의 형식에 대해 불평했다. 그 언사의 맹렬함의 정도만을 놓고 보면 영어권 세계에서는 아마도 조지 오웰(George Orwell, 1903~1950)이 20세기 독재정권의 언어의 정치를 공격하기 이전에는 이와 비견할 만한 예를 찾을 수 없을 것이다.

두 번째는 관료주의의 책임성 문제였다. 이는 2차 대전 이후 서구의 공공행정이론 분야에 아주 뒤늦게 알려진 '관료적 책임성의 역설'에 대한 것이었다. 동아시아의 옛 관료들은 이 자리에서 저 자리로 옮겨

다니며 자리를 바꾸는 비세습적 공직자로서, 11세기 사마광의 인상적인 주장처럼, 공공의 선보다는 자신의 다음 경력의 동향에 대해 더 신경을 쓰기에 이른 것으로 보인다. 그들의 자부심은 더 이상 귀족적 덕성을 성공적으로 실천함으로써 내면에서 우러나오는 만족감에 따른 것이 아니었다. 그들이 섬긴 초월적 존재로 여겼던 군주조차도 17세기 중국의 고염무의 말처럼, '소위 천자' 정도로 낮추어졌다.[190] 외부로부터의 업적 위주의 책임성에 대한 요구는 너무 엄격하거나 또는 품위를 손상시킬 정도로 심하게 제도화되어 있어서 그러한 요구를 만족시킬 능력을 잠식하는 동시에 정반대의 결과를 가져올 수도 있었다.

관료적 책임성의 문제를 완전히 이해하여야만, 우리는 중국식 관료제사회에서 소위 '유교'라는 존재가 성취한 것이 얼마나 대단한 것인가를 파악할 수 있다. 물론 유교의 가르침은 중국, 한국, 베트남의 행정가들을 육성하는 교육 환경을 조성했다. 그리고 비록 이 세 사회의 공공행정에서 유교적 면모를 보이는 이데올로기가 그 행정의 실제를 반영하는 일은 거의 없었음에도 불구하고, 여전히 그들은 자신의 존재를 정당화하고 군사 지도자 등의 경쟁자를 견제하고, 하위 관리에 대한 상위 관리의 상대적 권위를 강화하기 위한 일을 확고히 할 필요가 있었다. 그러나 이보다 더 위대한 유교의 성취는 관료적 책임성의 문제가 그 극단적인 형태를 띠는 것을 방지했다는 점에 있다.

유교는 원래 세습 권력의 봉건적 형태를 반영하고 있다. 또한 적어도 유교의 창시자들에게는 그것이 화폐경제에 대한 의식이 크게 결여된 관료제 이전의 신조였음에도 불구하고 유교의 가르침은 위에서 말한 성취를 이루었던 것이다. 이 세 중국식 관료제사회는 점점 더 빈약해져만 갔던 관료들의 자부심을 관료제 이전의 윤리를 통해 고양시키려 했던 위대한 실험장이었다. 이들은, 근대의 인간이 영혼의 불멸이라는 전근대의 종교적 신앙의 자투리만을 보존하고 있으면서도 어떻게 옳고 그름의 지각을 유지할 수 있는가 라는 더욱 커다란 문제조차 어려우나마 예견했다. 베트남의 학자-관료인 레 꾸이 돈이 1773년에, '군자'는 국가를 세울 때 그 전조를 정확히 읽고, 사냥의 올바른 순서를 알고, 언덕에서 적절한 시를 짓고, 전장에서 군인들을 적절히 격려하고, 죽은 자에게 알맞은 시호를 부여하고, 제사 때 올바른 축문을 짓는 등의 능력을 갖춰야 한다고 썼다.[191] 이처럼 매우 고풍스런 관료에 대한 정의는, 서류를 다루는 순종적인 관리라기보다는 전사, 제사장, 왕의 대리인으로서 관료를 규정하고 있다. 물론 이것은 1700년대의 베트남의 행정가들의 실상과 부응한 것은 아니었다. 그러나 그렇게 실상과 괴리되었다는 점이 중요하다. 아마도 실존 인물이었다면 기원전 3세기에 사망했을 사상가 맹자의 봉건적인 색채가 뚜렷한 텍스트인『맹자』는 전사인 귀족의 존재를 당연시하고 있었다. 그러나 중국과 조선, 베트남이 이 경전의 저자가 알고 있던 사회와는 점점 더 달라져 갔던 시기인 그 이후의 2천 년 동안에『맹자』의 영향력은 훨씬 더 커져만 갔던 것이다.

파스칼이 예고한 것처럼 능력주의 사회는 내전으로 치닫지는 않는다고 할지라도, 불완전한 능력주의 사회는 상대적 박탈감을 불러일으킬 수 있다. 이를 잘 알고 있던, 청나라의 학자이자 궁중의 교사였던 호후(胡煦)*는 1700년대에 청나라에서 학교 교육은 농부, 정원사, 장

○   호후(胡煦, 1655~1736): 한림원(翰林院) 검토(檢討), 병부시랑겸호부시랑(兵部侍郎兼戶部侍郎), 명사총재관겸병부시랑(明史總裁官兼兵部侍郎)등의 고위직을 역임했다. 주역 연구에 몰두하여 『주역함서』(周易函書)등의 저작을 남겼다.

인, 상인, 나무꾼, 어부와 행상인 등 모든 부류의 사람들을 등한시한 채 2~3퍼센트도 안 되는 사람들만 대상으로 했다고 개탄했다. 그 해결책은 오늘날의 차별금지법에 해당하는 것이었다. 호후는 교육을 받지 못한 서민들에게 '효자(孝子)'와 '공손한 아우(悌弟)'와 같은 관직을 주고, 그들에게 젊은 관료 지망생들이 이미 과거시험과 승진의 시스템 내에서 향유했던 것과 맞먹는 특권을 부여함으로써 도덕적 관점에서 능력주의를 확장할 것을 제안했다. 그러나 이 시책의 문제점은 기존 관료의 사회적 지위가 지닌 희소가치를 잠식하게 된다는 것이었다. 그리고 그렇게 했을 경우, 관료들의 부패를 막는, 귀족제 때와 유사한 방책들이 감소하게 된다는 문제도 불러일으킬 수 있었다.[192]

상당수의 낙오자들, 즉 소외된 사람들은 그들을 밖으로 내몬 능력주의의 형태를 흉내 내거나 혹은 아래로부터 뒤집어엎었다. 과거시험에 낙방한 19세기 청나라의 태평천국란의 지도자는 스스로 과거시험을 실시하여 대부분의 응시자를 합격시켰는데, 이는 결국 소외된 사람들의 복수였던 것이다. 여성은 대부분 차별을 받았으며, 그 가운데서도 소수에 불과했던 중국의 엘리트 여성들은 신혼에 새 신랑에게 서책의 문제풀이를 내는, 오경재(吳敬梓, 1701~1754)의 18세기 학자들에 대한 풍자문학*에 나오는 박식한 신부처럼 행동했을 수도 있다. 그러나 남성 과거 응시자에게 나타나 놀라게 했다고 기록된 원한에 찬 여자 귀신의 존재는 능력주의를 얼마만큼의 폭으로 넓혀야 할지에 대한 궁극적인 전망이 없는 사회에서, 관료 후보자들의 잠재적인 성(性)에

• 오경재의 풍자문학이란 『유림외사』(儒林外史)를 가리킨다. 이 소설은 명예와 출세를 갈망하고 이를 위해 과거에 골몰하는 유림들을 풍자한 소설이다. 전체를 일관하는 줄거리는 없고 독립된 이야기들이 사제 간, 친구 간 등의 관계를 가진 주인공으로 계속 교체되는 열전 식의 구성이다.

대한 방어적 성향을 암시하고 있다. 진쾡모와 같은 일부의 관료는, 관료제에서 공식적으로는 배제된 채 부정을 저지르는 서리들에 대해 단지 방어적 성향 이상의 것을 느꼈다. 계몽의 프로젝트의 문제점은 그것이 한 번도 완전하게 시도된 적이 없었다는 것이라고 느끼는 근대의 서구 지식인들처럼, 진쾡모 같은 사람들은 서리가 생겨난 것이 능력주의 추진의 비극적인 불완전성의 증상으로 간주했다.

이러한 문제들에 대한 관심은, 현재의 중국과 베트남 그리고 북한의 풀리지 않는 정치적 문제들만큼이나 이 나라들이 가졌던 근대 초기적 면모 때문에 과거로부터 오늘날까지 분명히 이어지고 있다. 예를 들어 중국은 얼핏 보기에도 1911년 이전까지 2000년 동안 다양하게 부침했던 중화제국의 어떠한 정치적 형태와도 유사하지 않다. 5급(級)의 행정체계*는 13세기에서 19세기 사이에 존재했던 3급의 체계를 대체했다. 숫자뿐 아니라 비율로 따져도 1911년 이전보다 훨씬 더 많은 행정직원이 지방의 향급(鄕級)과 촌급(村級)에 집중되어 있다. 이전의 서리들을 대거 대체한 촌의 촌민위원회** 위원들은 더 나은 교육을 받았다. 이들 중 많은 이들은 학교 교사이다. 중화제국 이후의 당-국가(party state)는 명백히 환경오염이 수반되고 대중의 기대 또한 치솟게 되는 전례 없는 산업혁명의 추진을 시도하고 있다. 그러나 21세기 초 안휘(安徽)성에서 시작하여 국가 전체로 퍼져나간 촌의 조세 개혁은 그것을 지켜보는 사람들에게 여전히 중화제국 시대의 서리의 문제 또

---

*   5급(級)의 행정체계란, 성급(省級), 지급(地級), 현급(縣級), 향급(鄕級), 촌급(村級)의 5급을 말한다.
**   1998년에 "중화인민공화국 촌민위원회 조직법"이 통과되어 각 촌에서는 촌민자치를 위한 촌민위원회를 두도록 되어 있다.

는 봉건제 이후의 중국의 고질적 문제였던 국가가 중앙의 범위를 벗어나 중앙정부의 목적을 위해 하급직 대리인들을 동원할 때 보여 주었던 무능함을 연상시켰다.

2004년에 북경의 국무위원회의 한 조세 개혁 전문가는, 조세 개혁은 '황종희의 법칙'을 깨지 않는다면 아무 소용이 없을 것이라고 말했다. 황종희(黃宗羲, 1610~1695)는 17세기 중국의 관료로서 막강한 비판능력을 보여준 바 있다. 분노가 서려 있는 그의 '법칙'은, 중화제국의 조세 개혁은 모두 판에 박힌 듯 주기적으로 실패를 거듭했다는 것이었다. 조세 개혁은 서민들에 대한 착취의 수준을 한 번도 줄이지 못한 채 늘이기만 했으며, 맹자가 말한 낮은 세율의 황금기를 이룬 적도 없다는 것이었다. 공산국가인 중국에서 이 '법칙'은 제도적 근거가 없는 공과금을 내세워 세금을 은근슬쩍 대체하는 식으로, 위에서부터 아래로 시행한 조세 감면에 대해 지방의 공무원들이 원래의 취지를 거슬러 저항하는 형태로 나타났다. 이처럼 정치적으로 서로 다른 것들을 섞어버리는 행위는 1911년 이전의 관료들이라면 누구에게서나 곧바로 찾아 볼 수 있는 것이었다. 오늘날 중국 국무위원회의 개혁가들의 비난을 받고 있는 촌민위원회 위원들은, 지금으로부터 2백 년 전에 정약용이 조선의 아전들에게 그들의 상부의 비판자인 관리들에게 대응하라고 제시한 방식과 정확히 똑같은 방식으로 대응할 수도 있을 것이다. 그 방식은 아전들이 상위의 관리들에게, 그들이 서민들에 대해 어떤 관계에 있기에 그들을 대변해서 아전들을 통제하고, 처벌할 권리를 주장할 수 있는지 질문하는 것이었다.[193]

구시대 관료가 아니라 공학자가 급속히 산업화를 추진하고 있는 중국에서도 여전히 조세 개혁은 과거 중화제국의 조세 개혁 역사의 주석에 불과한 것인가? 여기서 말할 수 있는 것은, 식민지 이후의 시기에서도 국가가 관료주의적 주관성과 수직적인 위계라는 봉건제 이후의 사례와 동일한 문제로 고통을 겪고 있다는 것뿐이다. 그러나 지금은 산업화 이전의 중국식 관료제가 지니고 있었던 합리적 다양성과 '외왕(外王)'의 전제조건으로서 '내성(內聖)'이라는 도덕적 합리성에 대한 관심조차 거의 사라져 버린 과학 숭배의 분위기에 휩싸여 있다. 그결과, 조세 개혁가들은 조세 개혁의 위험성에 대한 각성과 그들 자신의 공무 수행에 대한 비판적 잣대를 황종희 같은 17세기의 관료에게서 빌려 와야만 했다. 그런데 그 황종희마저도 이미 당시의 관료주의적 현실에서 탈피하기 위하여 그의 '법칙'의 비판적 잣대를 자신의 시기보다 훨씬 이른 시기이자 역사적으로 훨씬 더 봉건적인 '삼대'의 이상을 차용해야 했던 것이다. 법률적인 자산이, 유서 깊은 도덕적 자산보다 더 새로운 것일 수밖에 없는 관료주의적 절차의 위험성은 동아시아에서는 오래된 문제였다. 그러나 이는 더 이상 동아시아만의 문제는아니다.

　물론 관료제는 오늘날 우리의 생각과는 달리 산업화 이전 시기의 대부분의 동아시아인들에게는 돌이킬 수 없거나 불가피한 것으로 여겨졌던 것은 아니다. 이 세 국가는 앞에서도 이야기했던 것처럼 관료적 요소와 비관료적인 요소의 위태로운 조합이었다. 제국의 첫 번째 통일에서부터 아편전쟁까지의 2천여 년 간 중국은 그 절반의 기간 동안에만 관료제적 일관성의 진정한 외형을 가지고 있었다. 조선의 양반 엘리트는 귀족제에 가까운 특권을 누리면서도 사회적으로 무관심했는데, 비록 그들이 항상 실망스러웠던 것만은 아니라고 해도, 바로 그러한 점이 세계사에서 한국의 과거제가 지닌 혁명적 성격을 가려왔다. 1500년부터 1800년까지의 베트남에서는 관료제의 통치가 크게 무너져서—1777년에 북부에서는 3백 년 전에 왕국 전체에서 유지했던 문무 관료의 10퍼센트만이 남게 되었다고 한 레 꾸이 돈의 계산을 믿을 수 있다면—중국식 관료제 프로젝트가 베트남에서 얼마나 취약했는가를 보여준다. 그러나 이러한 붕괴조차도 레 꾸이 돈은 잔인한 봉건적 규칙의 관점이 아니라 행정적 유용성이라는 관점에서 바라보았다. 레 꾸이 돈은, 명나라로부터 수입한 관료제 모델의 비용이 베트남인들의 지불 능력을 넘어서기 때문에 이러한 붕괴가 생겼다면서 이는 다행한 일이라고 주장했던 것이다.[194]

아테네가 펠로폰네소스전쟁*에서 패배한 이후 2천 년간 서구에서 민주주의가 결코 돌이킬 수 없는 대세로 보이지 않았던 것 이상으로, 시험에 기반을 둔 능력주의 사회가 산업화 이전의 동아시아인 대다수에게 돌이킬 수 없는 대세로 보이지 않았을 수도 있다. 그러나 그렇다 할지라도, 어렴풋하게나마 시계바늘은 정녕 거꾸로 돌지 않는다는 인식, 그리고 봉건제 이후의 방식으로 인재를 규정해야 할 필요성은 너무나 중요한 원리였기에 결코 폐기되지 않았다는 인식은 항상 존재했다. 청나라의 뛰어난 고증학자 초순(焦循)**은, 중국의 결속력 부족을 해결하기 위해 지현과 같은 일부 관직을 다시 세습제로 만들자고 한

---

* BC 431~404년 아테네와 스파르타가 각각의 동맹시를 거느리고 싸운 전쟁이다. 스파르타의 승리로 끝났고 이로써 고대 그리스는 쇠망하게 되었다. 아테네의 민주정과 스파르타의 과두정이라는 서로 다른 두 정치체제의 싸움이기도 했다.

** 초순(焦循, 1763~1820): 강소성 출신으로 건륭, 가정년간을 대표하는 고증학자이다. 한 차례 회시에 낙방한 후, 거업과 출사를 포기하고 학업에 전념하여 천문, 산학의 전문가이면서 경학에서도 독보적인 업적을 남겼다. 『역통석』(易通釋), 『맹자정의』(孟子正義), 『육경보소』(六經補疏) 등의 저작이 유명하다.

고염무의 제안을 경멸했다. 능력주의의 성향이 이미 주류가 된 사회에서 이러한 타협적인 해결책은 실패할 수밖에 없었다.[195] 동아시아의 관료들은 봉건적 권력구조가 사회의 밑바닥까지 닿아 있음에도 그것에 순응하지 못한 행정적 언어가 지방의 요구와 경험을 왜곡하는 것을 우려했다. 그러나 베트남의 옛 관료였던 판 후이 쭈가 1800년대 초에 지적했듯이, 관료제는 군주조차 '회피할' 수 없고 정치적으로 예측 가능성을 가지고 있어서 아무리 돌발 사태가 많아도 그것에 구애받지 않는, 세금 수취 업무 등을 위한 규정 또는 규범적 표준을 의미하는 것이기도 했다.[196]

영국의 철학자 버트란트 러셀(Bertrand Russell, 1872~1970)은 1922년에 출판된 『중국인의 문제』에서 주제넘게도 경제적, 사회적으로 뒤쳐진 중국을 "옥스포드 대학이나 옐로우스톤 공원*처럼 흘러간 시대의 흥미로운 유물로 남아있기보다는" 근대화해야만 할 '예술가의 나라'로 묘사했다.[197] 그러나 그 자신이 귀족이었던 러셀이 그 책을 쓸 당시, 영국은 여전히 세습적인 상원이 존재했고 귀족적 원칙들이 남아 있었다. 그러한 원칙들은 중국에서는 세습적인 사회적 권리가 아니라 과거 시험을 통해 능력 있는 '현자'를 모집하는 위대한 실험에 돌입했던 시기인 천 년 전의 것들이었다.

앤서니 기든스의 중국인 번역가가 "기든스는 근대성의 위험요소의 오래된 기원을 과소평가하고 17세기 유럽만을 세계적인 근대성의 기원으로 삼는 잘못을 범했다"고 한 비판은 확대되어야만 한다. 포괄적인 의미에서의 근대는, 여느 곳에서나 마찬가지로 동아시아의 중국식

• 미국 와이오밍 주에 있는 세계 최초의 국립공원으로 1872년에 국립공원으로 지정되었다.

관료제에서 다수의 복합적인 근원을 가지고 있는 것이다. 그러나 다수의 복합적인 근원이 반드시 그 자체로 중요한 것은 아니다. 이것은 발터 벤야민 (Walter Benjamin)*이 1940년에 '비상사태'는 인류 역사의 예외가 아니라 법칙이라고 했던 유명한 경고와 연결될 때에 또는 근대성은 힘을 의미할 뿐 아니라 취약성과 줄어들지 않은 '재난의 지속'도 의미한다는 윌리엄 맥닐의 주장과 연결될 때 비로소 그 중요성을 가지게 될 것이다.[198] 우리는 모두 이처럼 위험한 화산 주변에 살고 있다. 따라서 인간의 이성을 정치적으로 사용했던 동아시아의 전통과, 그렇게 사용함으로써 야기되는 위험에 관한 이론화 작업들은 마땅히 연구할 만한 가치가 있다. 그리고 잃어버린 근대의 다수의 복합적인 근원을 보다 완전히 복원하는 일은, 서구의 증기기관이나 증권시장을 역사적으로 덜 매혹적으로 보이게 하는 것이 아니라 오히려 더욱 더 매혹적인 것으로 만들어줄 것이다.

• 발터 벤야민(Walter Benjamin, 1892~1940): 유대계의 독일 평론가로 베를린에서 태어나 좌익 학생운동을 하였고, 시오니즘 운동에 관계하였으며 형이상학적 요소를 사적 유물론과 결합시킨 사상가로 알려져 있다. 보들레르와 프루스트에 심취하여 그들의 작품을 번역하는 한편, 1925년부터는 마르크스주의 연구에 몰두했다. 나치에 쫓겨 망명 도중 자살했다. 저서로는 『괴테의 친화력』, 『기술복제시대의 예술작품』, 『계몽』 등이 있다.

1. Larry Siedentop, *Tocqueville* (Oxford: Oxford University Press, 1994), 83-84; Rupert Wilkinson, *The Perfects: British Leadership and the Public School Tradition* (Oxford: Oxford University Press, 1964), 127.

2. E. R. Curtis, *European Literature and the Latin Middle Ages* (London: Routledge and Kegan Paul, 1953), W. R Trask 역, 254.

3. Bruno Latour, *We Have Never Been Modern* (London: Pearson Education, 1993), Caterine Porter 역, 41, 46-47, 120-121.

4. Harold J. Berman, *Law and Revolution: The Formation of the Western Legal Tradition* (Cambridge, Mass: Harvard University Press, 1983), 538-558.

5. 嚴家其, 『權力與眞理』, (北京, 光明日報出版社, 1987), 82-90.

6. 丁守和 主編, 『中國歷代治國策選粹』, (北京, 高等敎育出版社, 1994), 664-667.

7. 李紱, 「宗子」 賀長齡編, 『皇朝經世文編』(臺北, 文海, 1972 판본) 66: 7-7b. "aristogenic"이란 용어는 Timothy Brook, "Family Continuity and Cultural Hegemony: The Gentry of Ningbo, 1368-1911" in J. Esherick and M. Rankin, eds., *Chinese Local Elites and Patterns of Dominance* (Berkeley: University of California Press, 1990), 27-50 참조.

8. Yi Yik, in Peter H. Lee, ed., *Sourcebook of Korean Civilization* (New York: Columbia University Press, 1996), 15-21

9. 『大淸高宗純皇帝實錄』, (東京, オ―クラ出版株式會社, 1937-1938), 1088: 3-6; Charles Ingrao, *The Habsburg Monarchy 1618-1815* (Cambridge: Cambridge University Press, 1994), 155.

10. Noam Chomsky, *American Power and the New Mandarins* (New York: Pantheon, 1969), 27.

11. 張善余, 「論人口合理再分布」, 『人口與經濟』, 3, 1995, 3-9.

12. Wolfgang Franke, *The Reform and Abolition of the Traditional Examination System* (Cambridge, Mass: Harvard University East Asian Monographs, 1968); 1905년 과거폐지 상소는, 朱壽朋 編, 『二十二朝東華錄:光緒朝』(臺北, 文海, 1963 판본), 9: 5372-5375 참조. G. R Searle, *The Quest for National Efficiency: A Study in British Politics and Political Thought, 1899-1914* (Oxford: Brackwell, 1971), 57-58.

13. 杨兵杰, 「中国公务员职位分类: 二十世纪三十年代的一场争论」, 『社會科學』 (2004), 101-108.

14. Pham Quynh (范瓊), "Chan chinh quan truong (관리의 향상)", *Nam phong*(1926, 3) 108-112.

15. Hans Rogger, "Americanism and the Economic Development of Russia," *Comparative Studies in Society and History*, 23 (July, 1981), 382-420.

16. 『新華月報』 1996, 10:42-43; 熊自健, 『當代中國思潮述評』(臺北, 文津出版社, 1992), 29-37, 劉永佶, 『中國官文化批判 』(北京, 中國經濟出版社, 2000), 253-254; Nguyen Duc Uy, *Nhan dan*, (Jan, 6, 1977), 5.

17. Mark Mazower, *Dark Continent: Europe's Twentieth Century* (New York, Knopf, 1999), 79.

18. Felipe Fernandez-Armesto, *Millennium: A History of the Last Thousand Years* (New York: Touchstone, 1995), 11.

19. Immanuel Wallerstein, *The Essential Wallerstein* (New York, The New Press, 2000), 454-471.

20. Harold Perkin, *The Third Revolution: Professional Elites in the Modern World* (London, Routledge, 1996), 1, 9-11.

21. Richard Pipes, "Max Weber and Russia," *World Politics*, 7 (April, 1955), 371-401.

22. 陸世儀, 『思辨錄輯要』, 18:1, 唐受祺編, 『陸桴亭先生遺書』, (北京: n.p.1900).

23. Peter H. Lee, ed., *Sourcebook of Korean Civilization* (New York, Columbia University Press, 1996), 25-29; Phan Huy Chu, 『歷朝憲章類誌』(Hanoi, Su hoc, 1962 ed.), III: 26;19.

24. Le Quy Don, *Van dai loai ngu*, (Hanoi, Van hoa, 1961 ed.), II: 110-111.

25. 徐頌陶, 『中國公務員制度』(香港, 商務印書館, 1997) 2-3.

26. 闵家胤, 「系統科學和生態文明」, 『未来与发展』, 6 (1998) 31-33 .

27. Philip A. Kuhn, *Origins of the Modern Chinese State* (Stanford, Stanford University Press, 2002), 2, 92.

28. 何清涟, 「中國改革的歷史方位」, 刘智峰 主編 『中國政治體制改革問題報告』(北京, 中國電影出板社, 1999), 3-26.

29. Chai-sik Chung, "Changing Korean Perceptions of Japan on the Eve of Modern Transformation," *Korean Studies*, 19 (1995), 39-50; Hyunh Sanh Thong, *The Heritage of Vietnamese Poetry: An Anthology* (New Haven: Yale University Press, 1979), 31-36.

30. 倪蛻, 「土官說」, 賀長齡, 『皇朝經世文編』, 86: 1b-2; 盛康, 『皇朝經世文編續編』(臺北: 文海, 1972), 66: 55-58b.

31. *Dai Nam thuc luc chinh bien* (Hue, 1821 이후), 2, 194: 36; 2, 40: 10.

32. James B. Palais, *Politics and Policy in Traditional Korea* (Cambridge, Harvard Council on East Asian Studies and Harvard University Press, 1991), 12, 114, 312; B. A. Elman and A. Woodside, eds, *Education and Society in Late Imperial China, 1600-1900* (Berkeley, University of California Press, 1994), 465, 526.

33. 1994년에 중국미래학회가 북경과 서울에서 젊은 성인을 대상으로 시행한 여론조사는 전통적인 유가적인 질문, 즉 "장남은 결혼 이후에도 부모와 같이 살아야 하는가?" 라는 질문을 했다. 단지 19.3%의 북경의 중국인들만이 그렇다고 답하였지만, 서울의 경우는 50.4%가 그렇다고 답했다. 『社會學研究』, 2(1996), 72~81.

34. Palais, *Politics and policy in Traditional Korea*, 4-6.

35. Do Thai Dong, "Co cau xa hoi—van hoa o Mien Nam nhin theo muc tieu phat trien cua Ca Nuoc" (전국의 개발 목표의 관점에서 본 남부의 사회문화적 구조), *Xa hoi hoc* (사회학), 1(1991), 10-14 .

36. Alexander Woodside, "Territorial Order and Collective Identity Tensions in Confucian Asia: China, Vietnam, Korea," *Daedalus*, Summer (1998), 191-220.

37. 何忠禮, 「二十世紀的中國科擧制度史硏究」, 『歷史硏究』, 6 (2000), 142-155; Benjamin A. Elman, *A Cultural History of Civil Examinations in Late Imperial China* (Berkeley, University of California Press, 2000)은 서구에서 나온 훌륭한 설명서이다.

38. Henry Kammen, *Early Modern European* (London, Routledge, 2000), 71-73, 93-94.

39. M. I. Finley, *Democracy Ancient and Modern* (London, Hogarth Press, 1985), 87-88.

40. Lee, *Sourcebook of Korean Civilization*, 33-36.

41. Martina Deuchler, *The Confucian Transformation of Korea: A Study of Society and Ideology* (Cambridge, Harvard Council on East Asian Studies and Harvard University Press, 1992), 292-295.

42. James B. Palais, "A Search for Korean Uniqueness," *Harvard Journal of Asiatic Studies*, 55, 2 (1995), 409-425; Lee, *Sourcebook of Korean Civilization*, 185-188.

43. Phan Ngoc Lien et al., "Hoi thao: Nhan thuc ve moi quan he lich su Vietnam —Nhat Ban"(회담: 베트남-일본의 역사적 관계에 대한 인식), *Nghien cuu lich su*(역사연구), 2 (1998), 92-92.

44. Herman Ooms, *Tokugawa Ideology: Early Constructs, 1570-1680* (Princeton, Princeton University Press, 1985), 171.

45. Phan Huy Chu, 『歷朝憲章類誌』(Hanoi, Su hoc, 1962 ed.), II: 19: 98-102.

46. Helga Nowotny, *Time: The Modern and Postmodern Experience* (Cambridge, Polity Press, 1994), Neville Plaice 역, 16.

47. 예를 들어 Nguyen Hong Phong, "Co mot tam hon Viet-Nam"(베트남의 혼이 있다), *To quoc*, (1971, 1), 14-16.

48. Nowotny, *Time*, 7.

49. Sebastian Conrad, "What Time Is Japan? Problems of Comparative (Intercultural) Historiography," *History and Theory*, 1(1999), 67-83.

50. Dominic Lieven, *The Aristocracy in Europe 1815-1914* (New York, Columbia University Press, 1992), 219.

51. Max Weber, *The Religion of China* (New York, Free Press, 1951) Hans H. Gerth 역, 115, 128.

52. 丁守和, 『中國歷代治国策選粹』(北京, 高等教育, 1994) 206-210.

53. George Benko and Ulf Strohmayer, eds., *Space and Social Theory: Interpreting Modernity and Postmodernity* (Oxford, Blackwell, 1997), 2.

54. 翦伯贊, 『戊戌變法』, (上海, 人民出版社, 1957) 2: 175-176.

55. William A. Green, "Periodizing World History," History and Theory, 34, 2(1995), 99-111; Umberto Eco et al., *Conversations about the End of Time* (London, Penguine, 2000), I. Maclean and R. Pearson 역, 186.

56. 2000년 3월에 열린 정치회의의 폐회 연설에서, 중앙정치국의 리뤼이후안(李瑞環)은 중국 덩샤오핑 선집의 2권과 3권에서 시간에 대한 언급을 정확히 세어가면서 (179개 중 153개의 구절에서) 이를 암시하고 있다. 그는 심지어 아주 조그만 자투리 시간을 잘못 이용하는 것조차도 역사적인 낙후로 이끌 수 있는 가능성이 기하급수적으로 증가한다고 이야기했다. 그리고 중국 정치

시스템의 병리현상(인력과잉, '맹목적' 정책결정, 무의미한 사법적 분쟁과 과음과 방탕)을 '불건 강한' 시간에 대한 태도에 돌렸다. 『新華月報』, 4(2000): 85-87.

57. Conrad, "What Time Is Japan?," 67-83.

58. Michael Mann, *The Sources of Social Power* (Cambridge, Cambridge University Press, 1986), 1: 524; William H. McNeill, *The Global Condition* (Princeton, Princeton University Press, 1992), 147-148.

59. R. Bin Wong, *China Transformed: Historical Change and the Limits of European Experience* (Ithaca, Cornell University Press, 1997), 2, 202, 282.

60. 王柏心, 「蒙才」, 『皇朝經世文編續編』15: 3-4.

61. Jacob Burckhardt, *The Civilization of the Renaissance in Italy* (London, Allen and Unwin, n.d.), S. G. C. Middlemore 역, 41, 54-55, 188, 227-228, 261, 266; Roberta Garner, "Jacob Burckhardt as a Theorist of Modernity," *Sociological Theory*, 8, 1 (Spring, 1990), 48~84.

62. 熊明安, 『中國高等教育史』, (重京, 重京出版社, 1983), 17.

63. Anthony Giddens, *The Consequences of Modernity* (Stanford, Stanford University Press, 1990) ; 黃平, 「從現代化到"第三道路":現代性札記之一」, 『社會學研究』3, (2000), 26~44.

64. Immanuel Wallerstein, *The Essential Wallerstein* (New York, The New Press, 2000), 347~348.

65. Blaise Pascal, *Pensées* (London, Penguin, 1966), A. J. Krailsheimer 역, 54 (5: 94).

66. Peter H. Lee and Wm. T. deBary, eds., *Sources of Korean Tradition* (New York, Columbia University Press, 1997), 1: 150; Hoa Bang, "Cao Ba Quat voi cuoc khoi nghia chong trieu Nguyen 1854~1856" (까오 바 꽛과 응우엔 왕조에 대한 반란 1854-1856), *Nghien cuu lich su* (역사연구), 121 (April 1969), 27~40.

67. Alasdair MacIntyre, "Ideology, Social Science, and Revolution," *Comparative Politics*, 5 (April 1973), 321~342.

68. 丁守和 主編, 『中国历代治国策选粹』, (北京, 高等教育, 1994), 363~368.

69. Peter H. Lee, ed., *Sourcebook of Korean Civilization* (New York, Columbia University Press, 1996), 15~21; Le Quy Don, 『群书考辩』, (Hanoi, Khao hoc xa hoi, 1995 ed.), 420.

70. 袁枚, 『小倉山房集』, (上海, 古籍出版社, 1988), 2: 1593~1595.

71. Ernest Gellner, *Plough, Sword, and Book: The Structure of Human History* (London, Paladin, 1991), 193~204.

72. Pierre Bourdieu, *Language and Symbolic Power* (Cambridge, Harvard University Press, 1991), G. Raymond and M. Adamson 역, 43.

73. Lee and deBary, *Sources of Korean Tradition*, 1: 274~276; 王柏心, 「王言」, 『皇朝經世文編續編』, 10: 3~4.

74. Bernard S. Cohn, *Colonialism and Its Forms of Knowledge: The British in India* (Princeton, Princeton University Press, 1996); Christopher A. Bayly, *Empire and Information: Intelligence Gathering and Social Communication in India, 1780-1870*

(Cambridge, Cambridge University Press, 1996).

75. Le Quy Don,『見聞小錄』, (Hanoi, Khao hoc xa hoi, 1977), 113-114;『大淸高宗純(乾隆)皇帝實錄』, (도쿄, 오쿠라 출판 주식회사, 1937), 963: 14-15b; Lee, *Sourcebook of Korean Civilization*, 21~25.

76. 王栢心,「蓑才」,『皇朝經世文編續編』, 15: 3~4.

77. 丁守和 主編,『中國歷代治國策選粹』, 371~377.

78. 顧炎武,「俸祿」,『日知錄集釋』, (長史, 岳麓書社, 1994), 黃汝成 纂, 438~441.

79. 郭成康,「18世紀後期中國貪汚問題硏究」,『淸史硏究』, 1, (1995), 13~26.

80. 方濬頤,「世吏世役說」,『皇朝經世文編續編』, 28: 29~30.

81. Ki-baik Lee, *A New History of Korea* (Cambridge, Harvard University Press, 1984), E. W. Wagner 역, 256; Phan Huy Chu,『歷朝憲章類誌』, (Hanoi, Su hoc, 1962), II: 19:88; William T. Rowe, *Saving the World: Chen Hong-mou and Elite Consciousness in Eighteenth-century China* (Stanford, Stanford University Press, 2001), 339~344; 陳宏謀,『在官法戒录』序, 1~2b, 陳宏謀,『伍种遺規』(上海, 中華書局, 1936).

82. 『大淸高宗純(乾隆)皇帝實錄』745: 17b~19b.

83. 魯一同,「胥吏論」,『皇朝經世文編續編』28: 4~13.

84. Michael Mann, *The Sources of Social Power* (Cambridge, Cambridge University Press, 1986), 1: 524; William McNeill, *The Global Condition* (Princeton, Princeton University Press, 1992), 148.

85. 예를 들어, 張履祥「訓子語」,『張楊園集書』(江苏書局, 1871).

86. 趙翼,「明邊省攻勦兵數最多」,『皇朝經世文編』71: 7b~8.

87. 方宗誠,「續貞女論, 上」,『皇朝經世文編續編』69: 23~24.

88. Susan Mann, "Grooming a Daugher for Marriage: Brides and Wives in the Mid-Ch'ing Period," in R. S. Watson and P. B. Ebrey, eds., *Marriage and Inequality in Chinese Society* (Berkeley, University of California Press, 1991), 205.

89. Conrad Totman, *Early Modern Japan* (Berkeley, University of California Press, 1993), 286; 朱壽朋,『二十二朝東華錄: 光緖朝』, (臺北, 文海, 1963), 10: 5712~5713.

90. 余英時,『中国思想传统的现代诠释』(北京, Lianjing, 1987), 35.

91. Cao Xuan Huy 等編, *Tuyen tap tho van Ngo Thi Nham* (吳時任詩文選集, Hanoi, Khoa hoc Xa hoi, 1978), 2: 103~109.

92. R. Bin Wong, *China Transformed: Historical Change and the Limits of European Experience* (Ithaca, Cornell University Press, 1997), 98~99.

93. Christian Bay, *The Structure of Freedom* (Stanford, Stanford University Press, 1958), 4~5.

94. Ki-baik Lee, *A New History of Korea* (Cambridge, Harvard University Press, 1984), F.W. Wagner 역, 224~225.

95. Peter H. Lee and Wm. T. deBary, eds., *Sources of Korean Tradition* (New York, Columbia University Press, 1997), 1: 328-329; 王成柏, 孙文学 主編,『中国赋税思想史』, (北京, 中国财政經濟出版社, 1995), 217~220; Alexander Woodside, *Vietnam and the Chinese*

Model (Cambridge, Harvard Council on East Asian Studies and Harvard University Press, 1988), 221; James B. Palais, *Confucian Statecraft and Korean Institutions* (Seattle, University of Washington Press, 1996), 277, 311.

96. Jean-Pierre Gutton, *La Société et Les Pauvres en Europe* (Paris, Presses Universitaires de France, 1974), 94; Brownislaw Geremeck, *Poverty: A History* (Oxford, Blackwell, 1994), A. Kolakowska 역, 20, 188~189.

97. Anthony Grafton, "Humanism and Political Theory," in J. H. Burns, ed., *The Cambridge Hisotry of Political Thought 1450~1700* (Cambridge, Cambridge University Press, 1991), 10.

98. Thomas Hobbes, *Behemoth or The Long Parliament* (Chicago, University of Chicago Press, 1990 ed.), F. Tönnies, 40, 56.

99. 王成柏, 孙文学 主編, 『中国赋税思想史』, 517~518.

100. C. B. A. Behrens, *Society, Government, and the Enlightenment: The Experience of Eighteenth-Century France and Prussia* (New York, Harper and Row, 1985), 78~88.

101. William H. McNeill, *The Global Condition* (Princeton, Princeton University Press, 1992), 106~108.

102. 湯成烈, 「治賦編 二」, 「國朝賦役之制序」, 『皇朝經世文編續編』, 34: 3~4b, 19~21.

103. William Gamble의 "The Middle Kingdom Runs Dry: Tax Evasion in China," *Foreign Affairs*, November-December (2000), 16~20. 참조

104. 鳴世昌, 「從中國的歷史看民主政治」, 刘智峰編, 『中國政治體制改革問題報告』(北京, 中國電影出版社, 1999), 425~429.

105. Karl Mannheim, *Ideology and Utopia* (New York, Hartcourt Brace and World Harvest Books, 1936) L. Wirth and E. Shils 역, 118~119.

106. Philip Kuhn, "Ideas Behind China's Modern State," *Harvard Journal of Asiatic Studies*, 55, 2, (1995), 295~337.

107. 顧炎武, 「郡縣論」, 『亭林先生遺書』, (臺北, 进学書局, 1969), 2: 778~790.

108. Tony Judt, *A Grand Illusion? An Essay on Europe*, (New York, Hill and Wang, 1996), 118~119.

109. 汪輝祖, 『學治臆說』(長史, 商務書館, 1939), 1: 11~12.

110. E. J. Dionne, Jr., *Why American Hate Politics* (New York, Simon and Schuster, 1991).

111. Judt, *A Grand Illusion*, 118~121.

112. A. Woodside, "The Ch'ien-lung Reign," in Denis Twitchett and Willard Peterson, eds., *The Cambridge History of China*, vol. 9A (Cambridge, Cambridge University Press, forthcoming).

113. Woodside, "The Ch'ien-lung Reign."

114. 秦蕙田, 「捐監兼收銀穀疏」, 『皇朝經世文編』, 39: 12b~13b.

115. Palais, *Confucian Statecraft and Korean Institutions*, 1000.

116. Phan Huy chu, 『歷朝憲章類誌』, (Hanoi, Su hoc, 1962), III: 29: 57~71.

117. Peter H. Lee, ed., *Sourcebook of Korean Civilization*, 46~71.

118. 魏源,「盧江章氏義莊記」,『皇朝經世文編』, 58: 10b~11; 謝階樹에 대해서는 赵靖, 易梦虹 主编, 『中国近代经济思想资料选辑』(北京, 中華書局, 1982), 1: 154~168을 참조.

119. Martina Deuchler, "The Practice of Confucianism: Ritual and Order in Chosun Dynasty Korea," Benjamin Elman, H. Ooms, and J. Duncan, eds., *Rethinking Confucianism* (Los Angeles: UCLA Asian Pacific Monograph Series, 2002) 수록, 292~334; Vu Duy Men and Bui Xuan Dihn, "Huong Uoc: khoan uoc trong lang xa" (향약: 촌락의 행동 규약), *Nghien cuu lich suu* (역사연구), 7~8(1982), 43~49. Martin Grossheim, "Village Laws(Huong Uoc) as a Source for Vietnamese Studies," P. LeFailler and J. M. Mancini, eds., *Viet Nam: Sources et Approches* (Aix-en-Provence: Publications de l'Université de Provence, 1996), 103~123.

120. Monika Ubelhör, "The Community Compact of the Sung and Its Educational Significance," Wm. T. deBary and John W. Chaffee, eds., *Neo-Confucianism Education: The Formative Stage* (Berkeley, University of California Press, 1989), 371~388.

121. Charles Taylor, "Modes of Civil Society," *Public Culture*, 3,1 (1990), 95~118.

122. Ki-baik Lee, *A New History of Korea*, 206-207; Peter Lee, *Sourcebook of Korean Civilization*, 162-177.

123. A. Woodside, "Classical Primordialism and the Historical Agendas of Vietnamese Confucianism," Elman, Ooms, and Duncan, *Rethinking Confucianism*, 116-143; Vu Duy Men and Bui Xuan Dihn, *Nghien cuu lich suu*, 7~8 (1982), 43~39.

124. Wing-tsit Chan, trans., *Instructions for Practical Living and Other Neo-Confucian Writings By Wang Yang-ming* (New York, Columbia University Press, 1962), 298~306.

125. Phan Huy chu,『歷朝憲章類誌』, III: 29: 70-71.

126. 『大淸高宗純皇帝實錄』, 201: 2b~3b; 1143: 29~31b.

127. Nguyen Khac Vien의 2부작 에세이는 *Nhan dan*, 6~7 September 1988, 3에 실려 있다. Dan Duffy, *Vietnam Forum*, 15(1996), 185~186에서 그의 생에 대한 유용한 기록을 볼 수 있다.

128. Amartya Sen, *Poverty and Famines: An Essay on Entitlement and Deprivation* (Oxford, Clarendon Press, 1981), 1~4, 166.

129. 梁啓超,「學校總論」, 舒新城編,『近代中國敎育資料』, (北京, 人民敎育, 1962), 3: 936~944.

130. Geremie R. Barmé, *In the Red: On Contemporary Chinese Culture* (New York, Columbia University Press, 1999), 265~268.

131. 张平治, 杨景龙,『中國人的毛病』, 88~90; 刘永佶,『中國官文化批判』, (北京, 中國經濟, 2000), 42, 457.

132. 『新華月報』2 (2001), 145~146.

133. Dao Phan, *Ho Chi Mihn: dahn nhan van hoa*(호찌민: 문화적 명사), (Hanoi, Van Hoa, 1991).

134. Dam Van Chi, *Lich su van hoa Viet-Nam:Sinh hoat tri thuc ky nguyen 1427~1802* (베트남 문화의 역사: 1427~1802 시기의 지적 삶), (Ho Chi Minh, Tre, 1992), 5; Nguyen The Long in *Nhan dan chu nhat*, Aughust 29, 1993, 5.

135. 『新華月報』7, (1987), 5-12; 向洪,『人才学辞典』(成都, 成都科技大學出版社, 1987); 何忠禮,

「二十世紀的中國科學制度史研究」,『歷史研究』, 6, (2000), 142~155.

136. 胡繩,『胡繩文集 1979-1994』, (北京, 中國社會科學出版社, 1994), 489~197.

137. 宋德福과의 인터뷰,『新華月報』, 9, (2000), 137~138.

138. 『新華月報』, 9, (2000), 78~79.

139. 張志浩,「加快干部人事制度改革的战略意义及面临问题 — 学习江泽民同志在中共中央党校工作会议上的讲话」,『社會科學』4, (2001), 5~9.

140. 郭晓君,「我国领导科学理论研究的一部力作 —《怎样与领导相处》评介」,『未來與發展』, 5, 1999, 53; Sheldon S. Wolin, *Politics and Vision: Continuity and Innovation in Western Political Thought* (Boston, Little, Brown, 1960), 376~381.

141. Peter M. Senge, *The Fifth Discipline: The Art and Practice of the Learning Organization* (New York, Currency Doubleday, 1990) XV, 3~4; 馬洪,「企业管理的新发展」,『中國工業經濟』, 1, (1999), 59~64.

142. 韓俊,「关于农村集体经济与合作经济的若干理论与政策问题」,『中國農村經濟』, 12, (1998), 11~19, 17.

143. Diep Van Son, "Ban ve van de cong chuc Viet-Nam" (베트남 국가 관리의 문제에 대하여), *Nha nuoc va phap luat* (국가와 법률), 3, (1995), 7~13.

144. 刘国光,『中国经济体制改革的模式研究』, (北京, 中國社會科學, 1988), 56~57.

145. Dao Tri Uc, "Nen hanh chinh Viet-Nam trong qua trinh doi moi kinh te va chinh tri" (경제 사회 개혁에서의 베트남 행정), *Nha nuoc va Phap luat*, 3, (1992), 33~41.

146. Peter Gay, *The Enlightenment: An Interpretation*, (New York, Norton, 1969), 2: 24.

147. 陆忠伟,『新旧交替的东亚格局』, (北京, 時事出版社, 1993);『社會學研究』, 2, (1996), 72~81, 80.

148. Phan Cong Nghia et al., "Thuc trang doi ngu can bo quan ly kinh te vi mo o cac co quan trung uong" (중앙관료에서 거시경제 관리 간부의 직급의 현황), *Nghien cuu kihn te* (경제연구), 12, (1997), 31~38; Tran Anh Tho, *Nhan dan chu nhat*, Septermber 26, (1993), 6.

149. 吴新叶,「韩国公务员考试制度及其对中国的几点启示」,『東北亞論壇』, 2, (1998), 42~45.

150. Atul Kohli, "Where Do High Growth Political Economics Come From? The Japanese Lineage of Korea's Developmental State," in Meredith Woo Cumings, ed., *The Developmental State* (Ithaca: Cornell University Press, (1999), 93~136.

151. 吴新叶,「韩国公务员考试制度及其对中国的几点启示」, 42~45.

152. 宋德福,『新華月報』, 8 (1993), 40~42; Nguyen Thy Son, "Dao tao nghe quan ly va lanh dao" (관리 지도 직업의 훈련), *Tap Chi cong san* (공산당보) 6, (1998), 33~45, 43.

153. D. W. Y. Kwok, *Scientism in Chinese Thought 1900-1950* (New Haven, Yale University Press, 1965), 3.

154. H. Lyman Miller, *Science and Dissent in Post-Mao China: The Politics of Knowledge* (Seattle, University of Washington Press, 1996), 256-260; Pter R. Moody, Jr., "The Political Culture of Chinese Students and Intellectuals: A Historical Examination," *Asian Survey*, 28, 11 (November, 1988), 1140~1160.

155. Xiao Feng,「中国技術發展的现状与动力分析」,『未來與發展』, 4, (2000), 17-22; Merle

242

Goldman and Roderick MacFarquhar, "Dynamic Economy, Declining Party State," in Goldman and MacFarquhar, eds., *The Paradox of China's Post-Mao Reforms* (Cambridege, Harvard University Press, 1999), 3~29, 9.

156. 『新華月報』, 9 (1999), 83~86.

157. 罗若山, 「上海共产党员价值取向变化特点研究」, 『社會科學』, 12, (2000), 15~19.

158. Perry Link, *Evening Chats in Beijing: Probing China's Predicament* (New York, Norton, 1992), 67.

159. 钟月明, 「知识经济时代对思维方式的要求」, 『社會科學』, 6, (2000), 35~38.

160. 王传仕, 农业梯度技术的选择与转移, 『中國農村經濟』, 7, (2001), 10~14.

161. Phan Cong Nghia, "Thuc trang doi ngu can bo quan ly kinh te vi mo," *Nghien cuu kinh te*, 12 (1997), 31~38.

162. Rudolf G. Wagner, "Lobby Literature: The Archaeology and Present Functions of Science Fiction in China," in Jeffrey C. Kinkley, ed., *After Mao: Chinese Literature and Society, 1978-1981* (Cambridge, Harvard University Press, 1985), 17~62, 22, 35.

163. 丁守和, 『中國歷代治國策選』, (北京, 高等教育, 1994), 363~368; Cao Xuan Huy and Thach Can comp., 『吳時任詩文選集』, (Hanoi, Khoa Hoc Xa hoi, 1978), 2: 236~243.

164. 韩明谟, 『中国社会与现代化』, (北京, 中國社會科學院, 1998), 236~243.

165. 张卓元, 「改革開放以來我國經濟理論研究的回顧與展望」, 『經濟研究』, 6, (1997), 7~8.

166. 黄旭敏, 「浅谈儒学传统的"未来观"与思维定势」, 『未來與發展』, 3, (1997), 62~64.

167. Phan Dinh Dieu, "Dieu khien hoc"(사이버네틱스), *Nhan dan*, (October 21, 1973), 2; Tran Duc Qui, "Mot so y kien ve cong tac du bao"(예보에 대한 약간의 의견), *Tap chi hoat dong khoa hoc* (과학활동보) 6, (1973), 1~3.

168. 于光远, 『中國理論經濟學史 1949~1989』, (鄭州, 河南人民出版社, 1996), 829~834; 魏宏森 『現代科學技術的發展與科學方法』, (北京, 清華大學出版社, 1985), 47~66; 康荣平, 「现代系统論的若干歷史問題」, 『社會科學辑刊』, 4, (1984), 32~37.

169. 张伟, 『人口控制学』, (北京, 中國人口, 2000), 49~51.

170. Elizabeth J. Perry, "Crime, Corruption, and Contention," in Goldman and MacFarquhar, *The Paradox of China's Post-Mao Reforms*, 322, 434.

171. Tyrene White, "Dominance, Resistance, and Accommodation in China's Onechild Campaign," in E. J. Perry and Mark Selden, eds., *Chinese Society: Change, Conflict, and Resistance* (London, Routledge, 2000), 102~119.

172. James Z. Lee and Wang Feng, *One Quarter of Humanity: Malthusian Mythology and Chinese Realities* (Cambridge, Harvard University Press, 1999), 21.

173. Ellen Chesler, *Woman of Valor: Margaret Sanger and the Birth Control Movement in America* (New York, Simon and Schuster, 1992), 85~87, 194-195, 245~246; 『人口研究』, 5, (1990), 48~50.

174. 張復生, 「試談民國時期人口思想的合理性分」 『人口與經濟』, 2, (1996), 58~61.

175. Su Ronggua, 「關于人口計劃的理論化實踐問題的談討」 『人口研究』, 5, (1995), 8~12.

176. Dennis Hodgson, "Demography as Social Science and Policy Science," *Population*

and Development Review, 9, (March 1983), 1~34.

177. 王胜今,「東北亞地區的人口轉煥與開發」,『東北亞論壇』3, (1997), 16~19.

178. 예를 들어, Tham Vinh Hoa (Shen Ronghua) et al., *Ton trong tri thuc , Ton trong nhan tai: ke lon tram nam chan hung dat nuoc* (지식인을 존경하고, 인재를 존경하자: 국가 부흥을 위한 백년지대계), Hanoi, (Chihn tri Quoc gia, 1996), Nguyen Nhu Diem 번역, 원본 上海 中國出版.

179. Charles Hirschman et al., "Vietnamese Casualities during the American War: A New Estimate," *Population and Development Review*, 21, (December 1995), 783-812; Daniel Goodkind, "Rising Gender Inequality in Vietnam since Reunification," *Pacific Affairs*, 68, (Fall 1995), 342-359; Daniel Goodkind, "Vietnam's One-or-two-child Policy in Action," *Population and Development Review*, 21 (March 1995), 85~111.

180. 查瑞传,「进一步有的放矢地研究我国人口问题」,『人口研究』, 6, (1995), 1~7.

181. 俞可平,「政治腐敗概念探微」,『社會科學』2, (1991), 37~40.

182. Son Nam, "Nhung anh huong cua ton giao va tin nguong dan gian Nam bo doi voi ke hoach hoa gia dinh" (가족계획에 대한 남부의 종교와 민간신앙의 영향), *Xa hoi hoc* (사회학), 2, (1990), 55~60.

183. Nguyen The Hue, "Vai y kien ve dan so va chinh sach dan so o cac cong dong dan toc Viet-Nam hien nay" (현 베트남 민족 공동체에서 인구와 인구정책에 대한 의견), *Tap chi dan toc hoc* (민족학지), 1, (1993), 33~40.

184. Harold Perkin, *The Third Revolution: Professional Elites in the Modern World* (London, Routledge, 1996), 218, 盛洪,『经济学精神』, (廣州 廣東經濟, 1999), 143~144. 盛洪에 대한 더 많은 자료는, Joseph Fewsmith, *China since Tiananmen: The Politics of Transition* (Cambridge, Cambridge University Press, 2001), 81~82, 109~110.

185. Do Muoi, *in Tap chi cong san*, 1 (1992), 10~17.

186. 이에 대한 훌륭한 논의에 대해서는 Jeffrey C. Kinkley, *Chinese Justice, The Fiction* (Stanford, Stanford University Press, 2000), 269~282을 보라.

187. 『新華月報』8 (2000) 119~120 에 재수록.

188. Bruce Cumings, North Korea (New York, The New Press, 2004), 128.

189. Peter H. Lee, ed., *Sourcebook of Korean Civilization* (New York, Columbia University Press, 1996), 34~36; Mark Setton, *Chong Yagyong: Korea's Challenges to Orthodox Neo-Confucianism* (Albany, SUNY Press, 1997).

190. 顧炎武,『日知錄集釋』, 327.

191. Le Quy Don,『蕓臺類語』, (Hanoi, Van Hoa, 1961), 1: 235~236.

192. 胡煦,「請博舉孝弟疏」,『皇朝經世文編』, 57: 15~15b.

193. 王春播,「若何打破黃宗羲定律」,『農業經濟問題』11(2004), 4~8. 또한 Wm. T. deBary, *Waiting for the Dawn: A Plan for the Prince* (New York, Columbia University Press, 1993), 128~138; Lee, *Sourcebook of Korean Civilization*, 211~214.

194. Le Quy Don,『見聞小錄』, 121~122.

195. 焦循,『雕菰樓詞』, (N.p., 1824판본), 12: 12b~14b.

196. Phan Huy chu, 『歷朝憲章類誌』 III: 29: 47~48.

197. Bertrand Russell, *The Problem of China* (London, Allen and Unwin, 1922), 10, 214.

198. Walter Benjamin, *Illuminations* (New York, Schocken, 1969), Harry Zohn 역, 257; William H. McNeill, *The Global Condition* (Princeton, Princeton University Press, 1992), 148.

찾아보기